Burnout in der Suchttherapie

Burnout in der Suchttherapie

Vom hilflosen Helfer
zum engagierten Opfer

herausgegeben
von
Peter Missel
und Walter Braukmann

Verlag für Angewandte Psychologie
Göttingen

Dipl.-Psych. Peter Missel, geb. 1952. Klinischer Psychotherapeut/Supervisor BDP. Seit 1983 Leitender Psychologe der Fachklinik am Rosenberg in Daun. Arbeitsschwerpunkte: Konzeptentwicklung, Indikationsforschung, Psychosomatik, Fortbildung und Supervision.

Dipl.-Psych. Walter Braukmann, geb. 1952. 1973-1979 Studium der Psychologie in Trier. 1979-1983 Wissenschaftlicher Mitarbeiter an der Universität Trier. Seit 1984 Wissenschaftlicher Mitarbeiter an der Fachklinik am Rosenberg in Daun.

Die Deutsche Bibliothek - CIP- Einheitsaufnahme

Burnout in der Suchttherapie: vom hilflosen Helfer zum engagierten Opfer / hrsg. von Peter Missel und Walter Braukmann. - Göttingen : Verl. für Angewandte Psychologie, 1995
 ISBN 3-8017-0858-6
NE: Missel, Peter [Hrsg.]

© Hogrefe-Verlag, Göttingen · Bern · Toronto · Seattle 1995
 Rohnsweg 25, D-37085 Göttingen

Umschlaggraphik: Kurt Westerhausen (© Fachklinik am Rosenberg)
Druck und buchbinderische Verarbeitung: Dieterichsche Universitätsbuchdruckerei
W. Fr. Kaestner GmbH & Co. KG, D-37124 Rosdorf
Printed in Germany
Auf säurefreiem Papier gedruckt

ISBN 3-8017-0858-6

Vorwort der Herausgeber

Die generelle Wirksamkeit stationärer Abhängigkeitstherapie im Versorgungssystem wurde in zahlreichen Evaluationsstudien nachgewiesen. Insbesondere in den verhaltenstherapeutisch orientierten Fachkliniken für Abhängigkeitskranke der AHG-Klinikgruppe wurde ein Modell individualisierter stationärer Behandlung Suchtkranker implementiert. Dieses Modell zeichnet sich u. a. durch eine explizit verhaltensmedizinische und psychotherapeutische Orientierung, ein adaptives Indikations- und Behandlungsmodell und eine Differenzierung von Behandlungsangeboten und Therapiezeiten aus.

Indikationsfragen, eine Flexibilisierung und Differenzierung der Programme und eine kritische Reflexion suchttherapeutischer Strategien werden zunehmend zu postulierten Behandlungsstandards. Aber auch das Gesamtversorgungssystem Abhängigkeitskranker scheint sich im Umbruch zu befinden. Es werden insbesondere eine Optimierung ambulanter Behandlungsangebote, der Ausbau vernetzter Behandlungssysteme und eine Intensivierung der Qualitätssicherungsdiskussion erwartet. Dabei stehen neben strukturellen vor allem Patienten- und Programmmerkmale sowie die Ergebnisqualität im Mittelpunkt der Diskussion, weniger die sogenannten 'unspezifischen Variablen', also Therapeutenmerkmale oder Interaktionsprozesse.

Burnout in der Suchttherapie als kontextbezogenes Phänomen scheint dabei zahlreiche Fragestellungen in der aktuellen Diskussion der Abhängigkeitstherapie zu bündeln. Ist Burnout ein typisches Phänomen in der Behandlung Suchtkranker? Jedenfalls berichten viele Therapeuten von im Verlauf ihrer Tätigkeit zunehmender emotionaler Erschöpfung, Zweifel an der eigenen therapeutischen Kompetenz und Unzufriedenheit mit den Behandlungsergebnissen. Die theoretische und empirische Analyse des Burnoutsyndroms im Suchtbereich war bisher unzureichend.

Dieses Buch umfaßt die Beiträge des 2. Eifeler Suchtsymposions der Fachklinik am Rosenberg in Daun. Das 'Eifeler Suchtsymposion' ist eine Fortbildungsreihe der Fachkliniken Altburg, Bad Tönisstein, Thommener Höhe und am Rosenberg mit dem Ziel, interessante und innovative Themen aus der Suchtbehandlung einer breiten Fachöffentlichkeit zugänglich zu machen.

Dieser Sammelband beleuchtet die Burnout-Gefährdung bei Suchttherapeuten anhand von therapeutischen Modellen, empirischen Untersuchungen und Präventionskonzepten. Er will Mut machen, therapeutische Mythen in der Suchttherapie zu hinterfragen, um sich auch auf diesem Wege vor Burnoutsymptomen rechtzeitig zu schützen. In den konzeptuellen und empirischen Beiträgen gibt Matthias Burisch eine grundlegende Definition: *Burnout — Anzeichen, Verlauf, Auslöser.* Joachim Körkel faßt in seinem Beitrag *Burnout in der therapeutischen Arbeit mit Süchtigen* die verfügbare Literatur und vorliegende empirische Studien zusammen, entwickelt ein Rahmenmodell Burnout-begünstigender Faktoren in der Abhängigkeitstherapie und zeigt Konsequenzen für die Burnout-Prophylaxe und -Beeinflussung auf. Dieter Kleiber identifiziert Risikofaktoren für *Belastungserleben und Burnout bei Beschäftigten im Drogenbereich*. In den Workshop-Beiträgen werden Strategien skizziert, Burnout-Symptome rechtzeitig zu erkennen, sich vor ihnen zu schützen oder sie adäquat zu bewältigen. Der Beitrag von Uli Gehring und Joachim Körkel zu *Besonderheiten des Burnout-Syndroms in der Behandlung Süchtiger* enthält Checklisten zur Selbsteinschätzung des Burnout-Syndroms.

Das Buch richtet sich an professionelle und ehrenamtliche Helfer in der Suchtkrankenarbeit, an Sozialarbeiter, Psychologen und Ärzte, Berater, Psychotherapeuten und Supervisoren. Es sollte insbesondere in der Aus- und Weiterbildung von Therapeuten, die in der Abhängigkeitsbehandlung beschäftigt sind, seinen Platz finden.

Unser Dank richtet sich an alle, die das Erscheinen dieses Buches unterstützt und ermöglicht haben. Dies gilt neben den das 2. Eifeler Suchtsymposion veranstaltenden Kliniken auch dem Fachverband Sucht e.V. in Bonn, als großem Trägerverband der ambulanten und stationären Suchtkrankenhilfe. Elisabeth Ross und Monika Friedrich haben unermüdlich und mit großem Engagement die technische Herstellung durch ihre Schreibarbeit und Textgestaltung ermöglicht. Bei den Vertragspartnern des Verlages für Angewandte Psychologie bedanken wir uns dafür, die Beiträge einer größeren Öffentlichkeit zugänglich zu machen. Vor allem gilt unser Dank aber dem Geschäftsführer der Fachklinik am Rosenberg, Rudi Schäfer, für die Unterstützung und Förderung der vorliegenden Publikation.

Wir hoffen, daß die Beiträge der Autoren und Herausgeber dieses Bandes auf das Interesse vieler Leserinnen und Leser aus dem Tätigkeitsfeld 'Suchtbehandlung' stoßen werden und wünschen diesen zahlreiche Anregungen für ihre therapeutische Praxis.

Daun, im Mai 1995

Peter Missel, Walter Braukmann

Inhaltsverzeichnis

Belastungserleben und Burnout bei Beschäftigten im Drogenbereich   **79**
Dieter Kleiber

II. Workshop-Beiträge

Was ist ein idealer Therapeut?   **111**
Walter Braukmann und Renate Becker

Interventionen in Organisationen - Möglichkeiten und Grenzen   **115**
Matthias Burisch

Burnout — SOS von innen! Nicht gesellschaftsfähig?   **117**
Rose Fünfrocken-Scholtz-Duhnke

Burnout in der Suchttherapie — Eine Einführung

Peter Missel und Walter Braukmann

1. Einleitung

Burnout stellt ein Risiko für alle therapeutisch-helfenden Berufe dar: Die Gefahr der inneren Erschöpfung. Kleiber und Enzmann (1990, S. 15f) wählten in ihrer internationalen Bibliographie zu Burnout 1575 Titel aus, um abzuschätzen, bei welchen Berufsgruppen Burnout thematisiert werde. 43 % der Literatur bezog sich auf 'helfende und soziale Arbeit', 32 % auf 'Lehren und Erziehen', 9 % auf 'Verwaltung und Management', 4 % auf 'Justiz und Sozialarbeit' und 12 % auf 'Sonstige'. Es ist zu vermuten, daß die höhere Auftretenshäufigkeit des Burnout-Syndroms bei helfenden Berufen gerade ein Spezifikum psychosozialer Berufsgruppen mit der diesen eigenen asymmetrischen Beziehungsstruktur zu Klienten bzw. Patienten darstellt. Andererseits ist die These nicht völlig von der Hand zu weisen, daß besonders Lehrer oder Therapeuten zu einer erhöhten Selbstaufmerksamkeit bezüglich eigener 'Befindlichkeitsstörungen' neigen.

Beschäftigt man sich mit der Literatur über Burnout, stößt man auf Begriffe wie 'fehlende Zielerreichung', 'Zwang zum Weitermachen', 'systembedingte Zwickmühle', 'Imagination', 'stellvertretende Wunscherfüllung', 'internalisiertes Joch', 'emotionsunterdrückende Norm im Idealbild', 'Zeitdruck', 'Entscheidungsunsicherheit', 'Macht- und Kontrollverlust' und 'Omnipotenzphantasien'. Eine begriffliche Präzisierung erscheint auf den ersten Blick schwierig. Man fragt sich, ob es sich bei dem Phänomen nur um 'alten Wein in neuen Schläuchen' handelt, wenn man an psychosomatische Kategorien wie die der 'Erschöpfungsreaktion' denkt? Handelt es sich um ein sozialpsychologisches Konstrukt oder um eine Krankheit?

Burisch (1989, S. 4) beschreibt seine Annäherung an den Begriff: "Im Zentrum des Burnout-Syndroms schienen mir Ziele, Wünsche, Bedürfnisse zu stehen, die entweder gar nicht, nicht mehr oder nur unter Hintanstellung der meisten anderen Ziele zu realisieren sind. Bei dem Versuch, das Verlangte doch noch zu erreichen oder zu sichern, werden die Anstrengungen immer verzweifelter ... Schließlich, wenn die Kraftreserven schwinden, tritt ein Erschöpfungszustand ein. Das Aufgeben des Ziels scheint aber ebenso unmöglich zu sein, wie seine Erreichung." Nach Maslach und Jackson (1986) äußert sich Burnout vorrangig in emotionaler Erschöpfung, einer entpersönlichten Haltung gegenüber Klienten und einer reduzierten persönlichen Leistungsfähigkeit und Leistungszufriedenheit.

Dieses Buch beschäftigt sich mit Burnout in der Suchttherapie. Ein Rahmenmodell burnout-begünstigender Faktoren und Konsequenzen für die Burnout-Prophylaxe zeigt Körkel (in diesem Band). Ziel dieses einführenden Beitrages ist es, einige zentrale Aspekte der Burnout-Diskussion für den Suchtbereich zu verdeutlichen. Wenn Suchttherapeuten nicht nur Burnout-gefährdet, sondern häufig auch Burnout-beeinträchtigt sind, wird dies nicht nur sie selbst, sondern auch die Qualität ihrer therapeutischen Arbeit beeinträchtigen. Deshalb ist Burnout-Prävention als Aufgabe der Qualitätssicherung in der Abhängigkeitstherapie gefordert. Damit bleibt aber vorerst die Frage unbeantwortet, ob entsprechende Präventions- und Optimierungsstrategien in erster Linie an den Behandlungskonzepten, den strukturellen Bedingungen suchttherapeutischer Arbeit oder den Fort- und Weiterbildungsbedingungen ansetzen sollten. Ein Vergleich von Ergebnissen der Burnout- mit derjenigen der Stressforschung zeigt vor allem, daß es sich bei Burnout um ein Syndrom mit kontextuellem Bezug handelt. Nicht zuletzt das Zusammenwirken von Personen- und Umweltvariablen machen eine begriffliche Fixierung von Burnout schwierig. In der stationären Suchttherapie lassen sich verschiedene Burnout-fördernde Aspekte identifizieren. Als entscheidender Belastungsfaktor in der konventionellen Abhängigkeitstherapie wird das suchttherapeutische Behandlungsparadigma expliziert. Mit einem derartigen Behandlungsmodell wird nach dem "Alles-oder-Nichts-Prinzip" therapiert und der Rückfall als potentielles Störungsmerkmal katastrophisiert. In Abgrenzung hierzu wird für ein psychotherapeutisches Behandlungsmodell in der Abhängigkeitstherapie votiert.

2. Burnout-Prävention als Aufgabe der Qualitätssicherung

Die Qualitätssicherungsdiskussion aus den USA (vgl. Häussler, 1991) hat Deutschland erreicht. Nach Donabedian (1966) wird in einer operationalen Definition der Qualität der medizinischen Versorgung Struktur-, Prozeß- und Ergebnisqualität unterschieden. Grawe und Braun (1994) fordern eine Qualitätskontrolle in der Psychotherapiepraxis. Die Ergebnisqualität, also der tatsächliche Therapieerfolg, müsse den Bezugspunkt aller qualitätssichernden Normen und Maßnahmen in der Psychotherapie darstellen. Die im Verband Deutscher Rentenversicherungsträger zusammengeschlossenen Träger der gesetzlichen Rentenversicherung haben eine 5-Punkte-Programm (vgl. Schaub & Schliehe, 1994) als Grundlage für die Qualitätssicherung in der medizinischen Rehabilitation beschlossen. In der Diskussion zur Qualitätssicherung in der Rehabilitation Abhängigkeitskranker wird zum einen die Bedeutung struktureller Qualitätsstandards bei Fachkliniken für Suchtkranke (vgl. Schallenberg, 1995) unterstrichen, zum anderen wird die Relevanz von Konzeptqualität bei stationärer Entwöhnungsbehandlung betont. Kulick (1995) hält hierbei die Darstellung des dem Konzept zugrundeliegenden Persönlichkeits- bzw. Erklärungsmodelles von Erleben und Verhalten, des Krankheitsmodelles und des Suchtverständnisses für unverzichtbar. Einen Überblick zur aktuellen Diskussion der Qualitätssicherung in der stationären Suchtkrankenhilfe geben Beutel, Brünger, Klein, Missel, Schmid und Weissinger (1995).

Zielke (1994) plädiert in einer Diskussion unterschiedlicher Qualitätssicherungsmodelle und deren Folgen für ein Organisationsschema, bei dem Qualitätssicherung auf der Basis eines Lernmodells intern durchgeführt und extern mit den an der Versorgung beteiligten Institutionen, Fachgesellschaften und Kommissionen abgestimmt wird. Burnout-Prävention als Qualitätssicherungsmaßnahme muß im Rahmen eines derartigen Lernmodells vor allem interne Aufgabe der jeweiligen Behandlungseinrichtung, deren Verantwortungsträger und Mitarbeiter sein. Wenn Suchttherapeuten mit entsprechender Burnout-Symptomatik sich emotional erschöpft fühlen, ihre Leistungsfähigkeit nachläßt, sie mit ihrer Tätigkeit unzufrieden sind und sie ihren Patienten mit einer 'entpersönlichten Haltung' gegenübertreten, wird dies negative Konsequenzen für die Qualität ihrer Arbeit haben. Wenn wir hier also den Faktor Burnout-Prophylaxe in die Qualitätssicherungsdiskussion einführen, dann deshalb, um deutlich zu machen, daß es hierbei nicht in erster Linie um die Psychohygiene der Therapeuten, sondern um die bestmögliche Behandlungsqualität für die Patienten geht.

Wobei ist aber bei einer derartigen Optimierung der Behandlung für abhängigkeitskranke Patienten bzw. einer Professionalisierung und Verbesserung der Arbeitszufriedenheit ihrer Therapeuten vorrangig anzusetzen, bei Konzept-, Prozeß- oder Ergebnismerkmalen? Bevor entsprechende Hypothesen aufgestellt und Schlußfolgerungen gezogen werden, werden Befunde der Stressforschung diskutiert und Burnout-fördernde Strukturmerkmale stationärer Suchttherapie skizziert.

3. Burnout und Stress — zwei Begriffe für dasselbe Phänomen?

Seit den frühen Arbeiten des kanadischen Endokrinologen Hans Selye zum 'Allgemeinen Adaptationssyndrom' hat sich das Konzept 'Stress' mit all seinen Facetten sowohl als Forschungsgegenstand in unterschiedlichen wissenschaftlichen Disziplinen etabliert als auch zu einem populären Begriff mit verschiedenartigen alltagssprachlichen Bedeutungen entwickelt. Einig waren sich Forscher dabei in der Annahme, daß Stress unterschiedliche psychopathologische Erscheinungen bewirken kann, "als Resultat einer intensiven und/oder lang andauernden Stressbelastung, welche speziell bei verwundbaren Personen zu dysfunktionalen Verhaltens- und Anpassungsformen führt" (Lazarus, 1990, S. 199). Die ersten Arbeiten zu Auswirkungen und krankmachenden Effekten kritischer Lebensereignisse (Holmes & Rahe, 1967; Dohrenwend & Dohrenwend, 1974) als mehr oder minder natürlichen Stressoren im Lebenslauf, die zu einem Ungleichgewicht in der Person-Umwelt-Passung führen, lösten einen Boom an Publikationen zu dieser Thematik aus (vgl. Filipp, 1990). Die 'midelife-crisis' war hiervon lediglich ein kontrovers diskutiertes Nebenprodukt. Als das Stress-Konzept in Vergessenheit zu geraten drohte, präsentierten Friedman und Rosenman (1974) den 'A-Typ', der durch die Merkmale 'kompetitives Leistungsstreben', 'Erleben von Zeitdruck und -not' sowie 'Aggressivität und Feindseligkeit in der Lebensgestaltung' (Glass, 1977) gekennzeichnet ist. Dabei wird dem 'Typ-A-Verhaltensmuster' ein belastungsinduzierender Mechanismus zugeschrieben und gleichzeitig wird es als Risikofaktor für Herzinfarkt betrachtet.

Seit einigen Jahren haben wir Burnout als neues Gewächs auf dem weiten Feld der Stressforschung. Ist Burnout eine Bereicherung für die Wissenschaft und die anwendungsorientierte klinische und psychiatrische Praxis oder nur eine neue schillernde Variante des Stress-Konzeptes mit zeitlich begrenzter Popularität und nachlassendem Forschungsinteresse? Im folgenden sollen einige Besonderheiten von Burnout skizziert werden, mit der Zielsetzung zu illustrieren, daß es sich hierbei durchaus um ein von Stress abgrenzbares Konstrukt mit eigenen Konturen handelt, wenngleich sich auch viele Gemeinsamkeiten und Parallelen abzeichnen.

Ein herausragendes Charakteristikum von Burnout ist der kontextuelle Bezug dieses Phänomens. Bei Sichtung der einschlägigen Literatur zum Burnout-Konzept fällt auf, daß das Risiko sich mit dem 'Burnout-Virus' zu infizieren offensichtlich erwerbstätigkeitsbezogen und hier wiederum an spezifische Berufsfelder gebunden ist. Lakonisch könnte man vermuten, daß ein Erwerbslosen- bzw. Nicht-Erwerbsperson-Dasein einen nahezu sicheren Schutz vor Burnout garantiert. Niemand wird ernsthaft bezweifeln, daß es den ausgebrannten Fließbandarbeiter, die innerlich erschöpfte Hausfrau, den Studenten mit Depersonalisationserscheinungen oder den von innerem Überdruß geplagten Rentner gibt. Nur sind diese Personengruppen bislang noch nicht in in dem Maße in den Fokus der Burnout-Forschung gerückt, wie dies bei Angehörigen helfender Berufe der Fall ist. Dieser Eindruck verdichtet sich bei Durchsicht der von Kleiber und Enzmann (1990) erstellten Bibliographie zu Burnout-Veröffentlichungen.

Es drängt sich die Frage auf, ob das Forschungsinteresse für Burnout im Phänomen selbst und seiner als Herausforderung perzipierten konzeptuellen Unschärfe begründet liegt oder nicht vielmehr auch auf den Umstand zurückzuführen ist, daß manche über Burnout-Forschende zugleich auch Betroffene sind. So oder so — die Antwort wäre immer rein spekulativ.

Mit den obigen Ausführungen sind wir bei einem zentralen Bestimmungsmerkmal von Burnout: Der Prozeß zur und der Zustand der inneren Erschöpfung wird häufig begleitet von erheblichen Leistungseinbußen bis hin zur Arbeitsunfähigkeit, Krankheit und der Notwendigkeit stationärer Rehabilitationsmaßnahmen. Nahezu zwangsläufig stellt sich hier die Frage, ob Burnout damit die Kriterien einer behandlungsbedürftigen Krankheit im psychiatrischen Sinn erfüllt? In seinem Bemühen um eine begriffliche Eingrenzung von Burnout, vergleicht Burisch (in diesem Band) dieses Unterfangen mit dem Versuch, 'den Standort einer großen Wolke exakt bestimmen zu wollen'. Wenn es sich nun hierbei um eine so 'große Wolke' handeln sollte, muß umso mehr verwundern, daß diese 'Wolke' in den 'Wetterkarten' von ICD-9/10 bzw. DSM-III-R nicht verzeichnet ist, zumindest nicht als psychiatrische Krankheit im engeren Sinn. Es entsteht der Eindruck, als sei Burnout noch nicht hoffähig für die 'scientific psychiatric community'. Jeder neuen diagnostischen Entität, die eine behandlungsbedürftige psychiatrische Erkrankung kennzeichnet, geht eine Phase nominaler und operationaler Definition sowie zahlreicher empirischer Forschungsarbeiten voraus. Die im DSM-III-R aufgeführte Kategorie der 'Posttraumatischen Belastungsstörung' geht auf frühe Arbeiten von Horowitz (1976) zum 'Stress Response Syndrome' zurück (vgl. Meichenbaum, 1994). Eine diagnostische Kategorie, die dem entsprechen würde, was Burnout kennzeichnet, findet man am ehesten noch unter dem Begriff der 'Depressiven Entwicklung' oder des 'Psychovegetativen Erschöpfungssyndroms'. Das Konzept Burnout scheint hierbei jedoch ein entscheidendes Vorstadium auf dem Weg zu einer eigenständigen diagnostischen Kategorie erreicht zu haben. Im ICD-10 Kapitel XXI ist unter den 'Faktoren, die den Gesundheitszustand beeinflußen und zur Inanspruchnahme von Gesundheitsdiensten führen (Z)' die Erschöpfungsreaktion (Burn-out-Syndrom) mit der Ziffer Z73.0 aufgeführt. Unter den im DSM-III-R aufgeführten Anpassungsstörungen taucht unter Ziffer 309.23 die 'Anpassungsstörung mit Hemmung im Arbeits- (oder schulischen) Bereich' auf, die weitgehend dem Burnout-Syndrom zu entsprechen scheint. Ein weiteres Burnout kennzeichnendes Merkmal ist der schleichende Verlauf von anfänglich vereinzelt vorhandenen Symptomen bis zur Entwicklung einer vollständigen Symptomstruktur innerer Erschöpfung. Anders als kritische Lebensereignisse, die als mehr oder minder punktuelle Eingriffe (z.B. in Form von Verlustereignissen) in den Entwicklungsverlauf eines Individuums konzipiert sind und eine Neuanpassung an eine veränderte Lebenssituation erforderlich machen, wirken burnout-begünstigende Faktoren i.S. chronischer Stressoren mit vergleichsweise geringer Aufmerksamkeitszentrierung auf ihre psychischen und somatischen

Effekte, die sie zeitigen. Diese auf einer eher mikroskopischen Ebene anzusiedelnden Stressoren ähneln konzeptuell den Phänomenen, die DeLongis et al. (1982) in ihrer Publikation als 'daily hassles' bezeichnet haben: Alltagswidrigkeiten, die keine gravierende Lebensveränderung markieren, denen in ihrer chronischen Anhäufung aber durchaus krankmachende Konsequenzen zugeschrieben werden.

Ein herausragendes Merkmal der Bournout-Forschung ist ihre von Beginn an vorhandene transaktionale Sichtweise und Konzeption des Untersuchungsgegenstandes. In der Person-Umwelt-Transaktion (Lazarus, 1990) ist der Burnout-Betroffene zugleich Mitgestalter und Opfer. Burnout als Prozess und als Ergebnis wird verstanden als eine Wechselwirkung personseitiger und kontextueller Merkmale. Kontextuelle Merkmale, wie hohe extern gesetzte Anforderungen am Arbeitsplatz, nur in Ansätzen vorhandene Teamarbeit, geringer Austausch unter Kollegen, fehlende Supervision können sich dabei belastungssteigernd auswirken, ebenso kann aber auch ein gut funktionierendes soziales Stützsystem protektiv gegen die krankmachenden Effekte des beruflichen Umfeldes wirken. Hier ist es besonders wichtig, auch die jeweiligen Ressourcen und Bewältigungsstrategien in einem transaktionalen Modell der Belastungsverarbeitung zu berücksichtigen (vgl. Filipp, 1990). Vor diesem Hintergrund wird Burnout noch weitgehend unter Defizitaspekten betrachtet, statt wie von Franke und Broda (1993) gefordert, sich verstärkt Modellen einer 'Psychosomatischen Gesundheit' zuzuwenden und dadurch ein die bisherige Burnout-Forschung charakterisierendes Pathogenese-Konzept zu relativieren. Eine solche Neuorientierung könnte hilfreich sein, um Aufschluß darüber zu geben, welche Menschen besonders anfällig für Burnout sind und welche Personen mit welcher Persönlichkeitsstruktur und welchen Ressourcen sich vergleichsweise gut vor den Symptomen und Konsequenzen von Burnout schützen können. Im Rahmen der Stressforschung hat Kobasa (1979) dies anhand ihrer empirischen Untersuchung zum Konzept 'hardiness' recht eindrucksvoll demonstriert.

Wenngleich es sich bei Burnout um ein eigenständiges Konzept hinsichtlich der Genese und Symptomstruktur handelt, erscheinen viele Ansätze aus der Stressforschung und -modellbildung geeignet, die Modellbildung und Forschung zu Burnout zu bereichern, sowie konstruktive Ansätze hinsichtlich Prävention und Intervention zu erweitern.

4. Burnout in der stationären Suchttherapie

Therapeutische Mitarbeiter aus dem Suchtbereich scheinen besonders anfällig für Burnout zu sein (vgl. Körkel, in diesem Band). Dies hängt zum einen mit einer häufig auffindbaren hohen bis überzogenen Anspruchshaltung hinsichtlich der eigenen therapeutischen Tätigkeit zusammen und der Überzeugung, therapeutisch wirksam sein zu können (müssen), zum anderen aber auch mit diagnostischen und therapeutischen Besonderheiten in der Behandlung von Abhängigkeitserkrankungen.

"Sicherlich sind Suchtpatienten in der Regel sehr tiefgreifend gestört, werden aber in der Gegenübertragung von den Therapeuten noch viel gestörter erlebt. Die sehr strukturierten Therapiepläne der Fachklinik forcieren eine starke Regression der Patienten und deren Abhängigkeit. Suchttherapeuten haben stets die Phantasie, Süchtige müßten permanent gefüttert und versorgt werden, müßten ihren gesamten Tagesablauf strukturiert bekommen. ... Dahinter steht die Phantasie vom Patienten als einem unersättlichen, nie zufriedenzustellenden Kind, ebenso wie die Illusion, mit einem erschöpfenden therapeutischen Angebot und einer permanenten Präsenz und umfassenden Kontrolle alles Unvorhersehbare und Überraschende in den Griff bekommen zu können." (Rost, 1988, S. 59).

Mit dieser recht eindrucksvollen Beschreibung charakterisiert Rost (1988) sehr treffend das bei Suchttherapeuten vorherrschende Krankheitsbild von Suchtmittelabhängigen, die sich daraus ergebenden Konsequenzen für die Therapie, einschließlich einer extrem hohen therapeutischen Anspruchshaltung und Verantwortlichkeitsübernahme.

Es läßt sich aber noch eine weitere Besonderheit aufzeigen. Wie bei kaum einem anderen psychiatrischen Krankheitsbild lassen sich im stationären Suchtbereich Tätige in ihrem therapeutischen Handeln von 'internalisierten Fremderwartungen' leiten. Da ist zum einen die Ehefrau, die dem Bezugstherapeuten deutlich vermittelt, daß er 'ihre letzte Hoffnung' sei, ihr Ehemann solle nur mit dem Alkoholkonsum aufhören, ansonsten könne alles so bleiben wie es ist. Oder da ist der Mitarbeiter der vorbehandelnden ambulanten Beratungsstelle, der betont, daß dieser Patient ihm besonders am Herzen liegen würde und schließlich sei man ja auch an einer weiterhin guten Zusammenarbeit interessiert. Es soll an dieser Stelle nicht weiter ausgeführt werden, daß es auch Erwartungen der Leistungs- bzw. Kostenträger gibt, zwar nicht direkt auf den individuellen, aber zumindest auf den kollektiven Behandlungserfolg bezogen, der in der Regel in Form statistisch dokumentierter Abstinenzquoten ausgewiesen wird.

Ein weiteres charakteristisches Merkmal des beruflichen Umfeldes von Mitarbeitern im stationären Suchtbereich ist ihre erhebliche Rollenkonfusion, der sie unterliegen. Therapeuten sind in unterschiedlichen Rollen aktiv: Als 'mahnender Aufklärer' über die Gefahren von Suchtmitteln, als Überwacher der Einhaltung der Hausordnung, als Ermittler in Sachen Rückfall, als Lehrer für Gesundheitserziehung und nicht zuletzt als ein mit beträchtlicher Macht ausgestatteter Sittenwächter im therapeutischen Umgang mit Paarbeziehungen zwischen Patienten (vgl. Braukmann & Bolck, 1993). Diese Vielzahl von Rollenzuschreibungen führen nicht selten zu massiven kognitiven Dissonanzen sowie einer erheblichen Strapazierung der therapeutischen Beziehung, in der ein Therapeut sich immer auf einer Gratwanderung zwischen therapeutischer Begleitung und Kontrolle des Patienten befindet.

5. Votum für ein psychotherapeutisches Behandlungsparadigma

Als gravierende Burnout-fördernde Bedingungen im Rahmen stationärer Abhängigkeitstherapie können therapeutische Mythen im Rahmen eines suchttherapeutischen Behandlungsparadigmas betrachtet werden. Missel und Zemlin (1994) grenzen suchttherapeutische Standards von einem psychotherapeutischen Behandlungsrahmen in der Abhängigkeitsbehandlung ab. Missel (1994) explizierte therapeutische Mythen auf abhängigkeitsspezifischer, Programm- und Strukturebene.

Wie lassen sich die beiden Behandlungsmodelle beschreiben und voneinander abgrenzen? Ein *suchttherapeutisches Behandlungsparadigma* läßt sich mit folgenden Kritierien typisieren: Hinsichtlich der Art der Störungszuschreibung folgt es dem medizinischen Krankenheitsmodell und unterstellt eine einheitliche Alkoholikerpersönlichkeit. Den Störungsverlauf beschreibt es dichotom mit Abstinenz vs. Rückfall. Die Einstellung zum Patienten folgt in der klinischen Praxis entweder einem Kontrollmodell oder einer sorgenden Wohlfahrtshaltung. Eine Verhaltensänderung wird vor allem durch einen Transfer von Fremd- und sozialer Kontrolle auf Selbstkontrolle hin erwartet. Die Therapiekultur ist entweder durch starke Disziplinierung der Patienten und/oder eine positive Sozialutopie (Idealisierung der 'therapeutischen

Gemeinschaft') geprägt. Demgegenüber läßt sich ein *psychotherapeutisches Behandlungsmodell* (auf dem Hintergrund verhaltenstherapeutischer Grundannahmen) wie folgt kennzeichnen: Abhängigkeit wird als erlerntes Verhalten auf dem Hintergrund biologischer und somatischer Wirkgrößen bei interindividuell unterschiedlicher Genese verstanden. Der Störungsverlauf entspricht einer chronischen Erkrankung mit hoher Rezidivwahrscheinlichkeit. Die Einstellung zum Patienten ist die eines Experten gegenüber seinem 'Kunden'. Der Veränderungsprozeß wird als Eigensteuerung im Sinne der Selbstmanagement-Therapie (vgl. Kanfer, Reinecker & Schmelzer, 1991) gesehen. Im Rahmen der Therapiekultur geht es vorrangig um Hilfestellungen zur Bewältigung des Problemverhaltens, d. h. der Patient selbst soll zum Experten für seine Störung und deren Bewältigung werden. Die Tabelle 1 gibt einen entsprechenden Überblick.

Tabelle 1: Typisierung von Behandlungsparadigmen in der Abhängigkeitstherapie

Kriterium	suchttherapeutisches Behandlungsmodell	psychotherapeutisches Behandlungsmodell
Art der Störungszuschreibung	medizinisches Krankheitsmodell	erlerntes Verhalten auf dem Hintergrund biologischer und somatischer Wirkgrößen
Störungsmodell	Alkoholikerpersönlichkeit	interindividuell unterschiedliche Genese
Störungsverlauf	dichotom	chronische Erkrankung mit hoher Rezidivwahrscheinlichkeit
Einstellung zum Patienten	a) Objekt kontrollierender Maßnahmen b) Hilfe durch Wohlfahrt	Kunde
Kontrollverhalten	Fremdkontrolle, soziale Kontrolle, Selbstkontrolle	von Fremdkontrolle zum Selbstmanagement
Therapiekultur	a) Disziplin b) positive Sozialutopie	Hilfestellung zur Bewältigung des Problemverhaltens

Untersucht man einzelne Patienten- bzw. Programmerkmale im Rahmen der skizzierten Behandlungsmodelle, vergleicht also suchttherapeutische mit unserer Ansicht nach notwendigen psychotherapeutischen Standards, stößt man auf abhängigkeitsspezifischer Ebene auf eine Reihe therapeutischer Mythen im Bereich konventioneller Abhängigkeitstherapie. Eine Gegenüberstellung bzw. ein Vergleich der Standards (vgl. Tabelle 2) ergibt nachfolgende Forderungen: Behandlungsvoraussetzung sollte eine deutliche Veränderungsmotivation, nicht bereits notwendig eine Abstinenzmotivation sein. Ansonsten wird die Abstinenzentscheidung des Patienten zur Behandlungsvoraussetzung und nicht zum Behandlungsziel. Therapeutischer Ausgangspunkt sollte das Störungsmodell des Patienten und nicht ausschließlich das Störungsmodell des Therapeuten sein. Eine therapeutische Auseinandersetzung mit dem Änderungsmodell des Patienten, auch seinem Wunsch, weiterhin Suchtmittel zu konsumieren, muß während der gesamten Behandlung möglich bleiben. Dies bedeutet nicht die Aufgabe des Strukturprinzipes 'Suchtmittelfreiheit während der Behandlung'. Eine Motivationseinschätzung sollte Fremdmotivation nicht in bewertendem Sinne als sekundär betrachten, sondern am Änderungsmodell des Patienten und seinen Beweggründen für den Therapiebeginn ansetzen. Wofür sich eine Änderung lohnen würde, sollte (vgl. Kanfer, Reinecker & Schmelzer, 1991) eine grundlegende Motivationsfrage für Klienten sein. Zentrale Therapieziele müssen neben der Abstinenz gleichgewichtig die Vermittlung von Kompetenzen zu Rückfallprävention und Rückfallbewältigung sein. Während der gesamten Behandlung sollten die einzelnen Therapieziele nicht allein durch den Therapeuten festgelegt, sondern immer wieder gemeinsam mit dem Patienten erarbeitet werden. Auf einen Rückfall während der Behandlung muß bei weiterbehandlungswilligen Patienten nicht mit einer disziplinarischen Entlassung, sondern mit intensivierter Hilfestellung reagiert werden.

Tabelle 2: Therapeutische Mythen — auf abhängigkeitsspezifischer Ebene

Patienten- bzw. Programmerkmal	suchttherapeutischer Standard	notwendiger psychotherapeutischer Standard
Behandlungsvoraussetzung	deutliche Abstinenzmotivation	Veränderungsmotivation
Motivation	Fremdmotivation ist sekundär	Änderungsmodell des Patienten
therapeutischer Ausgangspunkt	Störungsmodell des Therapeuten	Störungsmodell des Patienten
Zentrales Therapieziel	Abstinenz	Abstinenz Rückfallprävention und -bewältigung
Abstinenzentscheidung des Patienten	Behandlungsvoraussetzung	Behandlungsziel
Therapieziele	Festlegung durch Therapeuten	Auswahl gemeinsam mit dem Patienten (Eigensteuerung)
Rückfall während der Behandlung	Disziplinarische Entlassung	intensivierte Hilfestellung
Rückfall nach der Behandlung	Alles-oder-Nichts-Prinzip	Rückfallbewältigung

Woher kommen derartige therapeutische Mythen? Marlatt (1978) verweist in seiner Kritik am medizinischen Modell des Alkoholismus auf die Notwendigkeit, die individuellen Determinanten für Rückfallprävention und -bewältigung therapeutisch zu berücksichtigen. Er geht davon aus, daß viele traditionelle Alkoholikerprogramme deswegen versagen würden, weil sie die Komponenten des Rückfallprozesses in ihr Behandlungsschema nicht einbeziehen. Der Patient werde ausschließlich überzeugt, daß er ein Alkoholiker sei und niemals wieder trinken könne. Der Kontrollverlust als Konstrukt und Überzeugung werde beim rückfälligen Abhängigen zu einer unvermeidlichen Konsequenz im Sinne einer 'sich-selbst-erfüllenden-Prophezeihung'.

Das medizinische Krankheitsmodell war sicherlich ein Fortschritt gegenüber dem vor 1968 vorherrschenden und diskriminierenden Störungsverständnis. Gleichzeitig führt es jedoch zumindest in der suchttherapeutischen Praxis oftmals erneut zu einem moralisierenden Problemverständnis. Man kann davon ausgehen, daß in einem psychotherapeutischen Behandlungsmodell Abhängigkeit sowohl hinsichtlich der Genese als auch hinsichtlich des Verlaufes (einen möglichen Rückfall eingeschlossen) als selbstverantwortetes Problemverhalten gesehen wird. Im suchttherapeutischen Paradigma taucht die Abhängigkeit hinsichtlich ihrer Genese als 'unverschuldete Krankheit' aus dem Dunkel der Entstehungsbedingungen auf. Hinsichtlich des Rückfalls im suchttherapeutischen Modell findet eine merkwürdige Verschiebung statt. Die Genese der Krankheit ist unverschuldet, ihr Verlauf im Rückfall aber selbstverantwortet. Die Entstehung der Störung wird als Krankheit betrachtet, der Rückfall selbst aber als abweichendes Verhalten. So ist zwar nicht mehr die Krankheit als solche, wohl aber deren Verlauf ein moralisches Phänomen (vgl. Abbildung 1). Diese moralisierende Betrachtung hat gravierende Auswirkungen auf das Rückfallverständnis von Behandlern und Patienten.

| Störungsart | interne vs. externe Attribuierung | |
	selbstverantwortet	unverschuldet
Krankheit/ Problemverhalten	Abhängigkeit (Genese, Verlauf) im psychotherapeutischen Behandlungsmodell	Abhängigkeit (Genese) im suchttherapeutischen Paradigma
dissoziales/abweichendes Verhalten	Abhängigkeit (Rückfall) im suchttherapeutischen Paradigma	

Abbildung 1: Attribuierungsmodell von Abhängigkeitserkrankungen bei suchttherapeutischem vs. psychotherapeutischem Behandlungsparadigma

Abstinenz bleibt unabdingbare Zielsetzung von Abhängigkeitstherapie. Eine Diskussion um dieses Ziel verfehlt unserer Ansicht nach ihren Gegenstand. Nicht das Therapieziel Abstinenz ist das eigentliche Problem, sondern seine Verwendung zur Dichotomisierung chronischen Abhängigkeitsverhaltens. In einem suchttherapeutischen Behandlungsmodell werden Rückfälle als potentielle und wahrscheinliche Störungsmerkmale katastrophisiert und es wird nach einem 'Alles-oder-Nichts-Prinzip' therapiert.

Berechnet man bei katamnestischen Untersuchungen nicht Erfolgsquoten (einschließlich der Kriterien 'abstinent nach Rückfall' bzw. 'gebessert') sondern Rückfallquoten bei 4- bzw. 5-Jahreskatamnesen, erhält man bei konservativer Schätzung Werte zwischen 62,8 % und 68,4 %. Rückfall wird dabei operationalisiert als 'nicht abstinent während des gesamten Katamnesezeitraumes'. Bezugsstichprobe ist jeweils die Gesamtstichprobe als Ausgangsstichprobe abzüglich der im Untersuchungszeitraum verstorbenen Patienten analog Berechnungsform 4 der DGSS-Standards für die Durchführung von Katamnesen bei Abhängigen. Berechnet wurden beispielsweise nach Autorenangaben für die Untersuchungen von Küfner, Feuerlein und Huber (1988) eine Rückfallquote von 62,8 % und für die Untersuchung von Jung und Bühringer (1989) eine Rückfallquote von 68,4 %. In einer eigenen Untersuchung für den Entlaßjahrgang 1984 für Bundesknappschafts-Versicherte der Fachklinik am Rosenberg ergab sich im Rahmen einer 5-Jahreskatamnese eine Rückfallquote von 66,1 %. Man kann daraus schließen, daß die Mehrzahl der Patienten mittelfristig keine rezidivfreie Abstinenz erreicht. Missel und Braukmann (1993) untersuchten die Motive für Rückfälle bei Katamneseantwortern. Als häufigste Motive für erneuten Alkoholkonsum wurden genannt: für rückfällige wie für nach Rückfall abstinente Patienten die Veränderung der seelischen Befindlichkeit (31,1 % bzw. 20 %) und die Bewältigung von Belastungen (26,2 % bzw. 26,7 %). Die Unterdrückung von Entzugserscheinungen im Sinne von Alkoholverlangen nannten hingegen nur 9,8 % der rückfälligen Patienten. Diese Befunde stimmen auffällig mit den Ergebnissen von Marlatt und Gordon (1984) überein. Sie nannten in einer Analyse der Rückfallsituation von 70 Alkoholikern folgende Auslöser am häufigsten: negative Gefühlszustände mit 38 % und interpersonelle Belastungssituationen mit 36 %; lediglich 11 % gaben als situative Bedingung Alkoholverlangen an. Alkoholverlangen scheint also nicht die entscheidende Determinante des Rückfalls zu sein.

In Anlehnung an Körkel (in diesem Band) könnte man zusammenfassend formulieren, daß Rückfälle nicht die Ausnahme, sondern die Regel bei Abhängigkeitskranken sind. Rückfälle sind nicht gleich, sondern unterschiedlich. Nur manche Rückfälle führen zum Kontrollverlust. Rückfälle entstehen nicht vorrangig und ausschließlich durch Alkoholverlangen, sondern die Motive für das Rückfallgeschehen sind verschieden. Wenn Rückfälle also zum Krankheitsgeschehen gehören, sie zudem bewältigbar und aufarbeitbar sind, sollten sie auch keinen regelhaften Ausschlußgrund aus der stationären Behandlung mehr darstellen.

Burisch (1989, S. 4) definiert Burnout als 'fortdauernde zu hohe Energieabgabe für zu geringe Wirkung bei ungenügenden Energienachschub'. An überhöhten und unrealistischen Therapiezielen in der Abhängigkeitstherapie festzuhalten, könnte, paradox formuliert, geradezu eine Burnout-Empfehlung für Suchttherapeuten darstellen. Abhängigkeit sollte als chronisches Problemverhalten beschrieben werden, bei der die Mehrzahl der Patienten mittelfristig keine rezidivfreie Abstinenz erreicht. Eine Überprüfung von Therapiekonzepten und Fort- und Weiterbildungscurricula für in der Abhängigkeitsbehandlung Tätige unter diesen Prämissen wäre unserer Ansicht nach ein wesentlicher Beitrag zur Burnout-Prävention in der Suchttherapie.

6. Literatur

BEUTEL, M., BRÜNGER, M., KLEIN, T., MISSEL, P., SCHMID, C. & WEISSINGER, V. (1995). Qualitätssicherung in der stationären Suchtkrankenhilfe. *Sucht, 41*, 141-149.

BRAUKMANN, W. & BOLCK, R. (1993). Paarbeziehungen in Fachkliniken für Suchtmittelabhängige. *Schriftenreihe der Fachklinik am Rosenberg, 2.*

BURISCH, M. (1989). *Das Burnout-Syndrom. Theorie der inneren Erschöpfung.* Berlin: Springer.

DeLONGIS, A., COYNE, J.C., DAKOF, G., FOLKMAN, S. & LAZARUS, R.S. (1982). Relationship of daily hassles, uplifts, and major life events to health status. *Health Psychology, 1*, 119-136.

DOHRENWEND, B.S. & DOHRENWEND, B.P. (1974). *Stressful life events. Their nature and effects.* New York.

DONABEDIAN, A. (1966). Evaluating the quality of medical care. *Milbank Memorial Fund Quarterly, 44*, 166-203.

FILIPP, S.H. (1990). Ein allgemeines Modell für die Analyse kritischer Lebensereignisse. In S.H. Filipp (Hrsg.), *Kritische Lebensereignisse* (2. Auflage) (S. 3-52). München: Psychologie Verlags Union.

FRANKE, A. & BRODA, M. (1993). *Psychosomatische Gesundheit. Versuch einer Abkehr vom Pathogenese-Konzept.* Tübingen: DGVT-Verlag Forum 20.

FRIEDMAN, M. & ROSENMAN, R.H. (1985, Orig. 1974). *Rette dein Herz.* Hamburg: Rowohlt.

GLASS, D.C. (1977). *Behavior patterns, stress and coronary disease.* Hillsdale, NJ: Lawrence Erlbaum.

GRAWE, K. & BRAUN, U. (1994). Qualitätskontrolle in der Psychotherapiepraxis. *Zeitschrift für Klinische Psychologie, 23*, 242-267.

HÄUSSLER, B. (1991). Anwendungsmöglichkeiten von Qualitätssicherungs-Programmen und -Maßnahmen in den USA für die medizinische Rehabilitation in der Deutschen Rentenversicherung. In Verband Deutscher Rentenversicherungsträger (Hrsg.), *Reha-Kommission - Abschlußberichte - Band IV, Teilband 3 "Qualitätssicherung".* Darmstadt: Dissertationsdruck.

HOLMES, T.H. & RAHE, R.H. (1967). The Social Readjustment Rating Scale. *Journal of Psychosomatic Research, 11*, 213-218.

HOROWITZ, M. (1976). *Stress response syndromes.* New York.

JUNG, U. & BÜHRINGER, G. (1989). Ergebnisse stationärer Verhaltenstherapie Alkoholabhängiger, 4 Jahre nach Entlassung. In I. Hand & U. Wittchen (Hrsg.), *Verhaltenstherapie in der Medizin.* Berlin: Springer.

KANFER, F.H., REINECKER, H. & SCHMELZER, D. (1991) *Selbstmanagement-Therapie.* Berlin: Springer.

KLEIBER, D. & ENZMANN, D. (1990). *Burnout. 15 Years of research: An international Bibliography.* Göttingen: Hogrefe - Verlag für Psychologie.

KOBASA, S.C. (1979). Stressful life-events, personality and health: An inquiry into hardiness. *Journal of Personality and Social Psychology, 37,* 1-11.

KÜFNER, H., FEUERLEIN, W. & HUBER, M. (1988). Die stationäre Behandlung von Alkoholabhängigen: Ergebnisse der 4-Jahreskatamnesen, mögliche Konsequenzen für Indiaktionsstellung und Behandlung. *Suchtgefahren, 34,* 157-272.

KULICK, B. (1995). Konzeptqualität bei stationärer Entwöhnungsbehandlung. In Fachverband Sucht E.V. (Hrsg.), *Qualitätssicherung in der Rehabilitation Abhängigkeitskranker.* Geesthacht: Neuland.

LAZARUS, R.S. (1990). Streß und Streßbewältigung — ein Paradigma. In S.H. Filipp (Hrsg.), *Kritische Lebensereignisse* (2. Auflage) (S. 197-232). München: Psychologie Verlags Union.

MARLATT, G.A. (1978). Alkoholverlangen, Kontrollverlust und Rückfall: eine kognitive Analyse des Verhaltens. *Wiener Zeitschrift für Suchtforschung, 1/2,* 19-24 und 11-20.

MARLATT, G.A. & GORDON, J.R. (1984). Relapse Prevention. *Workshop Materials — 11. Verhaltenstherapiewoche in Freiburg.*

MASLACH, C. & JACKSON, S.E. (1986). *Maslach Burnout Inventory.* (Second edition). Palo Alto, CA: Consulting Psychologists Press.

MEICHENBAUM, D. (1994). *A major clinical handbook and treatment manual for assessing and treating clients with post traumatic stress disorder.* Waterloo: University Press.

MISSEL, P. (1994). Abstinenz — unabdingbare Zielsetzung? Zukunftsperspektiven: Therapeutische Mythen oder Psychotherapie beim Abhängigkeitskranken. In Fachverband Sucht E.V. (Hrsg.), *Therapieziele im Wandel.* Geesthacht: Neuland.

MISSEL, P. & BRAUKMANN, W. (1993). Therapeutischer Jahresbericht 1990 — Ergebnisse zu Basisdokumentation und Katamnestik. *Schriftenreihe der Fachklinik am Rosenberg, 3.*

MISSEL, P. & ZEMLIN, U. (1994). Neuere Entwicklungen in der verhaltenstherapeutischen Behandlung von Suchterkrankungen. In M. Zielke & J. Sturm (Hrsg.), *Handbuch stationäre Verhaltenstherapie* (S. 144-163). Weinheim: Psychologie Verlags Union.

ROST, W.D. (1988). Als Supervisor in einer Fachklinik — Ein Erfahrungsbericht. *Supervision, 14,* 50-60.

SCHAUB, E. & SCHLIEHE, F. (1994). Ergebnisse der Reha-Kommission und ihre Bedeutung für das Qualitätssicherungsprogramm der Rentenversicherung. Anhang: Das Reha-Qualitätssicherungsprogramm der Rentenversicherung. *Deutsche Renten Versicherung, 2,* 101-110.

SCHALLENBERG, H. (1995). Strukturelle Qualitätsstandards bei Fachkliniken für Suchtkranke. In Fachverband Sucht E.V. (Hrsg.), *Qualitätssicherung in der Rehabilitation Abhängigkeitskranker.* Geesthacht: Neuland.

ZIELKE, M. (1994). Qualitätssicherung in der stationären Behandlung Abhängigkeitskranker: Qualitätssicherungsmodelle und deren Folgen. *Verhaltensmedizin heute, 1,* 3-9.

I. Konzeptuelle und empirische Beiträge

Burnout — Anzeichen, Verlauf, Auslöser[1]

Matthias Burisch

1. Einleitung

Wenn ein ganzer Band unter einen Leitbegriff wie Burnout gestellt wird, dann ist es sicher ratsam, mit dem Versuch einer begrifflichen Eingrenzung zu beginnen. Nur so besteht eine minimale Chance, von den selben Dingen zu sprechen. Diesen Versuch möchte ich hier unternehmen, gleichzeitig aber alle Erwartungen dämpfen, was seine Erfolgschancen betrifft.

Burnout ist und bleibt eine begriffliche Qualle. Jeder Versuch, das Phänomen zu definieren, kommt dem Versuch gleich, den exakten Standort einer großen Wolke zu bestimmen. Es gibt Anzeichen dafür, daß diese Wolke in den Köpfen der Fachleute, die darüber schreiben, jeweils ein wenig anders aussieht, und bei den interessierten Laien wird es genauso sein. Den Begriff mit seiner unbefriedigenden Randunschärfe kann niemand pachten, und auch ich bin selbstverständlich nicht berechtigt, ihn *ex cathedra* zu normieren.

Statt eigene oder fremde Burnout-Definitionen vorzustellen, möchte ich eine gewisse Eingrenzung auf der Symptom- und auf der Verlaufsebene unternehmen, d.h., ich will zunächst über den Inhalt der Wolke sprechen. Anschließend werde ich meine Vorstellung von den auslösenden Bedingungen darstellen.

Vorher einige Bemerkungen zu einer Frage, die sich jedem stellt, der die augenblickliche Hochkonjunktur des Themas Burnout in allen Medien verfolgt, einen Boom, den es vor einem Jahrzehnt schon einmal in den USA gab. Nämlich: Ist Burnout eigentlich etwas Neues? Oder haben wir einen jener Modeartikel vor uns, wie ihn die Psychologie alle Jahre wieder auf den Jahrmarkt öffentlichen Interesses wirft?

Ich habe keinen Zweifel, daß Burnout nichts Neues ist. Fast genau das gleiche Symptombild ist unter Bezeichnungen wie Konflikt- oder Erschöpfungsreaktion seit langem geläufig. Als schwere Sinnkrise findet sich das Thema schon in der Bibel. Und mein belletristisches Lieblingsbeispiel ist die Figur des Senators Thomas Buddenbrook aus Thomas Manns *Buddenbrooks,* deren Tod in das Jahr 1875 gelegt wird; das Buch selbst erschien 1900.

Wendete sich dieser Band nicht vor allem an professionelle Helfer, dann würde ich hier einige Zitate aus *Buddenbrooks* einfügen. Thomas Buddenbrook aber war lübscher Getreidegroßhändler, und so könnte das Beispiel allzu weit hergeholt erscheinen. Statt dessen zwei weitere, einschlägigere Belege für meine These, daß Burnout nicht erst seit 1974 existiert, als die Karriere des Begriffs ihren Anfang nahm.

Es folgen einige Auszüge aus der Biographie eines Mannes, der Anfang der zwan-

[1]Herrn Dipl.-Psych. Walter Braukmann danke ich für wertvolle redaktionelle Unterstützung.

ziger Jahre unseres Jahrhunderts Grundschullehrer in einem niederösterreichischen Dorf war.

"Eine Woche nach seiner Ankunft schrieb er von seiner neuen Stelle und bemerkte: 'Ich war bis vor kurzem *schrecklich bedrückt* und lebensmüde, jetzt aber bin ich etwas hoffnungsvoller...' Drei Wochen später folgte ein nach seinen Maßstäben enthusiastischer Brief: 'Ich bin jetzt endlich Volksschullehrer und zwar in einem sehr schönen und kleinen Nest, es heißt T.... Die Arbeit in der Schule macht mir Freude und ich brauche sie notwendig; sonst sind bei mir gleich alle Teufel los.'

Aber nach einem Jahr empfand der zutiefst unglückliche W. das 'schöne und kleine Nest' als abscheulich. Genau ein Jahr nach dem ersten Brief schrieb er wieder: 'Ich bin noch immer in T. und bin nach wie vor von Gehässigkeit und Gemeinheit umgeben. Es ist wahr, daß die Menschen im Durchschnitt nirgends sehr viel wert sind, aber hier sind sie viel mehr als anderswo nichtsnutzig und unverantwortlich. Ich werde vielleicht noch dieses Jahr in T. bleiben, aber länger wohl nicht, da ich mich hier auch mit den übrigen Lehrern nicht gut vertrage. (Vielleicht wird das woanders auch nicht besser sein.).'

W.s noch lebende Schüler beschwören, er habe die Knaben mit dem Rohrstock geprügelt und geohrfeigt, wenn sie sich besonders schlecht aufführten, und er habe schon wegen kleiner Verstöße Kopfnüsse ausgeteilt. Solche Strafen liefen den Prinzipien der Schulreform klar zuwider. Andere Berichte lassen vermuten, daß W. zu dieser Zeit nervlich überanstrengt war. Oft brach er im Unterricht in Schweiß aus, rieb sich krampfartig am Kinn, zerrte an seinen Haaren und biß in ein zerknülltes Taschentuch."

Wer war's? Dieser Ausbrenner war Ludwig Wittgenstein, immerhin der Mann, den viele für den größten Philosophen unseres Jahrhunderts halten. Und sein Biograph liefert eine durchaus plausible Einschätzung der Hintergründe, die in diese Krise führten:

"W. kam nach T. voller romantischer Vorstellungen von bäuerlicher Ehrlichkeit und Einfachheit. ... Diese freudige Erwartung ländlicher Sittlichkeit nährte auch seinen Ekel vorm Stadtleben und seine oft geäußerte Verachtung für die 'halbgebildeten' Städter, die die Massenpresse verdorben hatte.

In seinem ersten Jahr lernte W. arme mitteleuropäische Bauern als Individuen kennen. Er wußte, daß er für ihre Zukunft mitverantwortlich war, und dachte über sie mit größerer Intensität nach. Vielleicht am tiefsten verletzte ihn, wie wenig sie dem Bilde ähnelten, das Tolstoi von ihnen gemalt hatte. Tolstoi beschreibt in seinen *Bekenntnissen,* wie er sich, nach Rußland heimgekehrt, auf dem Lande niederließ, Schulen für die Bauern einrichtete und dort der 'Falschheit' der Städte entfliehen konnte. W. aber stieß bei den Bauern auf Falschheit und krude Käuflichkeit. Die Bauern enttäuschten ihn bald, und er verwünschte sie — aber er wendete seine ungeheure Energie und seinen Einfallsreichtum an einen verzweifelten sechsjährigen Versuch, sie 'aus dem Dreck zu ziehen'. Mit dieser Wendung pflegte er seinen Freunden und seinen Kollegen seine Ziele und Erziehungsvorstellungen zu erläutern. Zu böser Letzt scheiterten W.s Bemühungen kläglich, die Bauern, oder wenigstens die paar Tausend Bauern in den drei kleinen Dörfern, zu ändern. Die Menschen, denen er helfen wollte, stießen ihn zurück und vertrieben ihn schließlich aus dem dritten Dorf." (Alle Zitate aus Bartley, 1983).

Noch ein wenig näher an das Thema "Burnout in helfenden Berufen" bringen uns die folgenden autobiographischen Notizen Herbert Freudenbergers, des New Yorker Psychoanalytikers, der den Begriff zwar nicht geprägt, aber durch einen Aufsatz schlagartig populär gemacht hat. Hier müßten sich Therapeuten eigentlich leicht identifizieren können.

"Das Ganze trug sich in den sechziger Jahren zu. Ich arbeitete damals am Experiment der freien Kliniken mit, betreute gleichzeitig meine Privatpraxis, hatte eine Familie, war aktives Mitglied in verschiedenen Berufsorganisationen und hatte noch zahlreiche weitere Verpflichtungen. Zu dieser Zeit gab es eine große Anzahl jugendlicher Aussteiger, die nicht selten in die Drogenszene gerieten. Ohne das Ausmaß der Problematik ermessen zu können, eröffnete ich eine 'Soforthilfe'-Klinik in

East Village, New York. Einige junge Sozialarbeiter und Psychologen sowie ein paar junge Ärzte opferten dem Projekt ihre Zeit; meist jedoch wurde das Personal auf der Straße rekrutiert und benötigte noch eine spezielle Ausbildung. Von acht Uhr morgens bis 18 Uhr abends kümmerte ich mich um meine Praxis und eilte dann zur Klinik, die um 11 Uhr abends ihre Türen schloß. Dann ging es weiter mit gemeinsamen Besprechungen und Übungen. Je müder ich wurde, desto mehr trieb ich mich an. Als meine Frau versuchte, mich zur Besinnung zu bringen, reagierte ich verärgert. 'Du meinst, ich sollte weniger tun? Mehr müßte ich tun. Es gibt Tausende von diesen jungen Leuten, und sie haben keine andere Stelle, an die sie sich wenden können. Wenn ich ankomme, hocken sie schon in Scharen auf der Schwelle, warten auf mich und hoffen, daß ich mit ihnen sprechen werde. Selbst wenn ich rund um die Uhr arbeite - ich könnte nicht genug tun.'

In Wahrheit wußte ich kaum noch, wie es der Familie ging. Ich war selten zu Hause, und wenn ich es war, dann machten die Kinder einen großen Bogen um mich. Wenn auch ich nicht merkte, wie gereizt ich war, sie merkten es und gingen mir aus dem Weg. In der Praxis war ich ungehalten, geriet oft in Wut und beschuldigte die anderen, daß sie nicht besser vorankämen. Und in der Klinik identifizierte ich mich allzusehr mit den Jugendlichen. Ihre Probleme, ihre Kämpfe wurden die meinen, und ich fing an, meine Objektivität zu verlieren, das letzte, was einem, der helfen will, zustoßen darf.

Monatelang ging das so weiter, und ich leugnete weiterhin, daß - abgesehen von meiner verschleppten Erkältung, meiner Müdigkeit und meiner ständigen Reizbarkeit - irgendetwas nicht in Ordnung sei.

Meine Frau bestand darauf, daß wir in den Weihnachtsferien mit den Kindern wegführen. So sehr ich auch den Gedanken haßte, nicht in meiner Klinik zu sein, ich fand doch, daß ich meine Familie einmal für die Zeit, die ich nicht zu Hause verbrachte, entschädigen sollte. Meine Frau ließ Hotel und Flugticket reservieren. Und ich hätte eigentlich am Abend vor der Abreise nichts anderes zu tun gehabt, als meine Sachen zu packen. Aber als ich mich um zwei Uhr morgens zur Tür hereinschleppte, war ich zu erschöpft, um überhaupt noch etwas tun zu können und fiel ins Bett. Meiner Frau sagte ich, daß ich erst am nächsten Morgen packen würde. Aber am Morgen konnte ich nicht einmal aufstehen. Wir sind nie am Flugplatz angekommen. Ich schlief zwei Tage lang und verdarb meiner Familie die Ferien. Am dritten Tag konnte ich immer noch nicht aufstehen; etwas indessen *konnte* ich: einmal darüber nachdenken, wie ich mich verhalten hatte." (Freudenberger & Richelson, 1983).

Noch einmal also: Burnout ist etwas sehr Altes. Man kann den Eindruck gewinnen, daß das Phänomen in den letzten Jahren häufiger geworden ist, und wenn dem so ist, dann ließe sich auch über Gründe spekulieren. Nur — es gibt keinerlei direkt interpretierbare Zahlen, die einen Anstieg belegen könnten. Und zumindest ein Teil des Eindrucks wird daher rühren, daß man leichter wahrnimmt, wofür man einen einprägsamen Begriff hat.

2. Symptomatik und Verlauf

Woran merkt man nun, daß ein Burnout-Prozeß in Gang gekommen ist? Vor einigen Jahren (Burisch, 1989) habe ich einmal aus der mir damals zugänglichen Literatur alle Symptome zusammengestellt, die von verschiedenen Autoren mit Burnout in Verbindung gebracht worden waren. Das ergab — nach einiger Straffung — eine Liste von mehr als 130 Symptomen, die ich in sieben Kategorien und etliche Unterkategorien gegliedert habe. Eine vereinfachte Version enthält Abbildung 1. Beim Durchsehen der Kategorien erschließt sich auch ein möglicher Verlauf eines Burnout-Prozesses. Freilich gibt es zahlreiche verschiedene Verlaufsformen.

1. Anfangsphase	2. Reduziertes Engagement a) Für Klienten, Patienten etc..	2. Reduziertes Engagement b) Für Andere allgemein
a) Überengagement für Ziele •freiwillige unbezahlte Mehrarbeit •Gefühl der Unentbehrlichkeit •Gefühl, nie Zeit zu haben •Verdrängung von Mißerfolgen und **b) Erschöpfung** Enttäuschungen •Chronische Müdigkeit	•Desillusionierung •Größere innere Distanz zu Klienten •Meidung von Kontakt mit Klienten und/oder Kollegen •Stereotypisierung von Klienten, Kunden, Schülern etc. •Dehumanisierung	•Unfähigkeit zu geben •Verständnislosigkeit •Schwierigkeiten, Anderen zuzuhören •Zynismus

2. Reduziertes Engagement c) Für die Arbeit	2. Reduziertes Engagement d) Erhöhte Ansprüche	3. Emot. Reaktionen; Schuldzuweisung a) Depression	3. Emot. Reaktionen; Schuldzuweisung b) Aggression
•Desillusionierung •Negative Einstellung zur Arbeit •Widerwillen u. Überdruß •Höheres Gewicht mate- rieller Bedingungen für die Arbeitszufriedenheit	•Verlust von Idealismus •Konzentration auf die eige- nen Ansprüche •Gefühl, ausgebeutet zu werden •Partnerprobleme •Konflikte mit den eigenen Kindern	•Schuldgefühle •Reduzierte Selbstachtung •Selbstmitleid •Verringerte emotionale Be- lastbarkeit •Abstumpfung, Gefühl von Abgestorbensein und Leere	•Schuldzuweisung an An- dere oder „das System" •Ungeduld •Intoleranz •Kompromißunfähigkeit •Nörgeleien •Reizbarkeit

4. Abbau	5. Verflachung	6. Psychosomatische Reaktionen	7. Verzweiflung
a) der kognitiven Lei- stungsfähigkeit •Konzentrations- und Ge- dächtnisschwäche •Desorganisation •Entscheidungsunfähigkeit **b) der Motivation** •Dienst nach Vorschrift **c) der Kreativität** •verringerte Phantasie **d) Entdifferenzierung** •Rigides Schwarz-Weiß- Denken •Widerstand gegen Verän- derungen aller Art	**a) des emotionalen Lebens** •Verflachung gefühlsmäßi- ger Reaktionen •Gleichgültigkeit **b) des sozialen Lebens** •Meidung inform. Kontakte •Meidung von Gesprächen über die eigene Arbeit •Eigenbröteleien •Einsamkeit **c) des geistigen Lebens** •Aufgeben von Hobbies	•Schwächung der Immun- reaktion •Unfähigkeit zur Entspan- nung in der Freizeit •Schlafstörungen •Engegefühl in der Brust •Atembeschwerden •Beschleunigter Puls •Erhöhter Blutdruck •Muskelverspannungen •Rückenschmerzen •Kopfschmerzen •Verdauungsstörungen •Veränderte Eßgewohnheiten •mehr Alkohol/Kaffee/Ta- bak/andere Drogen	•Hoffnungslosigkeit •Gefühl der Sinnlosigkeit •Selbstmordabsichten •Existentielle Verzweif- lung

Abbildung 1: Symptomatik von Burnout.

Es besteht ein weitgehender Konsens darüber, daß Burnout meist — nicht immer — mit einem relativen Überengagement für bestimmte Ziele beginnt. Das sei am Beispiel des Berufsstarts demonstriert, der für die meisten Menschen ein kritisches Lebensereignis darstellt, das die individuelle Lebenssituation verändert und gemeistert werden will. Selbst wenn man die Berufsrealität beispielsweise aus einem Praktikum kennt, beginnt dort etwas Neues, verändert sich die Rolle auf entscheidende Weise. Lehrer und Dozenten stehen vor ihren ersten "richtigen" Schülern, Ärzte und Therapeuten vor ihren ersten "richtigen" Patienten oder Klienten. Es bricht aus, was Cherniss (1980) die Kompetenzkrise genannt hat: Werde ich das schaffen? Massive Selbstzweifel wechseln sich ab mit euphorisierenden Anfangserfolgen, die oft gerade die blauäugige Unverbrauchtheit des Newcomers zur Voraussetzung haben. Es entwickeln sich erste unsichere Konturen beruflicher Identität, eine gewisse eigene Handschrift, verbunden mit einem Zustand erhöhter Selbstaufmerksamkeit, in dem eigene Kompetenzen mit denen anderer verglichen werden. Geht in dieser "Tausendfüßler-Phase" manches schief, was nicht von verständnisvollen Kollegen oder Vorgesetzten aufgefangen wird, kann sich eine latente Mißerfolgserwartung ausbilden: "Bestimmt wird der auch wieder rückfällig!"

In der Regel wird die Kompetenzkrise durch erhöhten Einsatz bewältigt: Man bleibt länger da, arbeitet abends nach, was tags liegengeblieben ist, blättert verzweifelt in der Fachliteratur, verzichtet so auf Freizeit, verschenkt Urlaub.

Ist die Kompetenzkrise halbwegs gemeistert, kann es — besonders in unseren chronisch unterbemannten psychosozialen Frontstellungen — zum Gefühl der Unentbehrlichkeit kommen: "Wenn ich mal einen Tag krank wäre, bräche hier doch alles zusammen!" Wird das nicht auf ein gesundes Maß reduziert — vom eigenen Frühwarnsystem, von der Familie, von wachsamen Kollegen —, kann es ausufern in ein Gefühl, nie Zeit zu haben, massive Bedürfnisverlegnung, Verdrängung von Frustrationen. Man hockt nur noch im Kollegenkreis zusammen und tratscht über Patienten. Ein ausgesprochenes Schwellensymptom dieser Phase ist die Unfähigkeit, abends abzuschalten. Wenn die Entsorgung nach Feierabend nicht mehr klappt, können Teufelskreise in Gang kommen: Werden zur Erleichterung der Entspannung Alkohol oder andere nur kurzfristig wirksame Mittel eingesetzt, kann das, gerade in der Suchttherapie, Folgeprobleme erzeugen, die dann am nächsten Tag zusätzlichen Druck schaffen.

Hat ein solches Überengagement eine Weile angedauert, kommt es in der Regel zur Erschöpfung. Je nach Höhe der Überdosierung kann das Jahre dauern oder auch nur Wochen. Chronische Müdigkeit tritt auf, in manchen Berufszweigen auch erhöhte Unfallgefahr.

Soweit zu einigen charakteristischen Merkmalen der Anfangsphase. Dem Überengagement folgt in der Regel der Rückschlag, der Einbruch und die Krise. Umgangssprachlich läßt sich dieser Zustand wie folgt beschreiben: Das, was man vorher im Übermaß gegeben hat, ist nun nicht mehr vorhanden — das Engagement für Kunden, Kollegen, Klienten, Patienten, für die Arbeit generell, die Identifikation mit der Arbeit. Die Symptome übertragen sich relativ schnell ins Privatleben. Betroffene reagieren innerhalb der Familie gereizt, können nicht mehr zuhören und wollen abends von Problemen nichts mehr hören. Wenn die Kinder oder der Partner irgendwelche Ansprüche stellen, treten die ersten Konflikte auf. Generell macht sich ein Gefühl breit, ausgebeutet zu werden, keine Anerkennung zu bekommen, sich endlich auch mal Dienst nach Vorschrift erlauben zu dürfen. Spätestens jetzt entscheidet sich, welches emotionelle Zustandsbild künftig vorherrschen wird. Das hängt ab von der Antwort auf die Frage: Wer ist eigentlich schuld an der Misere? Liegt es an mir, daß ich mich mies fühle? Bin ich unfähig oder sind es die Verhältnisse? Je nachdem, ob man nun intra- oder extrapunitiv disponiert ist, wird man geneigt sein zu sagen: Die anderen schaffen es anscheinend prima, ich bin eben der einzige, der damit Probleme hat — also wird es wohl an mir liegen. Wenn Sie zu einem solchen Attribuierungsmuster tendieren, werden Sie wahrscheinlich ein depressives Erscheinungsbild entwickeln mit Symptomen reduzierter Selbstachtung, vermehrtem Grübeln und extremem Selbstmitleid. Wenn Betroffene eher dazu neigen, die Verantwortung external zu attribuieren, wie z.B. die Schuld im System oder die Ursache bei den immer anspruchsvoller werdenden Patienten zu suchen, tritt als Konsequenz dieser Kausalattribuierung eine eher aggressive Symptomatik auf — auf jeden Fall leiden die Betroffenen.

Wird dieser Prozeß nicht unterbrochen — und es handelt sich hierbei um einen Ablauf, der im Prinzip jederzeit angehalten werden kann — treten in der Folge häufig Abbauerscheinungen auf. Eine massiv reduzierte kognitive Leistungsfähigkeit wird in Industrieunternehmen dann nicht mehr übersehen. Es kommt zu Abfindungen und einer Trennung in gegenseitigem Einvernehmen. Man trennt sich von Leuten, die ihre Termine nicht mehr wahrnehmen können, die in Konferenzen in Schweiß ausbrechen oder nicht mehr einsatzfähig sind. Ein allgemeiner Motivationsschwund tritt auf, Initiativen finden nicht mehr statt, Kreativität und differenziertes Denken sind eingeschränkt und die Persönlichkeit verflacht zusehends. Im Gefühlsleben breitet sich Monotonie aus. Bei dem Versuch, aus der normalen Sinuskurve von Höhen und Tiefen das Baßrumpeln auszuschneiden, werden erfahrungsgemäß auch die Höhen herausgefiltert. Alles erscheint fade und schal. Es entsteht eher ein charakteristisches Gefühl von Leere und Verflachung des sozialen Lebens, weniger ein Gefühl von Trauer oder Depression. Sozialkontakte werden aufgegeben, weil man sich z.B. abends nach Feierabend in seinem Bekanntenkreis nicht mehr "präsentabel" fühlt. Geistige Aktivitäten und Hobbies verlieren an Reiz. Menschen, die früher einmal vielseitigen Interessen nachgegangen sind, geben diese Stück für Stück auf und sitzen nach Dienstschluß nur noch untätig und apathisch in der eigenen Wohnung herum.

Parallel dazu, und häufig schon zu Beginn einer Burnout-Entwicklung, treten erste psychosomatische Reaktionen auf, die sich auf das ganze Spektrum psychosomatischer Beschwerden verteilen: Herz-Kreislaufbeschwerden, Verdauungsprobleme, Spannungssymptome, extrem veränderte Eßgewohnheiten, übermäßiger Alkoholkonsum und die Einnahme von Medikamenten und Drogen. Diese Symptome sind fast zwangsläufig, wenn der Burnout-Prozeß nicht rechtzeitig unterbrochen wird. In dieser Phase findet häufig die erste Intervention statt. Betroffene konsultieren einen Arzt, weil sie somatische Beschwerden entwickelt haben oder weil die Partnerschaft zu scheitern droht. Beides sind klassische Motive für das Aufsuchen professioneller Hilfe. Findet — aus welchen Gründen auch immer — keine Unterbrechung statt, kann es zu einer zumindest vorübergehenden terminalen Phase, einem Stadium der Verzweiflung kommen, in dem nicht nur das berufliche Umfeld, sondern die gegenwärtige und zukünftige Lebenssituation nur negativ gesehen wird. An diesem Punkt besteht erhöhte Suizidgefahr.

Soweit eine Teilansicht des dichten Waldes von 130 Bäumen. In der Literatur hat man sich stillschweigend auf vier Kernsymptome geeinigt, die den Vorteil größerer Übersichtlichkeit und Prägnanz haben. Dennoch haftet auch dieser Vereinfachung eine gewisse Willkürlichkeit an: Es handelt sich um Konstrukte, für die eine Meßmöglichkeit in Form von Fragebogenskalen besteht; andere, einstweilen nicht operationalisierte Konstrukte mögen nicht weniger zentral sein.

Das wichtigste Kernsymptom ist Erschöpfung — emotional, geistig, körperlich. Das entspricht dem Gefühl der Überforderung, der verlorengegangenen Belastbarkeit. Damit korreliert, zweitens, ein ausgeprägter Überdruß und Widerwille gegen die eigene Arbeit, den es selbstverständlich auch ohne Burnout gibt, der aber angesichts der anfänglichen Überidentifikation besonders bemerkenswert ist. Dazu gesellt sich, drittens, eine Unzufriedenheit mit der eigenen Leistung, manifestiert etwa in dem Gefühl, mit immer mehr Energieeinsatz immer weniger zuwegezubringen, nachfolgend eine verallgemeinerte Selbstabwertung. Einziges etwas spezifischeres Kernsymptom des Burnout-Syndroms ist schließlich die Depersonalisation (besser: Dehumanisierung) der beruflichen Klientel, die sich aber auch auf die Kollegen oder noch andere erstrecken kann. Die Gratwanderung zwischen zuwenig und zuviel Nähe stürzt ab in Richtung übergroßer Distanz, Gleichgültigkeit, evtl. Zynismus. Hier mag es sich teils um einen Selbstschutz gegen das Überschwemmtwerden mit fremden Problemen handeln, teils um eine schlichte Aggressionsantwort auf chronische Frustration.

Burnout-Prozesse verlaufen nach Form und Geschwindigkeit sehr unterschiedlich. Ein möglicher Verlauf lag ja schon der obigen Symptomgliederung in Kategorien zugrunde. Bronsberg und Vestlund (1988) geben einen etwas anderen idealtypischen Verlauf, der vermutlich vor allem in den helfenden Berufen anzutreffen ist, in graphischer Darstellung wieder: Auf die Meisterung der Kompetenzkrise in der "enthusiastischen" Phase folgen erste Rückschläge, nochmaliges Hochziehen, tiefere Abstürze in der "Stagnationsphase". Die "Frustrationsphase" ist durch ein wachsendes Gefühl gekennzeichnet, in der Falle zu sitzen, eingesperrt zu sein. Die letzte, die "apathische" Phase endet oft in einem langsamen "Auströpfeln" mit schließlicher Resignation und "innerer Kündigung" — bis man durch einen Kollaps zum Aufgeben gezwungen wird.

3. Auslösende Bedingungen

Wie kommt es zu einem Burnout-Prozeß? In der wissenschaftlichen Beschäftigung mit dem Phänomen kann man vier verschiedene Ebenen unterscheiden (vgl. Abbildung. 2), von denen ich nur die unterste etwas ausführlicher darstellen möchte.

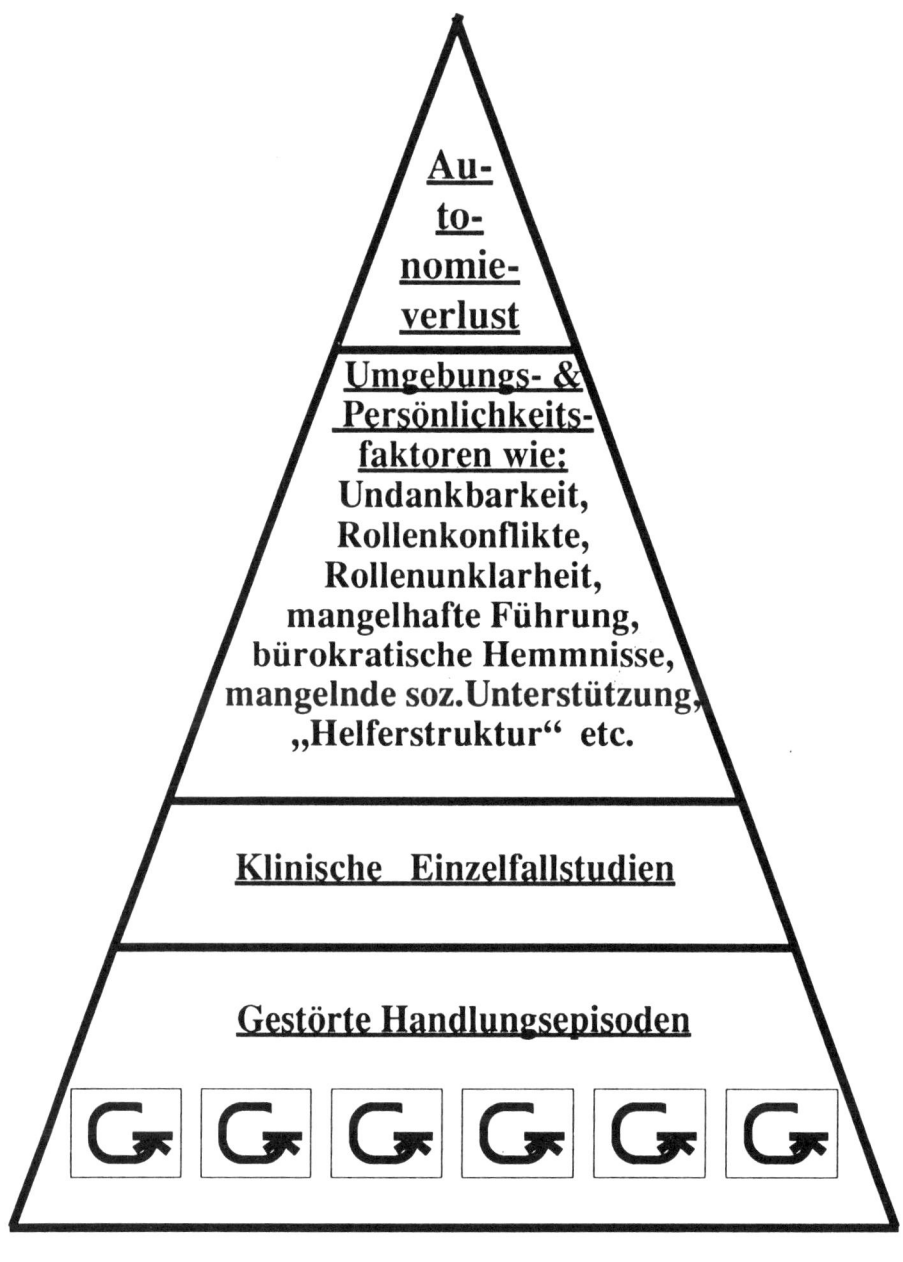

Abbildung 2: Abstraktionsebenen der Beschäftigung mit Burnout.

Auf der obersten Ebene fließt das zusammen, was wir über Burnout aus anderen Wissenschaftsbereichen wissen (die den Begriff nicht einmal verwenden). Ein Beispiel ist die Theorie der "Erlernten Hilflosigkeit" (Seligman, 1979), die ganz ähnliche Phänomene zum Gegenstand hat. Das Gemeinsame an diesen Ansätzen scheint mir in dem Begriff "Autonomieverlust" komprimierbar zu sein. Umgangssprachlich kann man sagen: Autonomieverlust tritt auf, wenn man nicht erreicht, was man sich wünscht, oder ertragen muß, was man nicht aushalten will — und das ohne hohe Kosten nicht ändern kann. Diese sehr allgemein formulierte Lebenslage und ihre Folgen sind recht gut erforscht und dokumentiert.

Etwas tiefer liegt der Hauptschauplatz der aktuellen Forschung, die sich mit der Frage beschäftigt, welche Persönlichkeits- und welche Umweltmerkmale denn nun Burnout begünstigen. An Hypothesen herrscht dort kein Mangel. Ergebnisse, die gleichzeitig nicht-trivial und überzeugend gewonnen wären, sind schon rarer.

Noch seltener findet man Einzelfallstudien, die über das Niveau von illustrativen Skizzen hinausgehen. Hier sind Kliniker aller Art aufgerufen, Material beizusteuern, denn solche individuellen Analysen sind zur Ergänzung von Gruppenuntersuchungen, die notwendig viel oberflächlicher ansetzen müssen, einfach unentbehrlich. Die Burnout-Forschung hat das kasuistische Stadium weitgehend zu überspringen versucht, und das ist ihr meines Erachtens nicht gut bekommen.

Auf der untersten Ebene, der mikroskopischen, habe ich die Betrachtung gestörter Handlungsepisoden plaziert. Diese Ebene interessiert mich am meisten (s.a. Burisch, 1989), sie scheint mir auch für eine Beratungstätigkeit jedenfalls da am fruchtbarsten, wo ein Klient mit diffusen Beschwerden und ohne Einsicht in seine Fallen-Situation kommt. Leider wissen wir über diese Ebene am wenigsten.

Was ist mit "Betrachtung gestörter Handlungsepisoden" gemeint? Es heißt, sich mit allgemeinen Klagen etwa über eine "schlechte Arbeitsatmosphäre" nicht zufriedenzugeben, sondern nachzufragen, was denn konkret tagtäglich erlebt wird, indem man sich typische Beispiele in allen Einzelheiten schildern läßt. Dieser Blick aufs Detail kann viel erhellen, er kann u.U. auch Eingriffsmöglichkeiten aufzeigen.

Wie solche gestörte Handlungsepisoden aussehen können, möchte ich an einem Beispiel illustrieren, das einer Diplomarbeit entnommen ist, die an der Universität Marburg erstellt wurde (Lieberei, 1991). Der Verfasser hat Angehörige von insgesamt 18 verschiedenen Berufsgruppen untersucht, jeweils eine Teilstichprobe von Altenpflegern, Ärzten, Krankenschwestern, Rechtsanwälten, etc. Gemeinsames Merkmal über alle Berufsgruppen war der zwischenmenschliche Kontakt als wesentlicher Bestandteil des beruflichen Alltags. Jedem Untersuchungsteilnehmer wurden Inventare mit Streßsituationen vorgelegt, in denen beantwortet werden sollte, wie häufig solche Situationen auftreten und wie belastend sie erlebt werden. Die Auswertung ergab zwei Situationsklassen, die in den meisten Berufen als vergleichsweise häufig und hoch belastend eingestuft wurden: Zum einen der Umgang mit anderen Menschen unter Zeitdruck und mit der Notwendigkeit, Termine exakt einzuhalten. Zweitens Situationen, in denen die Befragten gleichzeitig für die Betreuung mehrerer Menschen zuständig waren und Prioritäten setzen mußten.

Was macht diese beiden Situationen so belastend? Hier lassen sich sicherlich mehrere Antworten anführen, doch das quälende Gefühl, in einem Konflikt hin- und hergerissen zu werden und die Angst vor Qualitätseinbußen in der Arbeit, die man gut machen möchte, scheinen mir die wichtigsten Belastungsfaktoren zu sein. Es meldet sich der quälende Anspruch, alles optimal schaffen zu müssen, die Aufmerksamkeitsspaltung auf unterschiedliche Anforderungen und die Befürchtung, um den Erfolg gebracht zu werden, bei dem Versuch, alle Aspekte zu berücksichtigen und allen Interessen gerecht zu werden. Die komplexe Struktur von Anforderungen und die häufige Unterbrechung von zielgerichteten Handlungen führt zwangsläufig zu Qualitätseinbußen in der Arbeit und einem Gefühl der Überforderung. Auf dieser Ebene gestörter Handlungsepisoden entstehen nicht selten Teufelskreise, die den Betroffenen dann in ihrem Ablauf nicht mehr transparent sind.

Ein typisches Beispiel für Angehörige therapeutischer oder helfender Berufe ist das einer unbefriedigenden Therapiesitzung. Sowohl Therapeut als auch Patient sind unzufrieden. Solche Situationen sind naturgemäß mit Ärger oder Enttäuschung auf beiden Seiten behaftet. Da der Therapeut sich als konsistent in seinem therapeutischen Handeln erlebt, ist die Versuchung groß, den Patienten für den Fehlschlag verantwortlich zu machen. Solche Formen von Ursachenzuschreibung werden häufig von einer inneren Abwertung des Patienten und beginnender Skepsis begleitet. Der Kontakt wird distanzierter und das Engagement reduzierter, um der bedrohlichen Enttäuschung angesichts des sich abzeichnenden Mißerfolges vorzubeugen. Damit ist das Mißlingen der therapeutischen Beziehung vorprogrammiert. Jeder weitere Kontakt mit diesem Patienten bestätigt die negativen Erwartungen und die Skepsis wächst. Negative Emotionen werden ignoriert oder fehlattribuiert, der Therapeut zieht sich zum Selbstschutz innerlich zurück und reagiert mit gleichgültigen oder gereizten Äußerungen auf Problemschilderungen des Patienten. Ein ähnlicher Prozeß zunehmender Distanz mit einem wachsenden Gefühl des "Nicht-Verstanden-und-Nicht-Akzeptiert-Werdens" findet parallel beim Patienten statt. An dieser Stelle hat sich ein Teufelskreis verfestigt, der ohne externen Eingriff und eine differenzierte Analyse in der Regel nicht mehr aufzulösen ist. Beispiele für solche Teufelskreise finden sich sowohl im beruflichen Alltag als auch im Privatleben von Betroffenen.

4. Zusammenspiel von Person und Umwelt

Sehr kurzschlüssig wird oft gefragt — und jede und jeder Betroffene stellt sich diese Frage —: Wer oder was ist denn nun schuld an Burnout? Sind es die Menschen, die aus irgendwelchen persönlichen Defiziten heraus nicht mit ihrer Umwelt zurechtkommen, oder sind es die Umstände, die die Menschen in diese Krise treiben? Eine weise und vage Antwort auf diese Frage ist: Beides. Und zwar in je nach Fall unterschiedlichem Mischungsverhältnis. Das Mischungsverhältnis bildet ein Kontinuum, dessen beide Extreme anhand von Abbildung 3 erläutert werden sollen.

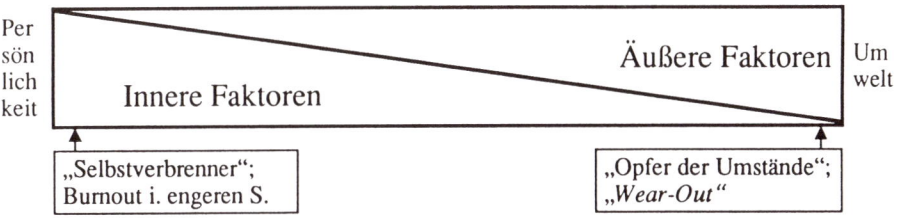

Abbildung 3: Persönlichkeit und Umwelt als Burnout-Komponenten.

Am einen Ende finden wir die "Ausbrenner" im engeren Sinne, die ich etwas zuge-
spitzt die "Selbstverbrenner" nenne, weil sie selbst die wichtigsten Urheber ihres
Stresses sind. Gemeint sind Menschen, die ihre Ansprüche an die eigene Leistung
jeweils deutlich oberhalb ihrer Leistungsfähigkeit einregeln und somit stets Un-
erreichbarem hinterherhecheln, die ihre Arbeit (oder was immer sie sonst tun und
wollen) so wichtig nehmen, daß daneben kaum Interesse für anderes übrigbleibt,
und die meist auch nicht besonders genußfähig für dieses Andere sind. Dieser
Typus braucht eigentlich nur minimale Auslöser in der Umwelt, an denen er seinen
Ehrgeiz festmachen kann; er kann in jeder Situation ausbrennen, die das Verfolgen
eigener Ziele erlaubt.

Am anderen, am passiven Ende des Kontinuums sehe ich Menschen, die ohne
eigenes Zutun in eine unerträgliche Lage geraten sind, und lediglich vor dem
überaus hohen Preis zurückschrecken, den eine Flucht kosten würde. Man kann
jahrzehntelang zufrieden an einem Arbeitsplatz verbracht haben — aber dann macht
die Firma pleite oder der Chef wechselt oder eine andere drastische Veränderung
tritt ein. Wen das mit Fünfzig, Familie und finanziellen Verpflichtungen erwischt,
der tut sich natürlich schwer mit Ausstieg und Neuanfang an anderer Stelle. Auch
so kann Burnout aussehen. Ein amerikanischer Autor schlägt hierfür den Begriff
"Wearout" ("Verschleiß") vor.

Zwischen den beiden skizzierten Extremen liegt, wie gesagt, ein Kontinuum.
"Reine" Fälle der einen oder der anderen Art habe ich noch nicht kennengelernt.
Sicher gibt es reine "Opfer der Umstände", aber um einen Burnout-Prozeß in Gang
zu setzen, braucht es dann wahrscheinlich doch eine persönliche Komponente, z.B.
ein gefährlich hohes Sicherheitsmotiv, das in Konflikt mit vorhandenen Problemlö-
sefähigkeiten gerät.

5. Was tun?

Obwohl die Interventionsmöglichkeiten nicht Gegenstand dieses Beitrages sind, möchte ich diese kritische Frage nicht gänzlich aussparen. Wie die meisten Probleme kann man sich Burnout eingebettet vorstellen in eine Hülle von Zwiebelschalen oder Problemebenen (vgl. Abbildung 4).

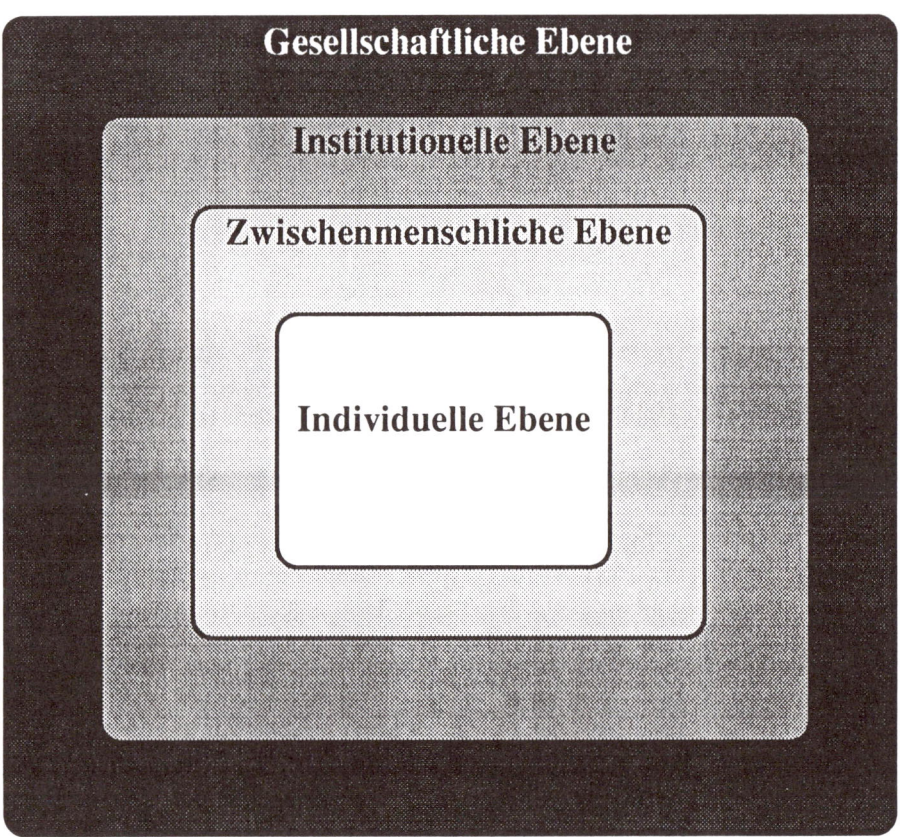

Abbildung 4: Ätiologie von Burnout: Ein "Zwiebel"-Modell.

In der äußersten Zwiebelschale, der gesellschaftlichen, finden wir die Rahmenbedingungen, unter denen wir leben und arbeiten, und die unseren Bedürfnissen teilweise oder ganz entgegenstehen können. Hier regelt sich z.B., ob und wieviel der Mensch arbeiten soll, wieviel er dafür verdienen darf und welches Sozialprestige ihm dafür zusteht. Kein Zweifel, die helfenden Berufe liegen ebensowenig im Trend wie soziale Themen generell. Angesagt ist vielmehr wirtschaftlicher Wettbewerb, und wahrscheinlich ist diese Übertreibung eine ganz gesunde Reaktion auf frühere Übertreibungen in die andere Richtung. Freilich, die Unberechenbarkeit der Entwicklung ist bitter für Leute, die z.B. zu Zeiten der sozialliberalen Koalition, als das alles noch anders war, aus einem technischen oder kaufmännischen Beruf in einen sozialen gewechselt sind. Oder solche, die den raschen Wertewandel irgendwie verpaßt haben und nun nach einer pflegerischen Ausbildung fassungslos feststellen müssen, daß der Pflegenotstand die Öffentlichkeit nur noch unter Kostendämpfungsaspekten interessiert. Ihnen bläst der Wind ins Gesicht.

Eine Zwiebelschale näher am Kern liegen die institutionellen Bedingungen von Burnout. Ich habe nur Vermutungen, warum gerade in vielen Lehrerkollegien, Krankenstationen, Beratungsstellen oder Justizvollzugsanstalten das Betriebsklima so vergiftet ist wie es ist. Die Erklärung, daß dort eben mehr Stress herrscht als anderswo, überzeugt mich nicht voll. Jedenfalls zieht in einem Wirtschaftsunternehmen in der Regel irgendjemand eine Notbremse, wenn eine Abteilung oder gar große Bereiche in eine Krise schlingern, weil das dort — Ausnahmen bestätigen die Regel — die Lebensfähigkeit der Organisation gefährdet. Demgegenüber scheinen psychosoziale Einrichtungen, speziell solche der Öffentlichen Hand, eine hohe Fluktuation oder einen beängstigenden Krankenstand vergleichsweise lange ertragen zu können.

Noch eine Zwiebelschale weiter innen stoßen wir auf zwischenmenschliche Reibungen. Ich vermute, daß der prototypische Ausbrenner, nach gründlicher und ehrlicher Analyse, auf eine einstellige Zahl von Menschen zeigen könnte — manchmal auch nur auf sich selbst —, mit denen er seine entscheidenden Probleme hat. Das mag ernüchternd klingen, ist aber für Interventionen eigentlich auch hoffnungstiftend.

Und schließlich sind wir am Kern, auf der individuellen Ebene angelangt. Ich möchte hier nicht alles wiederholen, was über die Dispositionen der "Ausbrenner-Persönlichkeit" im Umlauf ist. Wenn es diese denn gibt, dann scheint sie Gemeinsamkeiten aufzuweisen mit der "Suchtstruktur", die auch nicht gerade zu den gesicherten Konstrukten der Psychologie gehört. Für Leidtragende der Suchtarbeit muß dies ein Reizthema sein.

Jedenfalls scheint mir klar, daß Burnout-Prävention und -Intervention auf allen Ebenen, in allen Zwiebelschalen ansetzen muß. Nur — je weiter außen man anfängt, desto größer ist die für Veränderungen nötige kritische Masse, desto länger muß man auf Erfolge warten. Und Klienten haben so lange nicht Zeit. Andererseits, sich nur auf die individuelle Ebene zu beschränken, hieße, die Probleme auf den äußeren Ebenen stabilisieren. Ein Dilemma, das einen, weil individuell unlösbar, geradezu ins Berater-Burnout treiben könnte, wäre man nicht weise genug, über allen Omnipotenz-Wünschen die Grenzen der eigenen Macht wahrzunehmen, realistische Langzeit-Ziele nur nach gründlicher Musterung der Ressourcen anzugehen — und einstweilen zu tun, was nötig ist und schon heute auch einzeln getan werden kann. Aber auch diese Weisheit ist allenfalls ein Ideal, das die Richtung angeben mag, über dem man aber das Leben in seiner Unvollkommenheit nicht vergessen sollte.

6. Literatur

BARTLEY, W. W. III. (1983). *Wittgenstein, ein Leben*. München: Matthes & Seitz (Original 1973).

BRONSBERG, B. & VESTLUND, N. (1988). *Ausgebrannt. Die egoistische Aufopferung. München: Heyne*.

BURISCH, M. (1989). *Das Burnout-Syndrom. Theorie der inneren Erschöpfung*. Heidelberg: Springer.

CHERNISS, C. (1980). *Professional Burnout in Human Service Organizations*. New York: Praeger.

FREUDENBERGER, H. J. & RICHELSON, G. (1983). *Mit dem Erfolg leben*. München: Heyne (Original 1980).

LIEBEREI, W.(1991). *Ermittlung von "personenbezogenen Belastungen" in Berufen mit häufigen (externen) Personenkontakten*. Unveröff. Dipl. Arbeit, Fachbereich Biologie, Universität Marburg.

SELIGMAN, M. E. P. (1979). *Erlernte Hilflosigkeit*. München: Urban & Schwarzenberg (Original 1975).

Burnout in der therapeutischen Arbeit mit Süchtigen[1]

Joachim Körkel

Zusammenfassung

Es wird ein Überblick über das Ausmaß an Burnout im Suchtbereich, seine potentiellen Bedingungen sowie Abhilfemöglichkeiten gegeben. Die bislang vorliegenden empirischen Studien zeigen bei bis zu 74% der Suchtmitarbeiter vereinzelte Burnout-Symptome und bei ca. 20% - 30% eine starke Ausprägung der zentralen Burnout-Dimension "emotionale Erschöpfung". Subgruppenspezifisch erhöhte Burnout-Ausprägungen sind u.a. bei stationär Tätigen und bei Mitarbeitern der Drogenhilfe festzustellen. Als Einflußbedingungen auf Burnout-Prozesse lassen sich Klienten-, Therapeuten-, Team- und Institutionsmerkmale nachweisen; daneben werden Mythen über Sucht und Genesung sowie politisch-rechtliche Rahmenbedingungen von Suchtbehandlungen als Burnout-Vorläufer diskutiert. Entsprechend der Vielschichtigkeit der burnout-begünstigenden Bedingungen reichen die Präventions- und Interventionsmöglichkeiten von personenbezogenen Ansätzen bis zu politisch-administrativen Eingriffen. Insgesamt betrachtet, ist die empirische und theoretische Durchdringung der Burnout-Thematik im Suchtbereich als unzureichend anzusehen.

1. Einleitung

Ziel der vorliegenden Ausführungen ist es, anhand der verfügbaren Literatur sowie praktischer Erfahrungen darauf einzugehen, welche Burnout-Erscheinungen in der therapeutischen Arbeit mit Süchtigen auftreten, durch welche Belastungsfaktoren sie zustandekommen und wie Abhilfe geschaffen werden kann. Zu diesem Zweck wird auf empirische Studien aus dem Suchtbereich und auf Überlegungen zu Burnout-Phänomenen und Belastungen in der psychotherapeutischen Arbeit im allgemeinen zurückgegriffen. Die Ausführungen beziehen sich zunächst auf diejenigen Mitarbeiter, die Suchtarbeit berufsmäßig ausüben. Die vorgebrachten Überlegungen dürften jedoch zumindest zum Teil auch für die freiwilligen Suchthelfer, die in Selbsthilfegruppen und andernorts tätig sind, Gültigkeit besitzen.[2]

---

[1]Für die weiterführenden Hinweise zu einer Vorläuferfassung des Manuskriptes danke ich Uli Gehring und Sabine Herder sehr herzlich.

[2]Um sprachliche Schwerfälligkeiten ("... Mitarbeiterinnen *und* Mitarbeiter ...") und Verrenkungen ("MitarbeiterInnen ...") zu vermeiden, wird im folgenden meist nur die männliche Sprachform (der Therapeut, der Patient usw.) verwendet. Selbstverständlich sind jeweils auch Therapeutinnen, Patientinnen usw. gemeint.

Die zu erörternde Thematik — Burnout in der Suchttherapie — ist so breit gefächert und die Anknüpfungsmöglichkeiten an etablierte Forschungsbereiche (wie etwa die der Arbeitszufriedenheit, Gesundheitspsychologie, Krankheitsbewältigung usw.) sind so vielfältig, daß sich dieser Beitrag auf einige zentral erscheinende Aspekte beschränken muß.

2. Burnout: Bestimmung des Gegenstandsbereiches

"Burnout" ist dem übergeordneten Konzept der "beruflichen Deformation" unterzuordnen, womit man das "Gesamt der Schädigungen, Verformungen, Fehlentwicklungen, Abnutzungen, Verschleißerscheinungen, Erstarrungen, Fehlorientierungen, Entfremdungen, Realitäts- und Wahrnehmungsverluste und Verkennungen in Erleben, Verhalten und Denken definiert, die im Laufe der Berufstätigkeit und durch die Berufstätigkeit bedingt auftreten" (Fengler, 1991, S. 127). Mit dem Begriff "Burnout" werden in der Regel mittel- bis langfristig in Erscheinung tretende negative Auswirkungen beruflicher oder ehrenamtlicher Tätigkeit auf den Arbeitstätigen bezeichnet[3]. Kurzweilige Ermüdungs-, Überforderungs- oder Unlusterscheinungen am Arbeitsplatz werden meistens nicht unter den Burnout-Begriff subsumiert, sondern dem Konzept der "Beanspruchung" zugeordnet (vgl. Greif, 1991, S. 4f).
Burisch (1989, S. 12) führt nach einer Literatursichtung mehr als 120 Merkmale unterschiedlicher Funktionsbereiche auf, die Anzeichen von Burnout-Prozessen sein können, wie etwa: das Gefühl, nie Zeit zu haben und überfordert zu sein; anhaltende Arbeitsunlust; der Verlust positiver Gefühle für Klienten[4] und die Zunahme negativer Gegenübertragungsgefühle; chronische Müdigkeit und eine depressive, dumpfe Grundstimmung; Dienst nach Vorschrift; Schwächung der Immunabwehr u.a.m. Maslach (Maslach & Jackson, 1986) hat die Einzelmerkmale in drei Gruppen zusammengefaßt. Danach äußert sich Burnout erstens in *emotionaler Erschöpfung (EE)*, wie etwa dem Gefühl des Ausgelaugtseins nach getaner Arbeit, zweitens in einer *entpersönlichten Haltung gegenüber Klienten ("Depersonalisation"; DP)*, wie etwa dem Verlust von Achtung und Sympathie, und drittens einer nachlassenden bzw. *reduzierten persönlichen Leistungsfähigkeit und -zufriedenheit (PLred.)*, wie etwa dem Ausbleiben von Tatkraft.
Als "Motor" derartiger Burnout-Phänomene wird "eine *langdauernd* zu hohe Energieabgabe für zu geringe Wirkung bei ungenügendem Energienachschub" (Burisch, 1989, S. 4; Hervorhebung durch den Autor) vermutet. Nach diesem energetischen Ansatz bezeichnet Burnout also folgendes Phänomen: Eine Person (z.B. eine Therapeutin) setzt sich — engagiert und idealistisch — für ein Ziel (z.B.

---

[3]Der Begriff wird bisweilen wesentlich breiter verwendet und u. a. auch auf Partnerschaften bezogen (vgl. z. B. Pines, 1988).

[4]Die Begriffe "Patienten", "Klienten" und "Abhängige" werden hier austauschbar verwendet.

Abstinenzmotivation von Patienten) ein, erreicht dieses Ziel aber nicht (etwa angesichts eines Patientenrückfalls). Trotzdem verändert sie in der Folgezeit ihr Ziel nicht, sondern sie mobilisiert vermehrt Kräfte (z.B. noch mehr Überzeugungsarbeit, Überstunden usw.), um doch noch an ihrem oftmals unrealistischen Ziel anzugelangen. Abbildung 1 veranschaulicht diesen sich aufschaukelnden Prozeß, durch den — auf längere Sicht gesehen — die genannten Burnoutsymptome, wie etwa Erschöpfungszustände, Hilflosigkeit, Zynismus ("die sollen sich doch totsaufen") und möglicherweise auch psychosomatische Symptome auftreten.

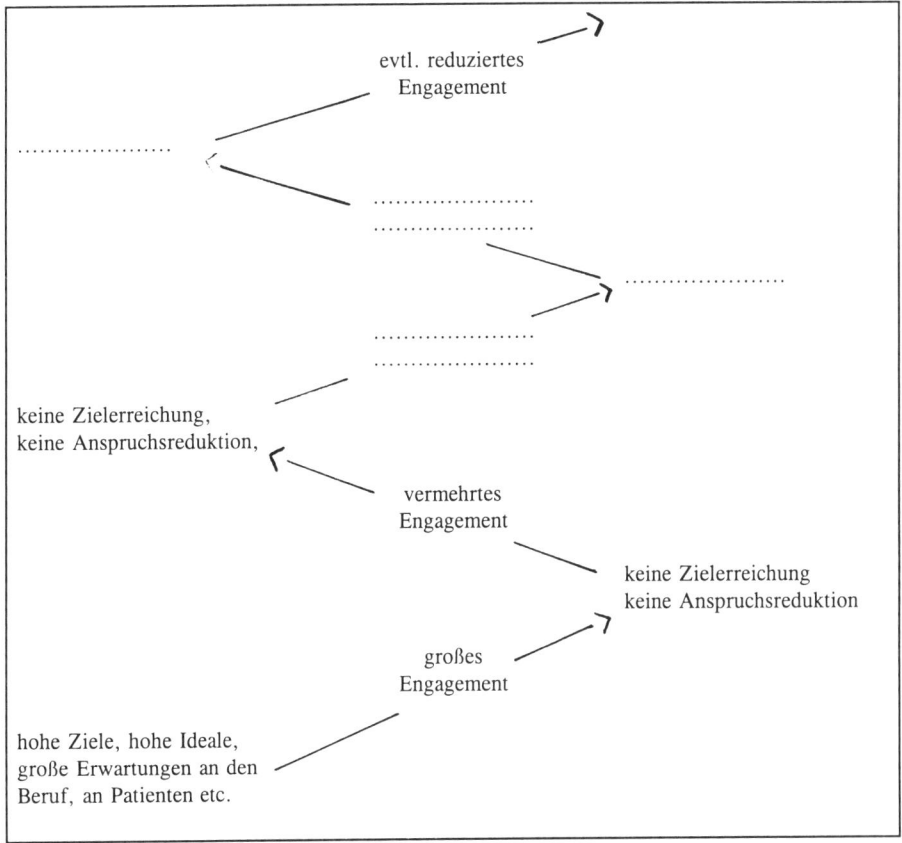

Abbildung 1: Burnout als sich aufschaukelnder Prozeß.

Auch bzw. gerade wenn die vorausgegangenen Ausführungen mit einer gewissen Plausibilität nahelegen, was man unter Burnout verstehen könnte, so muß darauf hingewiesen werden, daß Begriff und Konzept von Burnout bis heute nicht präzise bestimmt sind. Zu dem vorhandenen "begrifflichen Morast" (a.a.O., S. 6) trägt sicherlich bei, daß das Burnout-Konstrukt sowohl (a) für *einzelne Symptome* schwindender Motivation und des Kräfteverlusts in der Arbeitstätigkeit, (b) für den *Prozeß* dieses Verschleißes (z.B. anfangs Überengagement, später fehlendes Engagement) sowie schließlich (c) für das sich qualitativ abhebende *Endprodukt* dieses Prozesses (z.B. eine psychosomatische Erkrankung) Verwendung findet. Zudem wird häufig nicht klar zwischen Ursachen, Symptomen und Folgen von Burnout unterschieden (vgl. Gillespie, 1983). In den folgenden Ausführungen wird eine derartige Unterscheidung angestrebt, indem zunächst (in Abschnitt 3) die Ausprägung der Burnout-Symptomatik erörtert wird und anschließend (Abschnitte 4-10) Belastungsfaktoren im Sinne möglicher Burnout-Ursachen im Suchtbereich thematisiert werden. Die generellen Schwachstellen der bisherigen Burnout-Forschung, wie konzeptuelle Unschärfe, unzureichende Systematisierungen des Erkenntnisstandes, mangelhafte Meßinstrumente und schlecht angelegte empirische Untersuchungen (vgl. Büssing & Perrar, 1989, S. 169; 1992), werden jedoch unvermeidbar auch in die folgenden Erörterungen eingehen.

3. Burnout-Häufigkeiten in der Suchtarbeit

In der Literatur finden sich vereinzelte Hinweise darauf, daß Suchtarbeit als *beanspruchend* empfunden wird.

So gaben z.B. von 462 aus diversen Bereichen der Suchtkrankenhilfe befragten Helferinnen und Helfern 1.7% eine sehr geringe, 13.1% eine geringe, 35.3% eine mittlere, 39.4% eine hohe und 10.5% eine sehr hohe Belastetheit an (Fengler, 1991). Der Mittelwert von $M = 3.44$ (bei einer Ratingskala von 1-5) über alle 462 Personen bringt eine leicht überdurchschnittliche Belastetheit zum Ausdruck.

Es ist allerdings kaum anzunehmen, daß mit dieser Einschätzung der Belastetheit bereits burnout-wertige Phänomene erfaßt wurden. Wie sieht die Befundlage also aus, wenn man sich unter Suchthelfern, Beratern und Therapeuten dem Burnout im engeren Sinne zuwendet? Untersuchungen zu dieser Fragestellung liegen nur spärlich vor.

Mehr historischen Wert besitzt die methodisch schlecht angelegte und daher kaum aussagefähige Studie von Sarata (1983, S. 38). Für 69 amerikanische Alkoholismusberater wurde anhand der Burnout-Skala von Aronson, Pines und Kafry (1983; "Überdrußskala") im Durchschnitt ein mittleres Ausmaß an Burnout ermittelt ($M = 3.24$, $SD = 0.86$ bei einer Skala von "1 = niemals" bis "7 = immer"); 7% der Befragten waren in die Kategorie "hohes Burnout" einzustufen.

Einen verläßlicheren Einblick in Burnout-Erscheinungen bei Suchtmitarbeitern gibt Burda (1993), der zusammen mit Rudorf (1993) und Weißbeck (1993) $N = 163$ Personen (etwa gleich viele Frauen wie Männer) aus Beratungsstellen, Entgiftungsstationen, stationären Therapieeinrichtungen und niedrigschwelligen Einrichtungen u.a. zu Burnout anhand einer modifizierten Version der "Checkliste Burnout-Merkmale"[5] (CBM; Gehring & Körkel, in diesem Band) befragte. Burda (1993) berichtet

---

[5]Die "Checkliste Burnout-Merkmale" ist ein 25-Item-Fragebogen (Beispiel für ein Item: "Bereits zu Beginn des Arbeitstages fühle ich mich kraftlos"). Zu jedem Item ist der Grad der Zustimmung auf einer 6stufigen Ratingskala anzugeben. Ähnlich wie bei Maslach und Jackson (1986) werden die Items drei Skalen zugeordnet, und zwar der emotionalen Erschöpfung (EE), der entpersönlichten Haltung gegenüber Klienten ("Depersonalisation"; DP) und der reduzierten persönlichen Leistungsfähigkeit und -zufriedenheit (PLred).

für alle drei CBM-Skalen Burnout-Werte, die unter dem theoretischen Skalenmittelwert von $M = 3.5$ liegen (bei einem Wertebereich von "1 = stimmt überhaupt nicht" bis "6 = stimmt vollständig"). Am stärksten tangiert erwiesen sich die Mitarbeiter in der von vielen Autoren als zentral erachteten Burnout-Dimension der emotionalen Erschöpfung (EE; $M = 2.93$, $SD = 0.8$), gefolgt von Einbußen der eigenen Leistungsfähigkeit (PLred.; $M = 2.75$, $SD = 0.6$) und — mit deutlichem Abstand — dem entpersönlichten Umgang mit Klienten (DP; $M = 2.14$, $SD = 0.6$). In einer vergleichbaren Studie mit $N = 193$ Suchtmitarbeitern kommt Glinz (1993) zur gleichen Rangreihe, aber etwas niedrigeren Mittelwerten in den drei Burnout-Skalen (EE: $M = 2.80$, $SD = 0.8$; PLred.: $M = 2.69$, $SD = 0.6$; DP: $M = 1.83$, $SD = 0.6$).

Die insgesamt mittelhohen bis schwachen Burnout-Ausprägungen in den Einzelskalen können zu der voreiligen Schlußfolgerung verleiten, Burnout im Suchtbereich sei ein unerhebliches Phänomen. Diese Folgerung erweist sich jedoch als kurzschlüssig, wenn man die Ergebnisse differenzierter betrachtet. Für eine solche Differenzierung wurde für jede Person auf jeder der drei CBM-Skalen (d.h. DP, PLred., EE) ermittelt, ob sie über ("hoch") oder unter ("niedrig") dem theoretischen Skalenmittelwert (von $M = 3.5$) lag. Aus der Kombination der "Hoch-niedrig-Einstufungen" und unter erstrangiger Gewichtung der emotionalen Erschöpfung lassen sich gemäß Golembiewski, Munzenrider und Carter (1983) acht mögliche Burnout-Gruppen bilden, die in der vorliegenden Untersuchung wie folgt besetzt sind (vgl. Tabelle 1).

Tabelle 1: **Ausmaß an Burnout bei Suchtmitarbeitern in zwei unabhängigen Studien.**

Kategorie	I	II	III	IV	V	VI	VII	VIII
Depersonalisation	N	H	N	H	N	H	N	H
Reduzierte persönliche Leistungsfähigkeit	N	N	H	H	N	N	H	H
Emotionale Erschöpfung	N	N	N	N	H	H	H	H
Burda (1993) n	105	3	5	2	21	2	16	9
%	64,4	1,8	3,1	1,2	12,9	1,2	9,8	5,5
Glinz (1993) n	151	0	5	0	16	2	18	1
%	78,2	0	2,6	0	8,3	1,0	9,3	0,5

Anmerkungen: I - VIII: Zunehmende Ausprägungen des Burnout; I = sehr niedriges/kein Burnout, VIII = sehr hohes Burnout; N = niedrig, H = hoch (Grundlage: theoretisches Skalenmittel)

Fast zwei Drittel der Suchtmitarbeiter (64.4%) berichten bei Burda (1993; bei Glinz [1993] 78.2%) über sehr niedriges bzw. kein Burnout (Kategorie 1); dieser Personenkreis hat mit Erscheinungen des Ausbrennens offenbar im großen und ganzen keine Probleme. Demgegenüber weisen etwa 15 von 100 der Befragten (15.3%; bei Glinz [1993] 9.8%) sehr hohe Burnout-Werte auf (Kategorien 7 und 8). Betrachtet man die Personen, die zumindest in der zentralen Burnout-Dimension "emotionale Erschöpfung" hohe Werte aufweisen (Kategorien 5-8), so kommt man immerhin auf einen Anteil von 29.4% (bei Glinz [1993] 19.1%) Personen mit deutlichen Burnout-Erscheinungen. Unterzieht man die Einzelitems einer näheren Analyse, so verstärkt sich der Eindruck, daß zumindest einzelne

Burnout-Symptome einer großen Anzahl von Mitarbeitern zu schaffen machen. Es zeigt sich nämlich, daß bei 12 der 27 CBM-Items mehr als 50% der Befragten *hohe* Ausprägungen angeben (Burda, 1993). Dazu gehören: die Arbeit mit Menschen als sehr anstrengend zu empfinden (69%); sich am Ende eines Arbeitstages ausgelaugt (66%) und erledigt (74%) zu fühlen, so daß man nach der Arbeit keine Kraft mehr hat etwas zu unternehmen (72%) und am Wochenende (64%) sowie im Urlaub (63%) nicht mehr ausreichend regenerieren kann; durch negative Auswirkungen der Arbeit auf das Privatleben beeinträchtigt zu sein (66%; a.a.O.).

Die Vermutung liegt nahe, daß das Ausmaß an Burnout, seine Entstehungsbedingungen und die Abhilfemöglichkeiten jedoch nur auf Kosten erheblicher Verzerrungen *generalisierend* über alle Suchtmitarbeiter hinweg zu beurteilen sind. Es gibt zumindest erste empirische Anhaltspunkte dafür, daß bei der Burnout-Analyse z.B. zwischen stationärer und ambulanter Tätigkeit, zwischen der Arbeit mit Drogen- und Alkoholabhängigen sowie zwischen Gruppen mit unterschiedlicher Berufserfahrung zu unterscheiden ist:

Hochsignifikante Unterschiede ergeben sich zwischen den Burnout-Ausprägungen stationärer und ambulanter Suchtmitarbeiter. Die im stationären Bereich Tätigen zeigen sich deutlich emotional erschöpfter, und sie weisen ausgeprägtere Anzeichen eines entpersönlichten Umgangs mit Klienten auf als ihre ambulant tätigen Kollegen (Burda, 1993).

Suchtmitarbeiter, die mit Abhängigen von illegalen Drogen arbeiten, zeigen im Vergleich zu den im Alkoholismusbereich tätigen Kollegen eine ausgeprägtere emotionale Erschöpfung (a.a.O.).

Tendenziell höhere Burnout-Werte in den Dimensionen "emotionale Erschöpfung" und "reduzierte persönliche Leistungsfähigkeit" weisen diejenigen Mitarbeiter auf, die 1-3 Jahre (und weder kürzer noch länger) im Suchtbereich tätig sind (a.a.O.). Möglicherweise kommen wahrnehmbare Burnout-Erscheinungen erst nach dem ersten Berufsjahr zum Vorschein, weil bis dahin der berufliche Anfangsenthusiasmus und die Kraftreserven noch groß genug sind. In den folgenden beiden Jahren schreitet der Burnout-Prozeß voran und wird dann entweder durch Wechsel des Berufsfeldes oder durch geeignete Bewältigungsmechanismen gestoppt. Letztlich ist diese hypothetische Erklärung allerdings nur durch Längsschnittstudien zu prüfen; diese liegen bislang nicht vor.

Nur in einer Studie waren bislang geschlechtsspezifische Unterschiede abzusichern. Starr (1981) stellte in der Befragung von 203 im Alkoholismusbereich tätigen Personen in einer der drei Burnout-Dimensionen ("emotionale Erschöpfung", gemäß dem Maslach Burnout Inventory) bei Frauen höhere Burnout-Werte fest als bei Männern. Demgegenüber konnte Burda (1993) in der erwähnten bundesdeutschen Studie in keiner der drei Burnout-Dimensionen (d.h. EE, PLred., DP) geschlechtsspezifische Differenzen festellen. Auch in Fenglers (1991, S. 100ff) Befragung ergab sich zwischen 298 im Suchtbereich tätigen Männern und 164 Frauen kein Unterschied im Ausmaß der selbsteingeschätzten Belastetheit durch die Arbeit. Da auch andere Erhebungen aus dem breiten Spektrum psychosozialer Tätigkeitsfelder nicht die erwarteten höheren Burnout-Werte bei Frauen ermitteln konnten (z.B. Maslach & Jackson, 1985; Shinn, Rossario, Morch & Chestnut, 1984), spricht die Befundlage insgesamt dafür, daß die Burnout-Anfälligkeit nicht mit dem Geschlecht variiert. Im übrigen wirkt sich gemäß der Studie von Burda (1993) auch nicht das Geschlecht der *Klientel* (Arbeit mit weiblichen bzw. männlichen Suchtmittelabhängigen) auf die Burnout-Werte der Mitarbeiterinnen und Mitarbeiter aus.

Bei Berufsgruppenvergleichen sind in keiner der drei Burnout-Dimensionen (d.h. EE, PLred., DP) Unterschiede zwischen Diplom-Sozialpädagogen/-arbeitern und Diplom-Psychologen festzustellen (a.a.O.).

Interessant erscheint schließlich noch der Befund, daß soziale Unterstützung offenbar einen "Burnout-Puffer" darstellt. So zumindest läßt sich das Ergebnis von Burda (1993) interpretieren, wonach Suchtmitarbeiter, die mit einem festen Partner zusammenleben, weniger starke Einbußen ihrer Leistungsfähigkeit und -zufriedenheit beklagen als ihre Kollegen, die in keiner "festen Beziehung" leben.

Die Ergebnisse von Burda (1993) lassen die Schlußfolgerung zu, daß sich ein beachtenswerter Prozentsatz der Suchtmitarbeiter durch Burnout-Erscheinungen konfrontiert sieht. Möglicherweise fiele der Anteil der stark Ausgebrannten höher aus, wenn man die Mitarbeiter, die aus Gründen des Verschleißes das Arbeitsfeld der Sucht verlassen und deshalb in Burnout-Erhebungen nicht mehr auftauchen, berücksichtigte. Längsschnittuntersuchungen, die Auskunft über die ausgebrannten Berufsaussteiger geben könnten, liegen jedoch nicht vor. Daten über den Krankenstand von Suchtmitarbeitern, die die vorliegenden Burnout-Befunde sinnvoll ergänzen könnten, fehlen ebenfalls. Die Feststellungen von Valle (1979) für die amerikanischen Verhältnisse Ende der 70er Jahre, daß "burn-out is so common among alcoholism counselors that it is almost predictable" (S. 10), bzw. "burn-out in some form or degree is an inevitable reality for alcoholism counselors" (S. 14), erscheint im Lichte der zuvor aufgeführten bundesdeutschen Befunde allerdings zu undifferenziert. Notwendig ist es insbesondere, zwischen einzelnen Subgruppen von Mitarbeitern, die erhöhte Burnout-Werte aufweisen (z.B. diejenigen, die im stationären Bereich tätig oder mit Abhängigen von illegalen Drogen befaßt sind; Personen ohne festen Partner), zu differenzieren.

Angesichts der erheblichen Burnout-Erscheinungen bei einem Teil der Suchtmitarbeiter und dem insgesamt wenig profunden Erkenntnisstand ist zu bedauern, daß die Kostenträger von Suchtbehandlungen (v.a. Krankenkassen und Rentenversicherungen) sowie Dachorganisationen der Suchtkrankenhilfe (wie die Deutsche Hauptstelle gegen die Suchtgefahren, der Gesamtverband für Suchtkrankenhilfe u.a.m.) es offenbar (noch) nicht als ihre Aufgabe ansehen, die Arbeitsbedingungen und den Gesundheitszustand von Suchthilfemitarbeitern unter die Lupe zu nehmen. Die Tatsache, daß sich Arbeitsunzufriedenheit und Burnout auf Fehlzeiten, Fluktuation und Arbeitsleistung — sprich die Behandlungsqualität — auswirken können (vgl. Neuberger, 1974; Rosenstiel, 1992), sollte Grund genug sein, sich dieser Thematik zukünftig anzunehmen.

4. Ein Rahmenmodell burnout-begünstigender Faktoren

Wie bereits erwähnt, entsteht Burnout vermutlich dann, wenn hochgesteckte Therapieziele, Heilungsvorstellungen oder Lebenspläne trotz nicht nachlassender oder sogar gesteigerter Anstrengungen nicht erreicht werden, also etwa die Zielvorstellungen des Therapeuten und das Verhalten des Klienten dauerhaft auseinanderklaffen (vgl. Kestnbaum, 1984). Die Gründe, weshalb es zu Burnout-Erscheinungen kommen kann, sind vermutlich auch im Suchtbereich sehr vielfältig. Weiland (1992) ging der Frage nach, welche Arbeitsmerkmale als Belastungsquellen gelten können.

Weiland ließ in ihrer Studie $N = 98$ Mitarbeiterinnen und Mitarbeiter verschiedener ambulanter und stationärer Suchteinrichtungen den von 15 zentralen Tätigkeitsbereichen (z.B. Einzeltherapie/-beratung) bzw. Ereignissen (z.B. Abbruch von Klienten) ausgehenden Belastungsgrad einschätzen. Die Hälfte oder mehr der Therapeuten erlebten sich durch 10 der 15 Bereiche in einem *hohen* Ausmaß belastet. Im einzelnen sah die Belastungseinschätzung wie folgt aus: Streit und Auseinandersetzungen im Team stellten für 79% der Befragten einen starken Belastungsherd dar; ihm folgten Wochenend-

und Feiertagsdienst (für 71% eine starke Belastungsquelle), innerbetriebliche Auseinandersetzungen (66%), Erledigungen formaler Dinge (64%), Abenddienst (62%), Urlaubsvertretung (59%), Rückfälle (58%), Einzeltherapie/-beratung (57%), Abbrüche (54%) und Planungs-/ Konzeptarbeit (52%). Im unteren Teil der Belastungshierarchie rangieren Öffentlichkeitsarbeit (48%), Leitung von Gruppen (41%), Teamsitzungen (40%), Teamsupervision (31%) und freizeit- bzw. erlebnispädagogische Maßnahmen (29%). Es fällt auf, daß selbst am unteren Ende der Belastungshierarchie immerhin fast noch 30% der Suchtmitarbeiter die entsprechende Tätigkeit als hoch belastend empfinden. M.a.W. wird von einer Vielzahl von Suchtmitarbeitern das gesamte Tätigkeits- und Ereignisspektrum der Suchtarbeit als sehr belastend eingeschätzt. Diplom-Sozialpädagogen/-arbeiter und Diplom-Psychologen unterscheiden sich dabei, d.h. in ihrer Einschätzung der vorgegebenen 15 Belastungsaspekte, nicht. Weilands Befunde entsprechen im übrigen weitgehend denjenigen, die Reithinger (1990) in einer Vorläuferstudie für die acht Therapeutinnen und Therapeuten eines stationären Langzeittherapiezentrums für Drogenabhängige ermittelte.

Bereits die Vielschichtigkeit der zuvor dargestellten Ergebnisse läßt es von vornherein als verfehlt erscheinen, "die" Ursache für Burnout aufspüren zu wollen und sie etwa auf eine "intrapsychische Pathologie" zu reduzieren. Auch in der Suchtarbeit "müssen wir bei der Suche nach potentiellen Bedingungsfaktoren ein Netzwerk interagierender Variablen annehmen, die sowohl Person- als auch Systemfaktoren betreffen" (Schmelzer & Pfahler, 1991, S. 35). In diesem Sinne und unter heuristischen Ordnungsgesichtspunkten erscheint es sinnvoll, folgende sechs Bereiche der Burnout-Begünstigung zu unterscheiden (Abbildung 2):

(1) Die *Klienten*, die z. B. oftmals schwer beeinträchtigt sind.
(2) Die *therapeutische Tätigkeit* und die *Therapeuten*, z. B. wenn sie das Veränderungstempo ihrer Klienten beschleunigen, für diese Verantwortung übernehmen und sie "retten" wollen.
(3) *Mythen*, die eine Negativsicht der eigenen Arbeit begünstigen (z. B. "Rückfälle sind die Ausnahme", "lineare Veränderungen sind zu erwarten" usw.).
(4) *Strukturelle Bedingungen in den Behandlungseinrichtungen*, wie z. B. ausgeprägte Machtstrukturen, Inkompetenzen in der Mitarbeiterführung, Unklarheit bei Entscheidungsbefugnissen, fehlende Verbindlichkeit von Therapieregeln usw.
(5) Das *Team*, z. B. wenn es durch anhaltende Zerstrittenheit/Konflikte und fehlende Unterstützung gekennzeichnet ist.
(6) *Politisch - administrative Rahmenbedingungen*, die Therapieerfordernissen zuwiderlaufen (z. B. pauschale Verkürzung von stationären Therapiezeiten).

Abbildung 2:   Zentrale Einflußfaktoren auf Burnout-Prozesse in der Suchtarbeit.

Nach dem in Abbildung 2 dargestellten Modell wird Burnout durch spezielle Charakteristika von Suchtpatienten, Merkmale der therapeutischen Tätigkeit bzw. der Therapeuten, unrealistische Überzeugungen über Sucht und Genesung, Stressoren im Organisationsgefüge und im Team sowie politisch-rechtliche Rahmenbedingungen von Suchttherapie begünstigt.

Rudorf (1993) befragte $N = 163$ Suchtmitarbeiter mit einem neu entwickelten 32-Item-Fragebogen

("*Meß*instrument *B*elastungs-*M*erkmale", MBM), wie stark einzelne Belastungsmerkmale in ihrer Arbeit auftreten (z.B. "Andere [z.B. Vorgesetzte] reden mir in meine Arbeit hinein"). Die Einzelmerkmale wurden den in Abbildung 2 aufgeführten Belastungsbereichen (exklusive den politisch-rechtlichen Rahmenbedingungen) zugeordnet. Dabei zeigte sich, daß die von Mythen über Sucht und Genesung, Therapeuten-, Klienten-, Institutions- und Team-Charakteristika ausgehenden Belastungen als mittelstark eingestuft wurden. In einer anderen Befragungsstudie (Wüst, 1993) kamen die Suchtmitarbeiter (N = 193) ebenfalls zu der Einschätzung, daß der von verschiedenen Bereichen (z.B. eigene therapeutische Tätigkeit; Team; konkrete Arbeitsbedingungen) ausgehende Belastungsgrad als mittelhoch anzusiedln sei. Rudorf (1993) berichtet über einige Ergebnisdifferenzierungen: Geschlechtsspezifische Unterschiede in der Einschätzung der Belastungsfaktoren ergaben sich nicht; ganztags Tätige stuften die von den einzelnen Faktoren ausgehenden Belastungen höher ein als Halbtagskräfte; Mitarbeiter in Fachkliniken erlebten mit Ausnahme des Bereiches "Institution" alle Belastungsfaktoren ausgeprägter als die in Beratungsstellen Tätigen; Personen, die in der Drogenhilfe arbeiteten, erlebten eine stärkere Ausprägung von Belastungsmerkmalen (speziell in den Bereichen "Team" und "eigene Person") als ihre Kollegen im Alkoholismusbereich.

Weißbeck (1993) demonstrierte für den gleichen Personenkreis wie bei Rudorf (1993; N = 163 Suchtmitarbeiter), daß Klienten-, Therapeuten-, Institutions- und Teamfaktoren (nicht aber der Faktor "Mythen") tatsächlich mit der Burnout-Ausprägung in bedeutsamem Zusammenhang stehen. Gemäß ihrer Studie geht ein Belastungsanstieg in allen diesen Bereichen mit einem Anstieg der emotionalen Erschöpfung, der entpersönlichten Behandlung von Klienten sowie einem Rückgang der Leistungsfähigkeit/-zufriedenheit einher. Der fehlende Zusammenhang zwischen Mythen auf der einen Seite und den drei Burnout-Dimensionen auf der anderen Seite ist möglicherweise auf die geringe Homogenität der Skala "Mythen", die mit Cronbachs Alpha = .53 unter der aller anderen Skalen liegt, zurückzuführen.

Vermutlich kommt es auf das *Zusammenwirken* der zuvor genannten Belastungsfaktoren an, damit sich Burnout-Erscheinungen ausbilden können. Es gibt nämlich z.B. sicherlich Patienten, die der Mehrzahl der Therapeuten überdurchschnittlich viel abverlangen, genauso wie es Therapeuten geben mag, die bei jedem Patienten das Unmögliche zu erreichen versuchen und dementsprechend ständig scheitern. Letztlich ist jedoch auch im Suchtbereich davon auszugehen, "daß stets zwei Komponenten zusammentreffen müssen, die einzeln genommen notwendige, aber nicht hinreichende Bedingungen sind: ein *Misfit* von gefährdetem Individuum und gefährdenden Umweltbedingungen" (Burisch, 1989, S. 103; Hervorhebung im Original). Das gefährdete Individuum ist in unserem Falle der Therapeut, die gefährdenden Umweltbedingungen werden durch die Faktoren 2-6 in Abbildung 2 markiert. Man kann davon ausgehen, daß es zwischen den sechs Belastungsbereichen eine Reihe von Überlappungen und Verknüpfungen gibt. So werden zum Beispiel bestimmte Mythen in bestimmten Einrichtungen vehementer verfolgt als in anderen.

Was sich hinter diesen Belastungsfaktoren im einzelnen verbirgt, wird in den folgenden Abschnitten 5-10 näher analysiert. Aus Einfachheitsgründen wird auf jeden der sechs burnout-begünstigenden Faktoren getrennt eingegangen.

5. Klientenbezogene Aspekte der Burnout-Begünstigung

Für Knauert und Davidson (1979) stellen Alkoholabhängige eine besonders schwierige Klientel dar: "People who come into the alcoholism professionals' offices are members of the largest, most diverse and complicated group treated by professionals in the field of mental health" (S. 65; vgl. auch Heigl-Evers & Heigl, 1988). Es verwundert deshalb nicht, daß einige Autoren (z.B. Schmelzer & Pfahler, 1991, S. 37) die Therapie mit Suchtpatienten zu den prominenten Risikofaktoren für Burnout rechnen. Es verwundert ebensowenig, daß sich in Fenglers (1991, S. 101) Befragung von 462 Suchtmitarbeitern unter den zehn stärksten Belastungsfaktoren allein vier Patientenmerkmale befinden: Rückfälle, fehlende Einsicht, fehlende Therapiemotivation und Anspruchshaltung; in andere Belastungskomponenten gehen Merkmale der Patienten indirekt ein (z.B. Stagnation und Erfolglosigkeit von Therapien). Was der Hintergrund für solche Einschätzungen sein könnte, sei im folgenden ausgeführt.

5.1 Fehlende Behandlungs-, Veränderungs- und Abstinenzmotivation

Auf Entgiftungsstationen, in Beratungsstellen und in Therapieeinrichtungen geht die Anwesenheit eines Suchtpatienten in der Regel nicht auf eine wirklich eigenständige, wohlüberlegte Entscheidung, sondern auf diverse Formen von äußerem Druck zurück: eine Abmahnung des Arbeitgebers, Scheidungsandrohungen der Ehefrau, die Zustimmung zur Therapie "als dem geringeren Übel" (Therapie statt Strafvollzug gemäß §35 BtMG), Auflagen des Gerichts oder der Behörde zur Wiedererlangung der Fahrerlaubnis usw. Diese Ausgangslage hat zur Folge, daß im allgemeinen zunächst *nicht* davon auszugehen ist, daß der Patient das Ziel teilt, dem sich viele "Suchtheiler", Angehörige und Behandlungsfinanziers verschrieben haben: die Abstinenz. Viele Patienten kommen zunächst einmal, um ihren Arbeitsplatz zu erhalten, das Arbeitsamt zu beruhigen oder die Ehefrau bzw. den Führerschein wiederzugewinnen. Und dabei bleibt es nicht selten, wenngleich sich natürlich im Laufe der Behandlung Veränderungen ergeben können und sich vielleicht am Ende der Behandlungszeit Ansätze von Therapie- und/oder Abstinenzmotivation ausgebildet haben. Das Abstinenzziel muß auch dann keineswegs vorhanden sein, wenn Patienten einen Abstinenzwunsch in Form eines Gelübdes oder festen Vorsatzes äußern.

Selbst wenn ein in Ansätzen und ernsthaft vorhandener Wunsch, dem Suchtmittel zu entsagen, festzustellen ist, muß damit nicht unbedingt die Bereitschaft einhergehen, am eigenen Verhalten einschneidende Veränderungen vorzunehmen. "Der Abhängige erwartet vielmehr, durch ein Patentrezept von der 'schlechten Angewohnheit' Trinken geheilt zu werden (Sie wissen ja: durch Sie!), ohne sich in schmerzlicher Weise mit sich selbst auseinandersetzen zu müssen und ohne die Verantwortung dafür zu übernehmen" (Gehring & Herder, 1991, S. 81).

Patienten, die sich gegen Veränderungen streuben und ihre Abhängigkeit leugnen, erleben Therapeuten oftmals als Gegner, gegen deren Eindringungsversuche sie mit

Feindseligkeit reagieren. Auf diese Weise sehen sich Suchttherapeuten um die gerade in einem helfenden Beruf notwendige Würdigung und Wertschätzung ihrer Bemühungen gebracht (vgl. auch Stillson & Katz, 1985). Wenn positive Rückmeldung über die eigene Arbeit dann auch bei Kollegen und Vorgesetzten nicht zu finden ist, und der Therapeut für seinen besonderen Einsatz besondere Anerkennung erwartet, bildet sich ein Nährboden für Burnout aus (vgl. Edelwich & Brodsky, 1980).

5.2   Widerstände gegen Veränderungen

Der in 5.1 thematisierte Sachverhalt des Motivationsdefizits läßt sich bei stärker psychotherapeutischer Perspektive unter dem Aspekt des Widerstandes bzw. der Vermeidung betrachten. Widerstände gegen Veränderungen und gegen das therapeutische Arbeitsbündnis sind ein Charakteristikum von neurotischem Verhalten und ein schwieriger, potentiell belastender Faktor von Psychotherapie. Nach Farbers (1983b, S. 699) Studie stellen Widerstände von Patienten gegen Veränderung und gegen die therapeutische Allianz das größte Belastungspotential für (analytisch arbeitende) Psychotherapeuten dar. Empirische Studien, die diesen Befund in ggf. noch verschärfter Form für den Suchtbereich unterstreichen würden, liegen nicht vor. Die Ausführungen zur Suchtklientel in 5.1 legen gleichwohl nahe, daß bei Suchtbehandlungen mit einem besonders massiven Beharrungsvermögen zu rechnen ist. Das nicht selten zu beobachtende Phänomen, daß selbst bei drastischen Suchtfolgen bereits die Tatsache, Suchtprobleme zu besitzen, geleugnet wird, unterstreicht diese Einschätzung.

Therapeuten setzen sich deshalb vermutlich einem Belastungsrisiko aus, wenn sie der Überzeugung anheimfallen, Motivierung zur Abstinenz und Aufrechterhaltung der einmal erreichten Abstinenz seien ein Leichtes. Das Gegenteil ist der Fall, denn Abhängige befinden sich ihrer Sucht gegenüber in einer grundlegenden Dilemmasituation: Einerseits führt die Sucht zu zunehmender Selbst- und Fremdzerstörung, andererseits ermöglicht das Suchtmittel eine Linderung eigenen Leidens ("Selbstheilung"; Abbildung 3).

Psychotherapeutisch betrachtet, heißt das, daß Abhängige gegenüber der Abstinenzforderung erhebliche Widerstände aufbringen, die aus ihrer Sicht auch durchaus angebracht sind. Hycner (1989) hat dies die "Weisheit des Widerstands" (S. 141) genannt und wie folgt beschrieben:

Jeder sogenannte Widerstand ist ein Ausdruck der Verletzbarkeit des Klienten, ist ein 'Signal' für die Angst, Risiken einzugehen, die durch die vorangegangenen Erfahrungen nicht unterstützt werden. Widerstand ist eine wichtige Form des Selbstschutzes, eine 'Mauer', die *immer* zwei Seiten hat. Von 'außen' betrachtet, scheint der Klient verschlossen; aber vom subjektiven Standpunkt aus gesehen vermeidet er psychische Verletzung. ... Wenn man das Auftauchen von Widerstand als Schutzfunktion begreift, die in dem Moment einsetzt, in dem die nötige innere Unterstützung für den Umgang mit einer bedrohlichen Situation einer Person zu fehlen scheint, kann man durchaus von der 'Weisheit' des Widerstands sprechen. ... Das Problem liegt darin, daß der Widerstand anachronistisch ist, d.h. nicht auf die *gegenwärtige* Situation reagiert. Die 'Entscheidung', die vor langer Zeit getroffen wurde, gerät in Vergessenheit und verhindert eine angemessene Anwendung der momentanen Möglichkeiten (S. 141ff; Hervorhebungen im Original).

Nicht selten verbleibt der Süchtige beim Widerstand und damit beim Suchtmittelkonsum, d.h. er

'wählt' lieber die Pathologie als das Unbekannte, weil die 'pathologische' Berechenbarkeit mehr Sicherheit gibt, vergleichbar etwa mit einem Stück Treibholz im Ozean. Das bietet einen Halt in einer als unsicher erlebten Welt, ist zunächst die Rettung, führt aber letztlich zum Untergang (a.a.O., S. 144).

Bei diesen Gegebenheiten kann man schließen, daß viele Süchtige gleichsam mit ihrem Widerstand identifiziert sind. Dies unterstreicht die auftretenden Tücken, wenn man das Therapieziel der dauerhaften Abstinenz erreichen möchte.

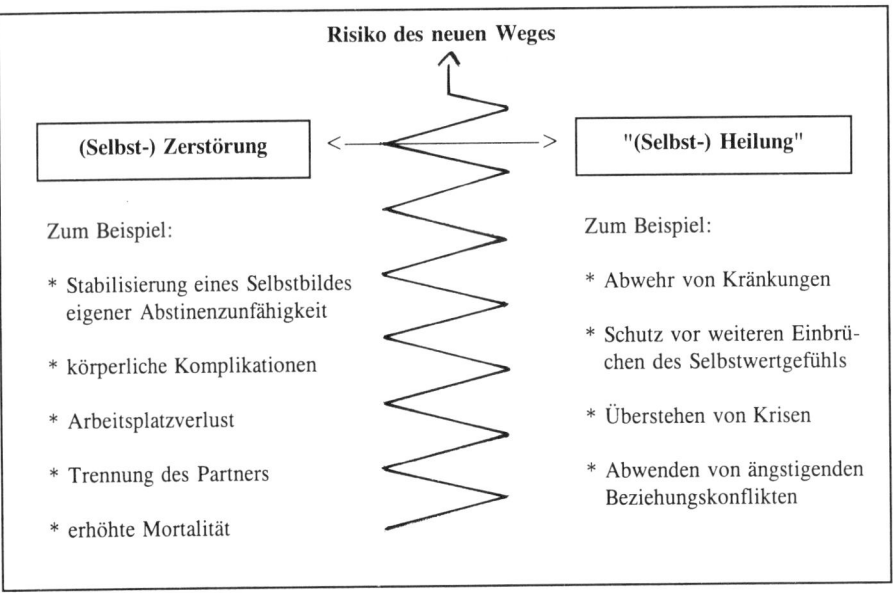

Abbildung 3: Die grundlegende Dilemmasituation bei Suchtmittelabhängigkeit/ Rückfälligkeit und deren Überwindung.

5.3 Schwere und/oder multiple Beeinträchtigungen

Die Tatsache, daß ein großer Teil der Alkoholabhängigen und anderer süchtiger Menschen als besonders schwer zu behandeln gilt, hängt wohl nicht zuletzt damit zusammen, daß er oftmals gravierende, mehrfache Schädigungen aufweist. Schon Freudenberger (1975) resümierte in diesem Zusammenhang, daß "the population which we help is often in extreme need, and because of this they continually take, suck, demand" (S. 75). Herder und Sakofski (1992) haben darüber hinausgehend Alkoholabhängige als Menschen charakterisiert, die nicht selten

wie körperliche Wracks aussehen, verwahrlost, ... arbeitslos, hoch verschuldet, wohnsitzlos sind, in zerrütteten Familienverhältnissen leben oder gar keine Bezugspersonen mehr haben, Inhaftierte, die sich häufig nicht als alkoholabhängig definieren, sondern das Therapieangebot der Haft vorziehen und per Auflage die Therapie antreten, ... , Entwicklungs- und Sozialisationsdefizite [aufweisen], ... [Helfern] mit hohem Aggressionspotential und destruktivem Verhalten [gegenübertreten], ... deren Unersättlichkeit und passiv-fordernde Haltung von den Therapeuten als aussaugend und auszehrend erlebt wird (S. 280).

Zusätzlich zu diesen Merkmalen sind bei einem - wie manche meinen: immer größer werdenden - Teil der Abhängigen Verhaltensweisen und Persönlichkeitsstrukturen vorzufinden, die besondere Anforderungen an therapeutische Kompetenz, menschliches Einfühlungsvermögen, Erfahrung, Geduld und Gelassenheit stellen. Dazu gehören die sogenannten "frühen Störungen" wie Borderline-Strukturen (vgl. Rohde-Dachser, 1989) oder narzißtische Persönlichkeitsstörungen (vgl. Wohlfarth, 1991b, 1992). Narzißtisch gestörte Patienten gelten z.B. als leicht kränkbar, und es wird angenommen, daß sie die Einsicht in ihre Behandlungsbedürftigkeit aus psychodynamischen Gründen abwehren (da für sie gilt: krank = Kränkung; vgl. Wohlfarth, 1992, S. 169). Bei Borderline-Patienten fallen erhebliche Stimmungsschwankungen, Selbstschädigungen und instabile Beziehungsmuster auf, die allesamt die Behandlung erschweren (vgl. Farber 1983b, S. 702). In beiden Fällen (d.h. bei narzißtischen und bei Borderline-Persönlichkeitsstrukturen) sind insbesondere bei fehlender Erfahrung des Therapeuten Enttäuschungen und Selbstüberforderungen in der therapeutischen Arbeit naheliegend.

Alkohol-, Drogen- und Medikamentenabhängige sind nach den vorausgegangenen Ausführungen im Regelfall weit entfernt von den sogenannten "YAVIS-Patienten", die sich nicht wenige Suchttherapeuten wünschen: Menschen also, die jung (young), attraktiv (attractive), sprachgewandt (verbal), intelligent (intelligent) und im Leben erfolgreich (successful) sind.

5.4 Häufige Rückfälligkeit

In der nicht bei Suchttherapeuten durchgeführten Befragung von Farber und Heifetz (1982, S. 297f) nannten 74% von 60 Therapeuten die Unmöglichkeit, bei Klienten positive Veränderungen herbeizuführen, als den streßhaltigsten Aspekt therapeutischer Arbeit, der eng mit Desillusionierungen einhergeht. Wesentlich für die Unzufriedenheit von Psychotherapeuten ist demnach die Unmöglichkeit, bei anderen Menschen Resonanzen hervorrufen zu können.

Genau dies ist im Suchtbereich sehr häufig gegeben, zumindest dann, wenn man den Rückfall von Patienten als Indikator für Mißerfolg und Versagen von Therapeuten wertet. Selbst wenn Abhängige Abstinenzmotivation ausbilden und einen manchmal oft erstaunlichen Änderungsprozeß durchschreiten, kommt es während oder nach der Therapie häufig zu einem Rückfall. Im bundesdeutschen Durchschnitt werden 10% aller in stationärer Therapie befindlichen Alkoholabhängigen während derselben rückfällig (vgl. Körkel, 1991a, 1991b). Nach der Entlassung konsumieren 53% der Alkoholikerinnen binnen 1 1/2 Jahren erneut Alkohol, die männlichen Alkoholabhängigen ziehen nach vier Jahren mit einer Quote von 51% nach (Küfner, Feuerlein & Huber, 1988). Das bedeutet, daß nach Überwindung anfänglicher Motivationsprobleme und ggf. eingetretener Abstinenzmotivation des Patienten der Mißerfolg der therapeutischen Bemühungen auf dem Fuße folgt, *sofern* man das Ziel der Behandlung an dauerhafter Abstinenz bemißt. Orientiert man sich an der Abstinenz von Abhängigen, ist Suchtarbeit somit keine Sache schnellen, anhaltenden Erfolgs. Das ist für Suchttherapeuten, insbesondere für Neueinsteiger in diesem Beruf, häufig eine schmerzliche Erfahrung, die zu einer tiefen Verunsicherung über die eigenen Kompetenzen in der Arbeit mit Abhängigen führen kann (vgl. Gehring & Herder, 1991). "Erfolglose Klienten führen dem Helfer stets seine eigene Erfolglosigkeit vor Augen. Immer wieder kommt es zu Vorsätzen, Neuansätzen, Versprechungen und Schwüren, immer wieder zu Rückfällen, Lügen, Treulosigkeiten nach vorangegangener Treuherzigkeit oder einfach zu Unbeweglichkeit in den kleinsten *Verrichtungen*" (Fengler, 1991, S. 74).

Es überrascht deshalb auch nicht, daß Suchtmitarbeiter von 15 Belastungsfaktoren nur Streit im Team als signifikant belastender einschätzten als Rückfälle (Weiland, 1992). In der Bewertung des Belastungsfaktors "Rückfall" gibt es interessante Unterschiede zwischen Alkohol- und Drogentherapeuten. Wagner (1992) konnte nachweisen, daß Therapeuten von Drogenabhängigen im Vergleich zu denen von Alkoholabhängigen Rückfälle stärker als Herausforderung und weniger als Scheitern der Behandlung betrachteten. Drogentherapeuten reagierten auf einen Rückfall gelassener und nahmen bezüglich der weiteren Entwicklung ihrer Klienten eine weniger pessimistische Haltung ein - und sind damit langfristig im Hinblick auf das häufige Eintreten von Rückfällen vermutlich weniger burnout-anfällig.

6. Burnout-Begünstigungen durch Merkmale der therapeutischen Tätigkeit bzw. der Therapeuten

Im fünften Abschnitt wurde ausgeführt, daß suchttherapeutische Arbeit aufgrund von Charakteristika der Suchtpatienten von vornherein ein hohes Belastungspotential in sich birgt. Damit sich auf der Basis der genannten Patientenmerkmale Burnout-Prozesse entwickeln können, bedarf es jedoch eines Nährbodens auf Seiten der Therapeuten (vgl. Abbildung 2). Darauf ist nun unter zwei Aspekten einzugehen. Therapeuten bieten zum einen durch Eigenheiten der therapeutischen Tätigkeit (6.1) und zum anderen durch Merkmale ihrer Person (6.2) eine spezielle Angriffsfläche für Belastungen und Burnout.

6.1 Strukturelle Belastungsquellen therapeutischer Tätigkeit

Die von Wüst (1993) befragten N = 193 Suchttherapeuten stuften unter sieben
Aspekten der Arbeit (wie z.B. den konkreten Arbeitsbedingungen oder der Zusammenarbeit im Team) den Belastungspegel, der von der eigenen beraterischen/-
therapeutischen Tätigkeit ausgeht, am niedrigsten ein (M = 1.66 bei einer Ratingskala von "1 = gar nicht" bis "4 = sehr belastend"). Antons (1987) vertritt
gleichwohl die Auffassung, daß therapeutische Arbeit aufgrund der ihr eigenen
Normen und Strukturen *per se* ein erhebliches Belastungspotential in sich birgt —
zumindest auf längere Sicht. Genauer besehen, gibt es gemäß Antons drei belastende *strukturelle* Eigenheiten therapeutischer Tätigkeit, die sich auch bei zunehmender Therapieerfahrung nicht verflüchtigen (vgl. Farber, 1983b, S. 703) und
die zu negativen Auswirkungen u.a. auf private Beziehungen führen können (z.B.
Trennung und Scheidung; vgl. Antons, 1987; Farber, 1983a): Bewegung, Komplementarität und Befristetheit.

Mit *Bewegung* ist gemeint, daß Therapeuten "stets *für* Veränderung und Bewegung [arbeiten]" (Antons, 1987, S. 65; Hervorhebung im Original). Das Innehalten,
das Belassen, die Konstanz und die Ruhe kommen zu kurz. "Das ist also gewisser-
maßen eine 'Schlagseite', die unsere Tätigkeit charakterisiert" (a.a.O., S. 66).
Bezogen auf Suchttherapeuten heißt dies, daß explizit (als Behandlungsauftrag) oder
implizit (als "Über-Ich-Auftrag") erwartet wird, daß sie Menschen, die über Jahre
bzw. Jahrzehnte hinweg zwischenmenschlich, finanziell, sozial, kulturell und
spirituell einen Großteil ihrer Lebensbasis und ihres Lebenswillens eingebüßt haben,
wieder "fit machen".

Mit der strukturellen Norm der *Komplementarität* bringt Antons zum Ausdruck,
daß Therapeuten viele "Stunden pro Tag intensiv mit anderen Menschen zu tun
haben — und zwar meist in einer einseitigen Form ... der Kommunikation: wahrnehmen, aufnehmen, dasein für den anderen mit seinen Problemen" (a.a.O., S. 60).
Hilfebeziehungen sind also i.d.R. asymmetrisch: Einer wünscht Hilfe, der andere
— nämlich der Therapeut — lebt in Denk- und Beziehungsmustern, die durch
Geben geprägt sind. In Suchttherapien wird Komplementarität u.a. dadurch wirksam, daß Süchtige "versuchen, etwas von ihrem eigenen Kranksein an die Helfer
abzugeben oder auch sich etwas Gesundes von ihnen zu holen" (Fengler, 1988, S.
48; vgl. auch Herder & Sakofski, 1992, S. 277). Darüber hinaus ist die in manchen
Suchtkliniken praktizierte Allversorgungshaltung (d.h. die Klinik versorgt die Patienten möglichst umfassend und zu jeder Zeit — und sie infantilisiert sie dadurch
auch) Ausdruck komplementärer Strukturen. Die schwierige Doppelaufgabe für
Suchttherapeuten ist bei komplementär angelegten Strukturen, die dadurch in Gang
gesetzten zwischenmenschlichen Prozesse "zugleich zu verstehen *und* sich abzu-
grenzen — wobei eines von beiden naturgemäß nicht reicht" (Fengler, 1988, S. 48;
Hervorhebung im Original).

Helfende Beziehungen sind schließlich "*Beziehungen auf Zeit*". Für stationäre
Suchttherapien gilt dies in verschärfter Form: Die Frist — wenige Wochen bis
Monate - ist vom Kostenträger vorgegeben, weitgehend unabhängig davon, wie sich
die Veränderungen und die Beziehung entwickeln. Beziehungen werden durch vor-

gegebene Therapiezeiten, Behandlungsabbrüche oder vorzeitige ("disziplinarische") Entlassungen auch dann aufgelöst, wenn die gewünschten Entwicklungsprozesse nicht ausreichend fortgeschritten sind. Das "organische Wachsen" einer Beziehung erscheint unter diesen Rahmenbedingungen fast unmöglich oder zumindest in denkbar schwierigen Bedingungen zu gründen.

Wenn Therapie mit dieser einseitigen Form der Kommunikation in begrenzter Zeit Bewegung in beharrliche Suchtstrukturen zu bringen versucht, "dann *ist* das eine beanspruchende und anstrengende Tätigkeit" (Antons, 1987, S. 60; Hervorhebung im Original). Es ist deshalb auch zu fragen, ob eine Vollzeittätigkeit mit Schwerpunkt Sucht*therapie* auf Dauer ohne die genannten beruflichen Deformationen möglich ist.

6.2 Burnout-Anfälligkeiten von Therapeuten

Eine bestimmte Art von Psychodynamik des Therapeuten scheint für die Entstehung von Burnout-Prozessen eine notwendige Bedingung zu sein. Diese naheliegende Vermutung soll zunächst anhand eines Fallbeispiels illustriert werden (nach Gehring & Herder, 1991):

Herr L. ist in seiner Firma mit einer Alkoholfahne aufgefallen und verwarnt worden. Aus Angst davor, seinen Arbeitsplatz zu verlieren, hat er sich auf Anraten der betrieblichen Suchtkrankenhelferin zur stationären Entwöhnungsbehandlung in einer Fachklinik entschlossen. Er selbst ist der Meinung, kein Alkoholproblem zu haben. Den therapeutischen Angeboten steht er sehr skeptisch gegenüber; vor allem sieht er für sich keinen Sinn darin, in der Gruppe über Probleme zu reden. Der für Herrn L. zuständige Therapeut, Herr H., arbeitet seit sieben Monaten in der Entwöhnungseinrichtung. Er ist Sozialarbeiter und stolz darauf, als Therapeut tätig zu sein. Aufgrund seiner Überzeugung, daß Herr L. abhängig ist, bemüht er sich, Herrn L. zu motivieren, Vertrauen aufzubauen und Krankheitseinsicht zu entwickeln.

Beim Angehörigenseminar (Herr H. hatte ihn mit sanftem Druck zur Teilnahme überredet) schildert die Ehefrau mit großer emotionaler Betroffenheit ihre Erlebnisse mit dem alkoholisierten Ehemann und macht deutlich, daß sie eine Scheidung in Erwägung zieht. Der Widerstand von Herrn L. bricht zusammen. Er gibt zu, selbst schon zu wissen, daß er Alkoholprobleme habe, und er beteuert, alles tun zu wollen, um sein Problem in den Griff zu bekommen.

Der Therapeut H. ist erleichtert über diese Einsicht und insgeheim stolz auf sich und seine Bemühungen. In der nun folgenden Krise unterstützt er Herrn L. durch zusätzliche Einzelgespräche. In einer Phase, in der er Herrn L. für abbruchgefährdet hält, führt er diese auch schon mal nach Dienstschluß. Sein großer Einsatz wird belohnt: Herr L. stabilisiert sich zunehmend. Er arbeitet zudem aktiv in der Gruppe mit, kümmert sich um neue Patienten, konfrontiert Uneinsichtige aus seiner eigenen Erfahrung. Als Herr L. eine Sondergenehmigung für eine vorgezogene Beurlaubung beantragt, setzt Herr H. dies gegen die Bedenken anderer im Team durch.

Während dieser Beurlaubung wird Herr L. rückfällig.

Herr H. ist fassungslos: das hatte er nicht erwartet. Gleichzeitig ärgert er sich insgeheim über die Undankbarkeit von Herrn L. Dafür hatte er sich so eingesetzt! Alle Anstrengungen vergebens! Nach und nach schleichen sich Zweifel ein: Hatte er etwas falsch gemacht? Etwas übersehen? Eine falsche Entscheidung getroffen? Was mögen die Kollegen jetzt denken? War er überhaupt für die Arbeit im Suchtbereich geeignet? In der nächsten Zeit empfand er Widerwillen gegenüber der Arbeit und er fühlte sich seiner Aufgabe nicht mehr gewachsen. (S 65f).

Dieses Beispiel legt auf Seiten des Therapeuten mehrere Merkmale im Sinne von

Prädispositionen für Burnout nahe. Diesen eng miteinander verwobenen Facetten der Burnout-Anfälligkeit von Therapeuten widmen sich die Abschnitte 6.2.1.-6.2.4.

6.2.1 Verabsolutierung des Abstinenzziels

Wie bereits erwähnt, sind Rückfälle in das alte Suchtverhalten eher die Regel als die Ausnahme. Wenn man Abstinenz als zentralen Gradmesser der Therapiebewertung heranzieht, so wird man demnach recht häufig (z.B. per Wiederaufnahme ehemaliger Patienten) mit Behandlungsmißerfolgen konfrontiert (vgl. Körkel & Kruse, 1994).

Deshalb verwundert es nicht, daß Therapeuten, die ganz generell Rückfälle einem Scheitern der Behandlung gleichsetzen, nach einem tatsächlich eingetretenen Rückfall wesentlich heftiger mit einer ganzen Palette unangenehmer Gefühle (wie Enttäuschung, Verärgerung, Resignation, Macht- und Hilflosigkeit) reagieren als Therapeuten, die Rückfälle im allgemeinen nicht als Behandlungsmißerfolge einstufen (Körkel & Wagner, 1995).

Wenn Rückfälle als Scheitern der Behandlung betrachtet werden, führt dies nicht nur kurzfristig zu den gerade angesprochenen belastenden Gefühlsreaktionen. Der ausbleibende Therapieerfolg ist darüber hinaus nach Auffassung verschiedener Autoren auch mittel- und langfristig ein zentraler Einflußfaktor bei der Entstehung von Burnout (Burisch, 1989, S. 96; Fengler, 1988, S. 73).

Es bleibt zu resümieren: Rückfälle stellen in der therapeutischen Arbeit eine Belastungsquelle dar, wenn sie als Mißerfolge der Behandlung eingestuft werden. Therapeuten schaffen gleichsam eine Disposition für Burnout, wenn sie die Dauerabstinenz ihrer Klienten zum zentralen Therapieziel erheben und daran festhalten, obgleich sich dieses in der Realität zumindest langfristig als eher unerreichbar herausstellt.

6.2.2 Fehlende Antizipation von Rückfällen

Therapeuten, die mit dem Rückfall eines Klienten nicht rechnen, sind nach vorliegenden empirischen Ergebnissen über einen eingetretenen Klientenrückfall überrascht (Körkel & Wagner, 1995). Dieser Effekt des *unerwarteten* Eintretens eines Rückfalls erweist sich wiederum emotional als besonders belastend. Das jedenfalls konnte mehrfach empirisch demonstriert werden:

Körkel und Wagner (1995) verglichen die emotionalen Reaktionen von Suchtberatern/-therapeuten, für die der Rückfall nicht unerwartet kam, mit solchen, für die er sozusagen vom Himmel fiel. Letztere waren nach Eintreten eines Rückfalls enttäuschter, aufgewühlter, resignierter, hilfloser, verunsicherter, machtloser sowie deutlicher peinlich berührt, und der Rückfall beschäftigte sie wesentlich stärker gedanklich (vergleichbare Ergebnisse berichten Back und Gehring, 1989).

Es ist davon auszugehen, daß das wiederholte Scheitern (d.h. Nichterreichen von Therapiezielen) nachhaltige Mißerfolgserwartungen, das therapeutische Geschehen nicht oder nur mangelhaft beeinflussen zu können, aufbaut. Diese Einbußen der Beeinflußbarkeit von bedeutsamen Transaktionen mit der Umwelt gelten nach

Burisch (1989, S. 62) als entscheidende Faktoren in der Burnout-Genese.

Als einflußreicher Belastungsfaktor erweist sich nicht nur das unerwartete Eintreten eines Rückfalls, sondern auch das Ausmaß an *Verantwortung*, das sich der Therapeut für dessen Eintreten zuschreibt. Therapeuten, die sich für Rückfälle ihrer Klienten als mitverantwortlich ansehen, reagieren emotional wesentlich heftiger auf Rückfälle: sie sind in ihrem Selbstwertgefühl getroffen, sehen deutlich geringere Einwirkungsmöglichkeiten auf den weiteren Therapieprozeß und sind auf vielfältige Weise emotional irritiert (Körkel & Wagner, 1995; vgl. auch Back & Gehring, 1989).

Halten wir fest: Es treten nach einem Klientenrückfall verstärkte emotionale und kognitive Irritationen auf, wenn der Therapeut mit dem Rückfall nicht gerechnet hat und sich einen eigenen Beitrag an dessen Eintreten zuschreibt. Gemäß der gegenwärtigen Theoriebildung tragen gerade diese enttäuschten Erwartungen entscheidend zu Burnout-Prozessen bei.

6.2.3 Selbstwertrelevanz von Therapie und Therapieerfolgen

Deutlich wurde an dem zu Beginn des sechsten Abschnitts beschriebenen Beispiel, daß Veränderungen von Klienten zu einem für Therapeuten persönlich wichtigen Ziel werden können. Schmidbauer (1977) hat dafür den Begriff "Helfersyndrom" geprägt und damit das unersättliche Helfen-Wollen, das den eigenen Hunger nach Anerkennung stillen und die eigenen psychischen Wunden nicht spürbar werden lassen soll, charakterisiert. Im Sinne von Schmidbauer sind damit u.a. die folgenden Sachverhalte gemeint:

Es tut einem gut, von Schwächeren gebraucht zu werden; man hat den Eindruck, seine Klienten "retten" zu müssen bzw. zu können; man verspürt einen Mangel, wenn man am Wochenende oder im Urlaub nicht seine Klienten umsorgen kann (bzw. nicht andere Menschen "klientifizieren" kann); es ist für das eigene Selbstwertgefühl von großer Wichtigkeit, daß man von den Klienten gemocht wird und von ihnen Bestätigung erhält; man wird ärgerlich, wenn Klienten trotz größter eigener Bemühungen (d.h. der helfenden Person) nicht das tun, was man gerne hätte (z.B. abstinent leben); man erfährt Zuwendung vorwiegend im Zusammensein mit Klienten und hat außerhalb der Suchtarbeit wenig nährende, zufriedenstellende Beziehungen zu anderen Menschen; man fühlt sich schlecht, wenn man einem Hilfersuchen nicht nachkommt; die eigene Hilfeleistung ist dadurch motiviert, die in der eigenen Geschichte aufgerissenen Wunden zu heilen.

Ein Hang zum Helfersyndrom bzw. zu "Erlöser"-Tendenzen (Berry, 1990) sowie unbemerkte Gegenübertragungen können sich u.a. darin manifestieren, daß der Therapeut Veränderungsprozesse forciert und bemüht ist, den Klienten zu "heilen" bzw. zu "retten". Dies ist gegeben, wenn der Therapeut stärker engagiert ist als der Klient und Veränderungen des Klienten und das Abstinenzziel zu seiner *eigenen* Sache macht, d.h. mehr an Veränderung will als dieser selbst. Derartige Tendenzen können von verborgenen Allmachtsphantasien und Selbstüberschätzungen begleitet sein (wie etwa: "Ich kann jeden zur Abstinenz bringen"). Wer in dieser Weise ständig seine physischen und psychischen Grenzen übergeht, "erschöpft seine Kräfte und wird anfällig für Unzufriedenheit, Enttäuschung und Resignation" (Gehring & Herder, 1991, S. 82).

Es lassen sich im übrigen bislang keine einheitlichen empirischen Anhaltspunkte dafür ausmachen, daß Mißerfolge in der Arbeit für Frauen einen stärkeren Belastungsfaktor darstellen als für Männer: In den Studien von Back und Gehring (1989), Wagner (1992) und Weiland (1992) waren keine geschlechtsspezifischen Unterschiede in der von Rückfällen ausgehenden Belastung nachzuweisen. Andererseits berichtet Weiland (1992), daß Klientenabbrüche (wie auch Öffentlichkeitsarbeit) von Frauen signifikant stärker als Belastung empfunden werden als von Männern.

Nun ist die geschilderte "Helfer-Falle" zwar keine Besonderheit des Suchtbereichs — sie kann genausogut z.B. beim Umgang mit Patienten, die an Ängsten oder psychosomatischen Beschwerden leiden, in Gang kommen. Sie scheint sich jedoch im Bereich der stoffgebundenen Süchte besonders leicht zu öffnen, steht dort doch häufig das Überleben von Menschen auf dem Spiel. Denkt man etwa an den Bereich der illegalen Drogen, so bedeutet Nichthelfen möglicherweise bereits bei der nächsten Heroindosis den Tod des Abhängigen. Bei dieser existentiellen Tragweite ist es naheliegend, daß sich ein Hang zum Helfenwollen besonders leicht breit macht bzw. daß die Abgrenzung davon erschwert ist.

Gehring und Herder (1991) vermuten, daß Therapeuten insbesondere in ihren Anfängerjahren dazu neigen, die Last für den Werdegang bzw. die Verantwortung für das Verhalten anderer Menschen übernehmen zu wollen — so, als müßten sie selbst (sozusagen für den Abhängigen) die Folgen der Sucht tragen. Dabei gerät leicht in Vergessenheit, daß Süchtige die Verantwortung für *ihr* Leben tragen — und man ihnen diese nicht abnehmen kann.

Diese und ähnliche Aspekte werden sich sicher bei vielen Helfern entdecken lassen. Entscheidend ist jedoch, wie und vor allem wie bewußt Sie damit umgehen. Denn ein Helfer, der von einer 'Rettung' des Süchtigen abhängig macht, ob er sich als erfolgreich in seiner Arbeit erlebt, ist anfällig dafür, sich übermäßig (d.h. mehr als der Abhängige selbst) zu engagieren, enttäuscht zu sein und sich in der Arbeit zu erschöpfen (a.a.O., 1991, S. 83).

6.2.4 Des Pudels Kern: Narzißtische Störungen der Helfer?

Bei Süchtigen Unmögliches erreichen zu wollen, um im Glanz der eigenen Grandiosität zu erscheinen: Ist das der Kern von Burnout bei einem Teil der ausbrennenden Suchttherapeuten? Das zumindest ist aus Fischers (1983) Charakterisierung des Burnout-Phänomens zu schließen. Fischer zufolge möchten die "echten Selbstausbrenner" nicht wahrhaben, daß ihre Arbeit zunächst einmal eine finanzielle Einkommensquelle und ein Beruf ist, den man im allgemeinen nur mittelmäßig auszufüllen vermag. Sie neigen stattdessen zu permanenten Selbstüberschätzungen und Selbstüberforderungen. Doch warum? Fischer sieht in der narzißtischen Störung der echten Selbstausbrenner den wahren Hintergrund ihres Tuns. Um nämlich den strengen, überzogenen Maßstäben ihres Selbstwertgefühls gerecht zu werden und Ängste vor dem Eingeständnis eigener Mittelmäßigkeit abzuwehren, sind sie unaufhörlich damit beschäftigt, sich und anderen zu beweisen, etwas Außergewöhnliches zu tun. Nach Fischer verdoppelt dieser Helfer-Typus eher seine Anstrengungen oder nimmt eine zynische Haltung Patienten gegenüber ein, als seine Zielvorstellungen zu reduzieren und "kleine Brötchen zu backen" — denn im letzteren Falle müßte er seine Illusion der Grandiosität fallen lassen. Der echte Selbstausbrenner nimmt folglich eher eine Schädigung seiner physischen Existenz in Kauf, als von seinen Ansprüchen abzugehen und damit sein Selbstwertgefühl aufs Spiel zu setzen.

Fischers Position erscheint nach der hier vertretenen Auffassung zu einseitig, auch wenn sie für einen Teil der Ausbrenner hohen Erklärungswert besitzen mag. Fischer unterschätzt nämlich u.A.n. die vielfältigen Belastungs- und Überforderungskomponenten, die in Klientenmerkmalen, Institutionsfaktoren u.a.m. liegen. Diese schrumpfen bei ihm zu puren "Erfüllungsgehilfen" der Burnout-Neigungen des Therapeuten. Der "echte Selbstausbrenner" sucht sich nach Fischer nämlich die Bedingungen, unter denen er ausbrennen kann, da er diese zur Bestätigung seiner Grandiosität braucht. Zum zweiten ist kritisch anzumerken, daß sich für Fischers Theorie ebensowenig empirische Untermauerungen auffinden lassen wie etwa für Schmidbauers (1977) Theorie des Helfersyndroms; deshalb bleibt unklar, für welchen Teil der (Sucht-)Therapeuten diese Erklärung von nennenswerter Bedeutung sein könnte.

7. Mythen über Suchttherapie und Veränderungsprozesse

Mythen sind so etwas wie verhaltenswirksame Glaubenshaltungen oder "kollektive Wunsch- und Trugbilder" (Burisch, 1989, S. 91), denen man — fernab von jeder Realitätsprüfung oder sogar gegen widersprechende Evidenzen — große Verehrung entgegenbringt. Cherniss (1980, S. 153-156), Janzen und Myers (1981), Valle (1979) u.a.m. haben eine Reihe von "professional mystiques" bzw. irrationalen Überzeugungen über den eigenen Beruf zusammengestellt. Dazu gehören etwa die folgenden Einstellungen: "Klienten sind kooperativ und dankbar." "Alle Helfer ziehen an einem Strang." "Man muß jedem helfen können." "Wenn man sich genügend anstrengt, wendet sich bei den Patienten alles zum Besseren." "Man muß in seiner Tätigkeit perfekt/sehr gut sein." Andere Mythen ließen sich mühelos ergänzen, wie etwa die Vorstellung, daß (Privat-)Kliniken das Wohl der Patienten dem wirtschaftlichen Nutzen der Betreiber und der Privilegiensicherung der Klinikleiter überordneten.

Unserer Auffassung nach sind im Suchtbereich die folgenden Mythen besonders stark ausgeprägt und gleichzeitig belastungsfördernd, da sie im klassischen Krankheitsmodell von Sucht verankert sind und mit einem psychotherapeutischen Suchtverständnis in Konflikt geraten (vgl. Körkel, 1991c, 1991e): "Rückfälle sind — zumindest bei 'guter Suchtarbeit' — die Ausnahme und nicht die Regel". "Wer gut arbeitet (sich besonders einsetzt), bei dessen Patienten gibt es keine/weniger Rückfälle." "Beim 'normalen' Veränderungsprozeß gibt es keine Rückfälle". "Die zentralen Rückfallursachen sind das Verlangen nach dem Suchtmittel, Willensschwäche und Uneinsichtigkeit." "Der 'erste Schluck' (bzw. 'Schuß Heroin') führt aufgrund einer 'Krankheitsprogrammierung' zum Kontrollverlust." "Bei einem stationären Rückfall 'ist sowieso nichts mehr zu machen'. Dementsprechend ist die Entlassung die sinnvollste Maßnahme."

Anhand der ersten beiden zuvor genannten Überzeugungen läßt sich die "Mißerfolgsfalle" exemplarisch verdeutlichen. Am Abstinenzziel als *dem* Erfolgskriterium wird von vielen Therapeuten, Behandlungseinrichtungen und Kostenträgern undifferenziert und rigide festgehalten, obwohl es für einen Teil der Abhängigen unrealistisch ist. "Es gibt [nämlich] unter der Klientel von Beratungsstellen und Therapieeinrichtungen immer wieder Menschen, die trotz aller Bemühungen nicht willens oder nicht fähig sind, dauerhafte Abstinenz zu erreichen" (Wohlfarth, 1991b, S. 165). Dazu gehören etwa mehrfachgeschädigte chronische Alkoholabhängige, jüngere Erwachsene mit der Neigung zu gelegentlichen Alkoholexzessen und Menschen mit einer narzißtischen oder Borderline-Persönlichkeitsstruktur (a.a.O.).

Es kann davon ausgegangen werden, daß mit Mythen rigide Erwartungshaltungen einhergehen, die eine flexible Anpassung an neue Erfahrungen erschweren und damit zu Meilensteinen in der Burnout-Entstehung werden können (vgl. Burisch, 1989; Valle, 1979).

8. Institutionelle Aspekte der Burnout-Begünstigung

Unter "institutionelle Faktoren" werden hier alle strukturellen und personellen Rahmenbedingungen, innerhalb derer Suchtbehandlung stattfindet, zusammengefaßt. Zum Verständnis einer ganzen Reihe von Belastungen, die mit institutionellen Faktoren in Zusammenhang stehen, muß man sich vergegenwärtigen, daß sich ein großer Teil der stationären Suchttherapieeinrichtungen (Fachkliniken) in privater Trägerschaft befindet. Das führt unweigerlich dazu, daß ökonomische Interessen mit Maßnahmen der Burnout-Prophylaxe zumindest dann kollidieren, wenn letztere Kosten verursachen. Diese Einschätzung gilt in Zeiten der Kosteneinsparungen im Gesundheitswesen verstärkt auch für nicht-private Träger von Suchteinrichtungen.

Die Palette institutionell bedingter Stressoren, die für die "eigentliche" Patientenarbeit benötigte Ressourcen binden und soziale Unterstützung vorenthalten, ist breit gestreut und umfaßt u.a. die folgenden Faktoren:

Fehlende/unzureichende Einarbeitung (szeit). Im Suchtbereich werden viele Berufsanfänger ohne nennenswerte Einarbeitungszeit vollverantwortlich für alle therapeutischen Aufgaben eingesetzt. Eine Vorbereitung auf die besonderen Belastungen und ihre Bewältigungsmöglichkeiten erfolgt in der Regel nicht, obgleich dies unter dem Gesichtspunkt des Burnout dringend erforderlich wäre. So nennt z.B. Schmidbauer (1982) die ungenaue Information von Berufsanfängern über das, was sie im beruflichen Alltag tatsächlich erwartet, sowie Terminüberlastung und Zeitdruck bei den ersten Schritten in der Praxis als gravierende Burnout-Gefährdungen.

Rollenkonflikte und Rollenambiguität. Vor allem in stationären Suchteinrichtungen gibt es eine Reihe meist unterschwelliger und widersprüchlicher Forderungen, welche Rollen man als Mitarbeiter einzunehmen habe: Therapeut, Kontrolleur (von

Regelverstößen), Erzieher (für "Nachsozialisation"), Krisenmanager (z.B. bei drohenden Behandlungsabbrüchen), Freund für Kollegen, menschliches Vorbild für Patienten, Repräsentant der Einrichtung bei Kontakten mit Beratungsstellen (z.B. als "Klientenwerber"), Konzeptentwickler, Fachexperte usw. (vgl. auch Dinslage, 1983). Es liegt auf der Hand, daß sich diese vielfältigen Anforderungen bzw. Ansprüche nur schwerlich oder auch gar nicht verbinden lassen (z.B. Therapeut *und* Kontrolleur zu sein) und zu permanenter Rollenambiguität führen; vgl. bereits Kahn, Wolfe, Quinn, Snoek & Rosenthal, 1964).

Quantitative Arbeitsüberlastung. Insbesondere in Fachkliniken müssen im Regelfall aus wirtschaftlichen Gründen zu viele Patienten in zu kurzer Zeit behandelt werden. In der von Suchtmitarbeitern abgegebenen Einschätzung der stärksten Belastung tauchen die Faktoren "zu viele Klienten" (Rangplatz 4) und "zu wenig Zeit für die Klienten" (Rangplatz 6) dementsprechend recht weit oben in der Belastungshierarchie auf (Fengler, 1991, S. 101). Es läßt sich deshalb folgern: "Zu viele Klienten und zu viele Sitzungen pro Tag und Woche sind als Belastungsfaktor ersten Ranges zu betrachten" (a.a.O., S. 92). Cherniss (1980) betont, daß insbesondere die Kombination von hoher Verantwortung für Klienten und Zeitmangel eine massive Rollenüberforderung darstellt.

Fehlende Individualisierung von Therapiezielen. Viele (Privat-)Kliniken betreiben — mit Blick auf die Behandlungsfinanziers (Kostenträger) — sogenannte "Legitimationskatamnesen" (Bühringer, 1987, S. VIII). Über hohe Abstinenzraten soll dokumentiert werden, daß sie "gute Suchtarbeit" leisten. Die Abstinenz wird damit zu *dem* Gradmesser von Behandlungsqualität schlechthin hochstilisiert, was an Suchttherapeuten nicht spurlos vorübergeht: "Ausbrennen tritt am deutlichsten in Erscheinung, wo eine nachweisbare Veränderung des Klienten gefordert wird und wo der Helfer keinen Einfluß auf die Klientenauswahl hat (Rubington, 1984)" (Fengler, 1991, S. 106).

Inkompetentes und autokratisches Führungsverhalten. Zu den belastungsförderlichen Strukturen in manchen stationären Einrichtungen gehört die Art und Weise, wie in Leitungspositionen durch die Einengung von Handlungs- und Entscheidungsspielräumen oder die Verhinderung von Innovationen Mitarbeiterpartizipation beschnitten wird. Eine drastische Ausnutzung von Machtbefugnissen liegt z.B. vor, wenn Klinikleiter von Therapeuten getroffene Entscheidungen (z.B. Heimreiseverbot für einen Patienten) ohne Rücksprache mit ihnen aufheben und allgemeinverbindliche Behandlungsregeln (z.B. die vorzeitige Entlassung bei bestimmten Regelverstößen) außer Kraft setzen, was bei schlechter Auslastung der Bettenkapazität besonders häufig vorzukommen scheint; wenn Leiter unangemeldet an Therapiegruppen teilnehmen und Therapeuten vor Patienten kritisieren usw. Werden darüber hinaus mitarbeiterbezogene Bedürfnisse kaum oder gar nicht berücksichtigt, dann ist davon auszugehen, daß "der Vorgesetzte in einem Team … stets mitverantwortlich für den Belastungsgrad, der von der Arbeit für den Helfer ausgeht, [ist]" (Fengler, 1988, S. 54).

Es entsteht übergreifend der Eindruck, daß das fach- und mitarbeiterbezogene Führungsverhalten von Klinikleitern oftmals unzulänglich ist und die kaum demokratisch zu nennenden Strukturen letztlich vorrangig der Ressourcen- und Privilegiensicherung dienen: "Führung hat eben neben der Sach-Funktion der Koordination, Motivation, Kontrolle fast immer auch eine soziale Funktion der Macht- oder Herrschaftssicherung, der es angelegen ist, Privilegien und Ressourcen unter eigene Verfügung zu bringen bzw. darin zu halten" (Neuberger, 1990, S. 12).

In diesem Zusammenhang ist auch zu erwähnen, daß die gesamtverantwortliche Leitung einer Klinik durch ehemals abhängige Personen angesichts der ihnen vielfach inhärenten "Suchtstrukturen", die auf diesem Wege Eingang in den Klinikalltag finden können, zumindest in manchen Fällen problematisch erscheint. Das ist etwa gegeben, wenn Patienten und Therapeuten durch erschöpfende Therapiepläne in Atem gehalten werden und kein Sinn für "das Maßvolle" und für menschliche Begegnung herrscht. Die für ehemalige Alkoholabhängige beobachtete Tendenz, daß sie stärker burnoutgefährdet sind als Nichtabhängige (Rubington, 1984), kann sich in diesem Falle möglicherweise auf ganze Teams übertragen.

Prinzipielle Entlassung bei stationärer Rückfälligkeit. Institutionen beeinflussen durch ihren Umgang mit stationären Rückfällen das Wohlbefinden ihrer therapeutischen Mitarbeiter (vgl. Back & Gehring, 1989; Körkel, 1991b; Wagner, 1992; Wohlfarth, 1991a).

Nach unseren Erkenntnissen wirkt sich in stationären Einrichtungen das 'Buchführen' darüber, wieviele Rückfällige auf einen zuständigen Behandler 'entfallen', ... belastend aus. Dies gilt ebenso für eine routinemäßige sofortige Entlassung nach einem Rückfall. In beiden Fällen erscheint die belastende Wirkung verständlich — drückt sich doch im Buchführen und Entlassen eine eindeutig negative Sicht des Rückfalls als Scheitern aus.

Im Gegensatz dazu hat die Weiterarbeit mit einem Rückfälligen nach einem vorgesehenen Rückfallaufarbeitungskonzept bei vielen Helfern eine entlastende Auswirkung. Letzteres trifft selbstverständlich nicht auf diejenigen Helfer zu, die aus prinzipieller Überzeugung oder weil sie sich im Einzelfall zu befangen fühlen, nicht mit Rückfälligen weiterarbeiten wollen (Gehring & Herder, 1991, S. 85f).

"Sandwich-Position" in der Organisationshierarchie. Eine Reihe weiterer Belastungsfaktoren ist an bestimmte Organisationstypen gebunden. So befinden sich zum Beispiel viele Suchtberater in Betrieben und Verwaltungen in einer "Sandwich-Position":

In diesem Bereich wird eine erfolgreiche Arbeit oft durch mangelndes Suchtverständnis und durch Interessenkonflikte zwischen Betriebsrat und Betriebsleitung erschwert. So will die Betriebsleitung den Alkoholabhängigen oft möglichst 'loswerden', der Betriebsrat eine Kündigung auf alle Fälle verhindern. Ein sinnvolles Vorgehen, nämlich den Abhängigen sowohl mit den Konsequenzen seines Alkoholmißbrauchs zu konfrontieren, als auch Hilfsangebote zu unterbreiten, muß erst mühsam erkämpft werden (a.a.O., S. 81f; vgl. auch Herder & Sakofski, 1992).

Stationäre Arbeitsweise. Eine stationäre Arbeitsweise bringt ein höheres Belastungspotential mit sich als eine ambulante, und zwar im klinisch-psychologischen Bereich im allgemeinen (Künzel & Schulte, 1986) wie auch in der Suchtarbeit im besonderen (Rudorf, 1993; Weiland, 1992).

Weiland (1992) demonstrierte in diesem Sinne, daß sich stationäre Suchtmitarbeiter in 5 von 15 zur Einschätzung vorgegebenen Merkmalen der Arbeitstätigkeit signifikant stärker belastet fühlten als ihre ambulant tätigen Kollegen, und zwar durch markante Therapieeinschnitte (Rückfälle und Abbrüche), Aspekte der Zusammenarbeit mit Kollegen (Urlaubsvertretungen und Teamsitzungen) sowie formale Tätigkeiten; umgekehrt verhält es sich bei der Öffentlichkeitsarbeit (stärkerer Belastungsfaktor für ambulante Mitarbeiter). Nach Rudorf (1993) gehen im stationären Bereich von der "eigenen Person", "Klienten", "Mythen über Sucht und Genesung" sowie "Teammerkmalen" stärkere Belastungen aus als im ambulanten Sektor.

Sehr deutlich konnten die Unterschiede zwischen stationär und ambulant Tätigen speziell für die von Rückfällen ausgehende Belastung demonstriert werden: Nach der Befragungsstudie von Körkel, Back und Gehring (1989; Gehring, Back & Körkel, 1990) reagieren stationär tätige Suchttherapeuten auf den Rückfall von Alkohol- oder Drogenabhängigen gefühlsmäßig heftiger und tun sich schwerer als ihre ambulant tätigen Kollegen, innerlich mit dem Rückfall "klarzukommen".

Trotz der genannten, leicht ergänzbaren Palette institutioneller Belastungsfaktoren wird in Behandlungseinrichtungen den Folgen von Überbeanspruchungen, nämlich hohem Krankenstand und hohen Fluktuationsraten, vielfach wenig Bedeutung beigemessen, da die Nachfrage nach Anstellungsverhältnissen groß ist und Mitarbeiter ggf. leicht ersetzt werden können.

9. Das Team als Burnout-Faktor

Die Arbeit in einem Team kann soziale und fachliche Unterstützung bieten, aber auch zu gravierenden Belastungen beitragen.

In der Befragung von 462 Suchtmitarbeitern werden sodann auch "Unterstützung im Kollegenkreis" als wichtigste Entlastung und "fehlender Rückhalt im Team" als stärkste Belastung bei der Arbeit angegeben (Fengler, 1991, S. 101).

Zu analogen Ergebnissen kommt Weiland (1992). Unter 15 vorgegebenen Belastungsquellen wird Streit bzw. Auseinandersetzungen im Team die stärkste Belastung zugesprochen; 79.2% der befragten Suchtmitarbeiter fühlen sich durch diesen Faktor in hohem Ausmaß belastet. Auch in Reithingers (1990) Befragung von acht Therapeutinnen und Therapeuten eines stationären Langzeittherapiezentrums für Drogenabhängige stellen Streitigkeiten im Team die Belastungsquelle Nr. 1 dar.

Somit kommen drei unabhängig voneinander durchgeführte Studien zu dem einheitlichen Ergebnis, "daß Störungen der innerbetrieblichen Bedingungen die stärksten Belastungsfaktoren für die TherapeutInnen darstellen" (a.a.O., S. 23).

Die Art und Weise, wie ein Team Belastungen "produziert", kann sehr unterschiedlich sein. Sie kann in einem hohen Ausmaß an Neid und Rivalität, dem Fehlen von Rückmeldung und konzeptionellen Unvereinbarkeiten bestehen (vgl. Fengler, 1991), ebenso aber auch in überzogenen Ansprüchen, wie etwa denen, sich gerne haben oder uneingeschränkt offen zueinander sein zu müssen.

Umgekehrt wird die herausragende Bedeutung eines gut funktionierenden Teams deutlich, wenn man sich unter Rückgriff auf die Ergebnisse von Shinn et al. (1984) vor Augen führt, daß soziale Unterstützung als wichtigster Faktor gegen Burnout angesehen wird. Fengler (1991) hat dies wie folgt umschrieben:

Helferinnen und Helfer leben zumindest unter anderem von dem Respekt, der ihnen aus dem Team entgegengebracht wird, von der Bejahung ihrer Arbeit, von Loyalität und Zustimmung der Kollegen. Auch wenn ihnen ein Patzer unterläuft oder eine Therapie mißlingt, wünschen sie sich gleichbleibende Achtung und

Unterstützung. Bleiben diese aus oder treten Gleichgültigkeit, Mißbilligung, Spott und Verachtung im Team spürbar in Erscheinung, so fehlt dem Helfer ein wichtiges Unterstützungssystem ... (S. 85).

10. Politisch-administrative Rahmenbedingungen

Politisch-administrative Rahmenbedingungen setzen Grenzen für das, was durch Präventions- und Inerventionsmaßnahmen erreichbar ist. Die Auswirkungen von Rahmenbedingungen lassen sich in vielen Bereichen aufzeigen.

Ein Beispiel dafür sind die Behandlungen, die sich aus dem juristisch praktizierten Grundsatz "Therapie vor Strafe" (§35 BtMG) ergeben. Auf diesem Wege werden Therapeuten von Drogentherapieeinrichtungen mit einem oftmals unmotivierten, schwierigen Klientel konfrontiert, was bei einer anderen gesetzlichen Regelung durchaus anders aussehen könnte.

In ähnlicher Weise müssen sich Suchttherapeuten in psychiatrischen Krankenhäusern auch mit wiederholt und zwangsweise eingelieferten Patienten auseinandersetzen, die z.T. nicht bereit sind, die Freiheitseinschränkung hinzunehmen. Auch daraus können sich weitaus größere Belastungen ergeben als bei einer "normalen" Therapie unter anderen Rahmenbedingungen als denen einer psychiatrischen Klinik.

Schließlich sei an die Bedeutung der von den Kostenträgern bewilligten Dauer stationärer Suchttherapie für den Therapieprozeß hingewiesen. Gehring und Herder (1991) haben die Folgen von Therapiezeitverkürzungen für Therapeuten wie folgt benannt:

Erhält ein Alkoholabhängiger als Folge von Kostendämpfungsmaßnahmen nur noch acht Wochen stationäre Therapiezeit bewilligt, muß dies in Ihre Therapieplanung miteinfließen. Innerhalb dieses Zeitraums können Sie z.B motivationsfördernd arbeiten und den Klienten zum Anschluß an eine Selbsthilfegruppe bewegen. Auf alle Fälle ist es notwendig, von den bisherigen, auf eine Langzeittherapie von sechs Monaten ausgerichteten Zielen einige Abstriche zu machen, um sich und dem Abhängigen unnötigen und sinnlosen Druck zu ersparen (S. 81).

Rahmenbedingungen setzen also äußere Grenzen und bestimmen das Ausmaß dessen, was möglich ist. Das kann weit entfernt sein von dem, was man prinzipiell für denkbar und wünschbar hält. Rahmenbedingungen sollten bedacht und beachtet werden, um überzogene Therapieziele zu vermeiden und mit den eigenen Kräften hauszuhalten (a.a.O., S. 82).

11. Konsequenzen für die Burnout-Prophylaxe und -Beeinflussung

Wie in den vorangegangenen Abschnitten ausgeführt wurde, gibt es vielfältige Bedingungen, die Burnout begünstigen. Entsprechend breitgefächert sind auch die Möglichkeiten der Burnout-Beeinflussung (vgl. z. B. Buchka, 1988, S. 73ff; Burisch, 1989, S. 126ff; Enzmann & Kleiber, 1989, S. 179ff; Schmelzer & Pfahler, 1991, S. 38ff). Unter dem Gesichtspunkt der Prävention bzw. Intervention sind zumindest drei Dimensionen zu berücksichtigen (vgl. Abbildung 4): welchem Adressaten die Maßnahmen gelten (z.B. Anti-Burnout-Maßnahmen bei einem Therapeuten oder dem gesamten Team), wer sie durchführt (z.B. der Mitarbeiter selbst oder der Leiter) und in welchem Zeitrahmen positive Auswirkungen der Interventionen erwartet werden (kurz-, mittel- oder langfristig).

Die im folgenden behandelten Möglichkeiten der Burnout-Vorbeugung und -Reduzierung werden entsprechend Abbildung 2 und Abbildung 4 den Bereichen zugeordnet, an denen eine Intervention am nachhaltigsten anzusetzen vermag (z.B. bei der Person des Therapeuten oder der Institution).[6] Dabei ist zu berücksichtigen, daß "es sich weder bei beruflichem Streß noch bei 'Burnout' um direkte Auswirkungen der Berufssituation als solcher, sondern um ein sehr komplexes Zusammenspiel von persönlichen Anteilen mit Bedingungen des Arbeitsumfelds (wozu wir auch Klienten zählen) [handelt]" (Schmelzer & Pfahler, 1990, S. 11). Dementsprechend sollten umfassende Maßnahmen gegen Burnout sowohl therapeutenbezogene als auch äußere Bedingungen einschließen und möglichst frühzeitig einsetzen. Darüber hinaus sind Burnout-Interventionen auf längere Zeit hin anzulegen, da kurzzeitige Maßnahmen kaum die gewünschten Erfolge erbringen (vgl. Machado, 1983).

Bei der Frage nach der Vorbeugung und günstigen Beeinflussung von Burnout-Prozessen wird nicht selten theorielos das ganze Arsenal dessen, was irgendwie gutzutun scheint, bemüht (vgl. Smith & Nelson, 1983). Dies liegt wohl nicht zuletzt daran, daß wissenschaftlich abgesicherte Erkenntnisse zu dieser Frage gegenwärtig noch spärlich sind. Aus diesem Grunde sind auch die folgenden Vorstellungen für eine "gesündere" Gestaltung der Suchtarbeit lediglich als Anregungen gedacht, die eigene Arbeitstätigkeit unter Belastungsgesichtspunkten zu analysieren und wo nötig Abhilfemöglichkeiten in Gang zu setzen.

11.1 Personaler Zugang

Auf der Ebene des Therapeuten gibt es vielfältige Ansatzpunkte zur Burnout-Reduktion.

Ein erster Zugang zum eigenen Burnout-Prozeß kann darin bestehen, sich durch Lektüre entsprechender Veröffentlichungen, Teilnahme an Fortbildungen zu dieser Thematik und/oder die Bearbeitung von Burnout-Symptom-Checklisten Anregungen zu holen und im Austausch mit Kollegen oder Freunden das Burnout-Thema "salon-

---

[6]Der Burnout-Entstehungsfaktor "Klient" taucht hier nicht als gesonderte Kategorie auf, da die Art der in eine Einrichtung aufgenommenen Klientel nicht beliebig neu festgelegt werden kann. Deshalb bleibt im Regelfall nur ein Wechsel des Arbeitsplatzes, wenn man mit einer anderen Klientel arbeiten möchte. Von diesem Extrem abgesehen, gibt es natürlich eine Reihe von Möglichkeiten, sich auf Klienten neu einzustellen und sich dadurch vor Burnout-Gefahren zu schützen. Darauf wird im weiteren Text eingegangen.

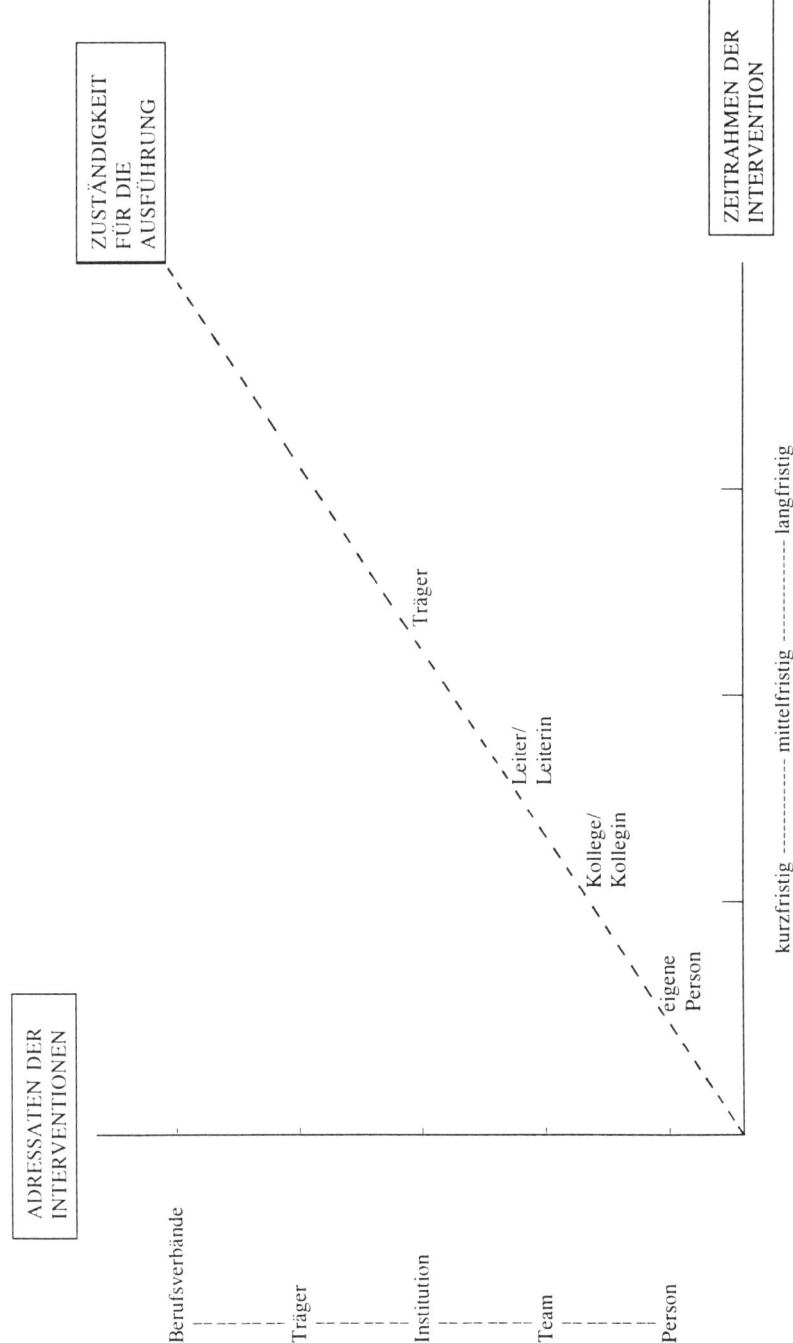

Abbildung 4: Dimensionen der Burnout-Prävention und -Intervention.

fähig zu machen" (vgl. Gehring & Körkel, in diesem Band). Eine derartige Bilanz eigener Belastungen und Burnout-Anfälligkeiten ist in der Suchtarbeit vielerorts noch tabu und löst ängstigende Selbstinfragestellungen aus. Bisweilen scheint vor allem in der sogenannten niedrigschwelligen Drogenarbeit der Blick auf das eigene Wohlergehen sogar verpönt zu sein ("wir sind nicht für Psychologisiererei da, sondern für die Junkies"). Bei ehemals suchtmittelabhängigen Therapeuten kann das unbedachte oder unbemerkte Inkaufnehmen von eigenem Burnout letztlich die Vulnerabilität für einen eigenen Rückfall erhöhen.

Manchmal resultieren aus der Beschäftigung mit dem Burnout-Thema relativ einfache Möglichkeiten, *während* des Arbeitstages für Ausgleich und Regeneration zu sorgen. Dazu gehören etwa: pünktlich Feierabend zu machen; nicht nahtlos Klient für Klient zu behandeln, sondern gezielt bzw. öfters "wirkliche" Pausen einzulegen, in denen man nicht über Patienten spricht, keine Telefonate führt und nichts nebenher erledigt; anstrengende/schwierige und weniger anstrengende/weniger schwierige Patienten bzw. Aktivitäten abzuwechseln; nicht jede unvorhergesehene "Arbeitseinladung" (z.B. eine weitere indikative Gruppe durchzuführen) anzunehmen; Prioritäten in den Arbeitsaufgaben zu setzen; kurze Spaziergänge, Entspannungs- oder Körperübungen für sich einzuschieben und auch ansonsten mehr von dem zu praktizieren, was man Patienten empfiehlt (vgl. dazu und zu weiteren Anregungen Gehring & Herder, 1991, S. 87; Herder & Sakofski, 1992). Daneben ist es gemäß einer Befragung von Suchtmitarbeitern hilfreich, von Möglichkeiten der Selbstabgrenzung gegen Patienten Gebrauch zu machen, wie z.B. vermehrt "nein" zu sagen oder sich mehr "rauszuhalten" (vgl. Fengler, 1991, S. 101 und 195f).

Diese pragmatischen Lösungsversuche werden nicht ausreichen, wenn in Burnout-Erscheinungen massive Selbstüberforderungstendenzen zum Ausdruck kommen. Hier ist letztlich jeder Helfer selbst angehalten, weitergehende Angebote wie Eigentherapie oder Supervision aufzusuchen, um sich mit "eingefleischten" Burnout-Tendenzen auseinanderzusetzen. Im Hinblick auf derartige Tendenzen ist es erforderlich, Sensibilität für den eigenen Hang zum "Helfersyndrom" (Schmidbauer, 1977) bzw. "Messias-Komplex" (Valle, 1979) zu entwickeln, sich kritisch mit dem eigenen Überengagement bzw. rastlosen Helfen auseinanderzusetzen, seine Allmachtsüberzeugungen, jedem helfen zu können, abzubauen und eine Haltung der "distanzierten Anteilnahme" ("detached concern", Maslach, 1982, S. 147f) einzunehmen. Letztlich gilt es zu akzeptieren, daß man "'nur' Anregungen, Begleitung und Unterstützung geben, aber nicht den Abhängigen und dessen Leben verändern [kann]. Diese Aufgabe muß er selbst übernehmen" (Gehring & Herder, 1991, S. 82).

Darüber hinaus erscheint es notwendig, sich kritisch mit den Zielen in der Suchttherapie, wie dem der lebenslangen Abstinenz, auseinanderzusetzen und Rückfälligkeit nicht nur im Lichte von Mißerfolgen einordnen zu lernen. Dieser Aspekt wird unter 11.2 wieder aufgegriffen.

Letztlich ist ein recht guter Garant für erfolgreiche Burnout-Prophylaxe das Prinzip des ausgewogenen Lebensstils. Dieses bedeutet, den arbeitsbezogenen Pflichten und Belastungen ausreichende Möglichkeiten der Regeneration, Muße und Unbeschwertheit außerhalb des Arbeitskontextes entgegenzusetzen. Das hat auf der einen Seite zur Konsequenz, die alltäglichen Dauerbelastungen durch zu viele Klienten, Termine, Besprechungen und Ansprüche nicht mehr mit der ggf. schon eingetretenen Selbstverständlichkeit hinzunehmen und "zu prüfen, welcher Teil davon selbsterzeugt, durch Untätigkeit geduldet oder wegen anderer Vorteile geradezu angestrebt wird" (vgl. Fengler, 1991, S. 33). Auf der anderen Seite erfordert ein ausgewogener Lebensstil, seine privaten Beziehungen und Lebensverhältnisse (neu) zu ordnen, Probleme zu bewältigen und dem nahe zu kommen, wovon sich Suchtmitarbeiter in einer Befragung überzeugt zeigten: daß nämlich "Partnerschaft und Freundeskreis" sowie "Freizeit und Hobby" zu den wichtigsten Entlastungsmomenten in der Suchtarbeit gehören (a.a.O., S. 101). Je geringer der außerhalb der Suchtarbeit angesiedelte Lebensbereich und "je größer und gewichtiger der Stellenwert der Helfertätigkeit ist, um so negativer wirken sich die in ihr erlebten [Belastungen,] Enttäuschungen und Rückschläge aus (quasi wegen der größeren 'Angriffsfläche')" (Gehring & Herder, 1991, S. 85ff). Im Extremfall kommt es zu einer existentiellen Bedrohung, wenn sich im "Inseldasein des Helfens" die Mißerfolge häufen. Inzwischen gibt es vielfältige Anregungen, in seinem privaten Lebensalltag Inventur zu machen, Möglichkeiten der Regeneration zu nutzen und sich eine insgesamt zufriedenere Lebensbasis einzurichten (vgl. Fengler, 1991, S. 183-185 und 197f).

Selbst bei optimaler Burnout-Prophylaxe wird Suchtarbeit ein kräftezehrendes Arbeitsfeld bleiben. Deshalb sollte in der persönlichen Lebensplanung ein Wechsel in andere Berufsfelder nicht ausgeschlossen werden.

11.2 Veränderung von Mythen

Eine Reihe von Mythen beinhaltet falsche Vorstellungen über Veränderungsprozesse und Therapieziele mit abträglichen Folgen für das Wohlergehen von Therapeuten (vgl. 7.). Zu umfassender Burnout-Prophylaxe sollte deshalb auch gehören, fehlerhafte Vorstellungen über Sucht und Heilung abzubauen bzw. sich ihrer Verbreitung zu enthalten. Da der Abbau von Mythen nicht alleinige Sache von Therapeuten sein kann, sondern z.B. auch in neue "Behandlungsphilosophien" und -praktiken von Selbsthilfegruppen, Behandlungseinrichtungen und Kostenträgern Eingang finden sollte (vgl. Körkel, 1991d, 1992), wird die Veränderung von Mythen hier als eigenständiger Aspekt der Burnout-Beeinflussung aufgeführt.

Unter Burnout-Gesichtspunkten scheint uns die Beeinflussung des Mythos der "lebenslangen Dauertotalabstinenz" (Körkel & Kruse, 1994, S. 10) von entscheidender Bedeutung zu sein. Für den Aufbau realistischer Zielvorstellungen und damit zur Burnout-Prophylaxe sollte man sich vor Augen führen, daß wahrscheinlich nur eine Minderheit der eigenen Patienten das Idealziel der dauerhaften, lebenslangen Abstinenz erreicht. Dies ergibt sich bereits aus der Tatsache, daß der Alkoholkonsum meist schon zu einem festen Bestandteil der eigenen Lebensbewältigung geworden ist (vgl. 5.2).

Ein allzu starkes Interesse an der 'Heilung' des Klienten [z.B. in Form von Abstinenz, der Autor] ruft meist weiteren Widerstand hervor. Schließlich hat der Klient sich seit langem an sein Widerstandsverhalten gewöhnt und kann es nicht einfach aufgeben, selbst wenn er es manchmal als Hindernis betrachtet. Wenn man jemanden 'heilen' will, zwingt man ihm ein äußeres Ziel auf und begegnet ihm nicht am Ort seiner Verletzlichkeit. Die anfängliche Aufgabe des ... Therapeuten besteht darin, die Weisheit des Widerstands schätzen zu lernen (Hycner, 1989, S. 145).

Unrealistisch ist deshalb das Ziel: "Ich bringe den Alkoholabhängigen dahin, nie mehr (oder: das nächste halbe Jahr keinen) Alkohol zu trinken." Realistisch sind demgegenüber diejenigen Ziele, die sich auf *kleine* Fortschritte in der Therapie beziehen. Das können zum Beispiel sein:

einem Patienten dazu zu verhelfen, eigene Bedürfnisse wahrzunehmen und diese in der Therapiegruppe zu artikulieren; Verantwortung für das eigene Verhalten in den Angelegenheiten des Alltags übernehmen zu lernen; bei Kritik am eigenen Verhalten nicht wütend die Therapiegruppe zu verlassen, sondern sich mit der Kritik auseinanderzusetzen; sich im Rollenspiel angemessene Abgrenzungsformen bei Trinkaufforderungen anzueignen; lange anstehende, klärende Gespräche mit der Partnerin zu führen; seine Mahnschreiben zu beantworten und sich für eine Klärung seiner Schuldensituation einzusetzen; sich mit Hintergründen des eigenen Suchtverhaltens auseinanderzusetzen; Abstinenzmotivation auszubilden.

Gerade bei Langzeitabhängigen erscheint die dauerhafte Abstinenz als vorrangiges Behandlungsziel problematisch. Im Anschluß an Schwoon und Krausz (1990, S. 5) halten wir vielmehr eine Zielhierarchie, innerhalb derer Abstinenz *nicht das einzige* und auch *nicht das erste Ziel* darstellt, für sinnvoll (vgl. Abbildung 5):

Abbildung 5: Zielhierarchie für die Behandlung von Alkoholmißbrauch und Alkoholabhängigkeit (aus Körkel, 1991e).

In Abbildung 5 wird nahegelegt,

bei Süchtigen ... 'angesichts der hohen Sterblichkeit durch Unfälle, somatische Erkrankungen und Suizide die Sicherung des Überlebens' (a.a.O., S. 5) und sodann die Sicherung des möglichst gesunden Überlebens an den Ausgangspunkt aller Überlegungen und Behandlungsangebote zu setzen. Erst dann rückt die Möglichkeit der Veränderung des Trinkverhaltens in den Mittelpunkt, und zwar möglicherweise erst einmal als Reduzierung der Trinkmenge/-exzesse, sofern ein Abstinenzwunsch (noch) nicht besteht. Erst bei sich ausbildender Abstinenzbereitschaft stellt die Abstinenz ein realistisches Ziel dar. Begleitend zu diesem Ziel ist die Basis für ein 'ausbalanciertes', erfüllendes und zufriedenes Leben zu erarbeiten. ... [Dabei] ist zu bedenken, daß dauerhafte Abstinenz und zufriedene Lebensführung zu den Zielen gehören, die für eine nicht unerhebliche Reihe mehrfach geschädigter, chronischer Alkoholabhängiger äußerst unrealistisch sind (Körkel & Kruse, 1994, S. 30f).

Dementsprechend "sollten [wir] als Helfer nicht nur das eine Ziel der lebenslangen Abstinenz propagieren und alle anderen Möglichkeiten entwerten." (Wohlfarth, 1991b, S. 171). "'Akzeptierende Arbeit', das Angebot von Begleitung und Unterstützung, ohne Abstinenz zur Vorbedingung zu machen, ist im Umgang mit vielen [Abhängigen] als beste Methode anzusehen" (a.a.O., S. 177).

Konsequenz einer konstruktiven Auseinandersetzung mit den Möglichkeiten und Grenzen der lebenslangen Abstinenz kann sein, sich nicht an der Abstinenz als "dem" Ziel schlechthin festzubeißen, realistische Zielvorstellungen zusammen mit dem Abhängigen zu entwickeln und sich mit kleinen Fortschritten zufriedenzugeben, entsprechend den Veränderungsmöglichkeiten des Klienten voranzuschreiten, eigene Grenzen zu akzeptieren (sich nicht für zu wichtig einzuschätzen) und sich schließlich von Rückschritten und Rückfällen nicht entmutigen zu lassen (vgl. Gehring & Herder, 1991 sowie Wohlfarth, 1992, S. 170). Wenn es einem nicht möglich ist, Rückfälle vom Makel des Mißerfolgs zu befreien, kann es hilfreich sein, diese "Mißerfolge" zumindest besser tolerieren zu lernen.

Die vorangegangenen Ausführungen bedeuten wohlgemerkt nicht, daß man die Abstinenz als mögliches Therapieziel aufgeben müßte. Es ist weiterhin davon auszugehen, daß für Suchtgefährdete der gänzliche Verzicht auf das Suchtmittel die beste Vorbeugung gegen den erneuten Abstieg in die manifeste Abhängigkeit darstellt (vgl. Wohlfarth, 1991b, S. 170f). Allerdings sollte die dogmatische Festlegung auf eine für viele nicht erreichbare lebenslange Abstinenz aufgegeben werden. Das mögliche Fernziel der Abstinenz sollte nicht im Mittelpunkt der Therapie stehen, falls nicht der Abhängige selber Interesse an dieser Zielsetzung entwickelt (a.a.O., S. 172).

11.3 Burnout-Interventionen auf Institutions- und Teamebene

Institutionen bzw. die in Leitungsfunktionen Tätigen können Burnout-Prozessen u.a.
dadurch vorbeugen oder diese reduzieren, indem sie auf unrealistische Erwartungen
einwirken, Überforderungen abbauen, Rückmeldungen und damit auch Anerkennung für Arbeitsverhalten und -leistung zum Ausdruck bringen und den Mitarbeitern einen möglichst großen Entscheidungs- und Handlungsspielraum eröffnen.
Folgende Einzelmaßnahmen sind denkbar:
   Suchteinrichtungen können bereits *vor Berufsbeginn* im Informationsmaterial für
potentielle Bewerber dezidiert die späteren Arbeitstätigkeiten, die im allgemeinen
zu verwirklichenden Behandlungsziele, die zu erwartenden Belastungen sowie die
Entwicklungs- und Aufstiegsmöglichkeiten ("Karriereplanung") unbeschönigt darstellen. So kann z.b. deutlich gemacht werden, wieviel der gesamten Arbeitszeit auf
die Arbeit mit Patienten entfällt, welches Spektrum an Anforderungen mit dem
Beruf eines Suchttherapeuten verbunden ist, welches Gehaltssystem zugrundegelegt
wird, in welchem Ausmaß Supervision angeboten wird, wieviele Patienten auf einen
Therapeuten entfallen usw. Auf diese Weise können von vornherein zu hoch ge-
steckte Ziele, unrealistische Erwartungen an den Beruf und "destruktive Ideale"
(Schmidbauer, 1983) abgebaut sowie spätere Desillusionierungen vermieden werden.
   Es wird immer wieder betont, daß die ersten Monate bzw. Jahre des Berufsein-
stiegs eine besonders sensible Phase für Burnout darstellen (z.B. Künzel & Schulte,
1986; Schmelzer & Pfahler, 1991): "Besonders 'burnout'-gefährdet scheinen Berufsanfänger, die oft von ('naivem') Idealismus beflügelt in die Praxis einsteigen
und sich dann mit einer Wirklichkeit konfrontiert sehen, die mit ihren theoretischen
Konzepten und praktischen Fähigkeiten nicht in Einklang zu bringen ist" (Schmelzer
& Pfahler, 1991, S. 33). Seitens der Institution kann Burnout-Vorbeugung *zu Berufsbeginn* folgerichtig durch eine zentrale Maßnahme betrieben werden: die ge-
zielte Einarbeitung neuer Mitarbeiter im Suchtbereich, und zwar nicht zuletzt unter
Gesichtspunkten der Psychohygiene, also des psychischen Gesundheitsschutzes. Zu
einer solchen gezielten Einarbeitung können gehören: (a) Das Gewähren ausrei-
chender Zeit (z.B. sechs Monate) für das Einarbeitungsstadium und das Einfinden
in die institutionellen Strukturen; (b) Anleitung und Begleitung während der Einarbeitungszeit durch einen erfahrenen Mitarbeiter, der eigens für diese Aufgabe
Zeitressourcen einplanen kann; (c) klare Arbeitsplatzbeschreibungen; (d) ein gegenüber den späteren Arbeitsanforderungen geringeres Arbeitspensum (z.B. weniger
Klienten, keine Therapiegruppe in Eigenverantwortung); (e) eine von "Erfahrenen"
zusammengestellte Checkliste, die typische Schwierigkeiten und besondere Belastungen (z.B. Rückfälle während stationärer Therapie) samt Bewältigungsmöglichkeiten
realistisch beschreibt und dazu anregt, sich erreichbare Ziele zu setzen; (f) Einzel-
supervision durch einen externen Supervisor; (g) explizite Thematisierung und Bearbeitung von Burnout-Risiken und Frühwarnsignalen durch persönliche Anleitung
und schriftliches Informationsmaterial.
   Auch *nach der Einarbeitungszeit* gibt es eine Reihe von Maßnahmen mit burnout-
prophylaktischer und -mindernder Wirkung. Dazu gehört an erster Stelle eine re-

gelmäßige, z.B. 14tägige Fall-, Team- und Organisationssupervision durch einen externen, vom Team bestellten Supervisor. In der Einschätzung von Suchtmitarbeitern nimmt die Supervision den zweiten Rangplatz unter allen Entlastungsfaktoren ein (Fengler, 1991, S. 101), und es gibt weitere Belege dafür, daß "Supervision - neben einer intakten Partnerschaft - das wichtigste Gegenmittel gegen berufliches Burnout ist" (Fengler, 1988, S. 54). Trotzdem scheint Supervision noch immer keine Selbstverständlichkeit zu sein, wenn man bedenkt, daß bei Wagner (1992) von 100 befragten Suchtberatern/-therapeuten 24 angaben, keine Supervision an der Arbeitsstelle zu erhalten.

Supervision sollte unter Gesichtspunkten der Psychohygiene von vornherein so angelegt sein, daß in ihr auch die eigenen Stärken und Kompetenzen wahrgenommen werden können und sie zum Ort sozialer Unterstützung werden kann. Dabei können folgende Fragen im Mittelpunkt stehen: "Wie kann ich die Kollegin und den Kollegen bei ihrer/seiner und unserer gemeinsamen Arbeit unterstützen? Wie kann ich ihr und ihm das Leben leichter machen? Was kann ich zu ihrer und seiner Motivation, Arbeitsfreude, Anerkennung und positiven Selbsteinschätzung beitragen?" (Fengler, 1991, S. 204f). Eine derartig ausgerichtete Supervision käme dem nahe, was die Mehrzahl von 462 befragten Suchtmitarbeitern als wichtigstes Entlastungsmoment in der Arbeit angab: die Unterstützung im Kollegenkreis (a.a.O., S. 101).

Unter Gesichtspunkten der Psychohygiene wäre es darüber hinaus von Nutzen, wenn in der Supervision auch explizit die Grenzen der Profession "Suchttherapeut" erarbeitet und auf diesem Wege überzogene eigene Therapievorstellungen auf ein realistisches Maß zurückgeschraubt würden.

In der zuvor genannten Befragung (Fengler, 1991, S. 101) wurden ebenfalls recht häufig die Teamarbeit, eine gute Arbeitsatmosphäre sowie Fortbildung zu den wichtigsten Entlastungsfaktoren bei der Arbeit gezählt. Die folgenden Psychohygienemaßnahmen auf der Organisationsebene greifen auch diese Aspekte auf:

Etablierung eines Kotherapeutensystems; Ermöglichung institutionsinterner sowie -externer Fortbildungsmöglichkeiten (u.a. zur Burnout-Thematik), um die "Selbstwirksamkeitserwartungen" (Bandura, 1977) zu stärken; Gewährung von Zeitressourcen für informelle Gespräche im Kollegenkreis; Therapiegruppen von nicht mehr als 12 Personen; regelmäßige, z.B. halbjährliche Selbsteinschätzungen von Burnout, Arbeitszufriedenheit und Organisationsklima als Ausgangspunkt für Gespräche über das Wohlbefinden der Mitarbeiter und für strukturelle Veränderungen (vgl. bereits Neuberger & Allerbeck, 1978); Aufteilung schwieriger Patienten entsprechend der Fähigkeit/Erfahrung, aber auch der aktuellen Belastbarkeit der Mitarbeiter; von Zeit zu Zeit Wechsel zwischen unterschiedlichen Arbeitsbereichen ("job rotation", z.B. zwischen vorwiegend therapeutischen versus konzeptuellen Arbeiten); Ermöglichung von Sabbatjahren; Transparenz im institutionellen Entscheidungsgefüge; Einbeziehung der Mitarbeiter bei Personal- und anderen wichtigen Entscheidungen; klare Definition von Verantwortlichkeiten; Etablierung von Feedback-Angeboten durch Vorgesetzte und Kollegen; Beendigung der Abstinenz-Erfolgs-Statistiken bzw. "Legitimationskatamnesen". Es erscheint darüber hinaus angebracht, Psychohygienemaßnahmen auch für die leitenden Mitarbeiter einzuplanen (vgl. Dittmann &

Körkel, 1991). Die Palette der Möglichkeiten reicht von Schulungsangeboten in Personalführung und Organisationsentwicklung über Feedback durch Mitarbeiter bis zu praktischen Entlastungsmöglichkeiten (z.B. durch Aufgabendelegation).

Weitere Überlegungen zur Burnout-Prävention unter organisationspsychologischen Gesichtspunkten finden sich bei Cherniss (1980, S. 184f), Gehring und Herder (1991) sowie Herder und Sakofski (1992).

11.4 Politisch-administrativer Zugang

Notwendig erscheint es schließlich, daß sich auch Kostenträger, gewerkschaftliche Vertretungen und andere politische Gremien der Arbeitsbedingungen und des Gesundheitszustandes der Mitarbeiter im Suchtbereich annehmen.

Unter diesem Blickwinkel ist die Tendenz, Therapiezeiten zu verkürzen, aus den bereits unter 6.1. und 10. genannten Gründen kritisch einzuschätzen. Wünschenswert sind Therapiezeiten, die Raum für therapeutische Prozesse lassen und das Ausmaß der Beeinträchtigungen beim Patienten berücksichtigen.

Weiterhin ist es als Aufgabe des politisch-administrativen Bereichs anzusehen, Orientierungshilfen für die Arbeitstätigkeit von Mitarbeitern im Suchtbereich zu formulieren und zu verabschieden, z.B. was die Zahl der zu behandelnden Patienten, die nicht überschritten werden sollte, anbelangt. In diesem Zusammenhang halten wir auch eine Verpflichtung der Behandlungseinrichtungen für angebracht, Mitarbeitern im Rahmen ihrer Arbeitszeit Supervision und Fortbildung zu gewähren. Dies ergibt sich daraus, daß zunehmend mehr Anforderungen an Therapeuten gestellt werden (z.B. angesichts der sogenannten "frühen Störungen"), die in einer akademischen Grundausbildung oder Therapieausbildung üblicherweise nicht hinreichend berücksichtigt werden.

Schließlich ist darauf hinzuweisen, daß in therapeutischen Aus- und Weiterbildungen die Burnout-Thematik und ihre Spezifika in der Suchtarbeit meist vernachlässigt werden. Nicht zuletzt in suchttherapeutischen Aus- und Fortbildungen (z.B. "Sozialtherapie") sollte man diesem Thema sowohl theoretisch als auch praktisch (in Form zu vermittelnder Bewältigungsfertigkeiten) den ihm gebührenden Platz einräumen.

12. Ausblick

Burnout ist ein Prozeß der anhaltenden Überforderung durch das nicht nachlassende Anstreben unerreichbarer Ziele; dieser Prozeß wirkt sich nachteilig auf das Wohlbefinden in psychischer, physischer und sozialer Hinsicht aus. Das Burnout-Phänomen erreicht unter Suchtmitarbeitern zwar keine epidemischen Ausmaße, so daß die Aussage von Valle (1979, S. 11), Burnout im Suchtbereich müsse unweigerlich ein hohes Ausmaß annehmen, überzogen erscheint. Der Burnout-Thematik sollte jedoch mehr Bedeutung als bisher geschenkt werden, wenn man bedenkt, daß bis zu drei

Viertel der Suchtmitarbeiter vereinzelte Burnout-Symptome und etwa ein Viertel hohe Werte im zentralen Burnout-Bereich der emotionalen Erschöpfung aufweisen. Zudem ist anzunehmen, daß durch das Ausscheiden von Mitarbeitern, die sich in einem fortgeschrittenen Burnout-Prozeß befinden, in den vorliegenden Studien die Burnout-Rate unterschätzt wird. Soweit subgruppenspezifisch erhöhte Burnout-Werte festzustellen sind, bedürfen diese der gesonderten Aufmerksamkeit; dies gilt etwa für Therapeuten in der stationären Suchthilfe und in der Drogenarbeit.

Die burnout-begünstigenden Merkmale können sechs Bereichen zugeordnet werden: Klienten-, Team- und Institutionsfaktoren, Merkmalen von Therapeuten und ihrer Tätigkeit, Mythen sowie politisch-administrativen Rahmenbedingungen. Empirisch nachgewiesen ist bislang, daß ein Belastungsanstieg in den ersten vier der sechs Bereiche mit einer Burnout-Zunahme einhergeht. Die genannten Einflußfaktoren auf Burnout-Prozesse weisen im Suchtbereich einige Besonderheiten auf, wie etwa die hohe Valenz der Abstinenz als Therapieziel, die stark negative Bewertung und starre Handhabung von Rückfällen u.a.m.

Die Palette der Möglichkeiten, die von den sechs genannten Bereichen ausgehenden Belastungen auszuschalten oder zu minimieren, sind auch im Suchtbereich vielfältig. Sie reichen vom burnout-bezogenen Austausch im Kollegenkreis über die Aneignung einer neuen Sicht von Rückfälligkeit bis zur gezielten sozialen Unterstützung in der Supervision. Interventionen bei Burnout-Erscheinungen werden durch eingeschliffene Selbstüberforderungen, die routinemäßige Gewöhnung an Belastungen und starre Organisationsstrukturen erschwert.

Im Hinblick auf den bisherigen Erkenntnisstand ist festzuhalten, daß Burnout-Erscheinungen bei Mitarbeitern der Suchthilfe ein in Theorie, Forschung und Interventionspraxis vernachlässigtes Thema darstellen. Angesichts der defizitären Kenntnislage bei gleichzeitig hoher praktischer Bedeutsamkeit des Burnout-Phänomens erscheint es dringend geboten, die Belastungsfaktoren und Burnout-Prozesse unter Suchtbehandlern dezidierter zu erforschen und daraus praktische Konsequenzen zu ziehen. Suchthilfe stellt eine gesundheitspolitisch erstrangige Aufgabe dar. Die gravierenden Probleme, die mit Suchtmittelmißbrauch und -abhängigkeit einhergehen, erfordern ein funktionsfähiges Gesundheitssystem mit Mitarbeitern, die in ihrer Leistungsfähigkeit nicht permanent eingeschränkt oder nach relativ kurzer Zeit ausgebrannt sind und ihren Beruf aufgeben. Anstrengungen, Burnout-Prozesse im Suchtbereich besser zu verstehen und im Bedarfsfall Abhilfe zu schaffen, sind deshalb nicht nur zum Wohle der Therapeuten, sondern auch dem der betroffenen Suchtmittelabhängigen erforderlich.

13. Literatur

ANTONS, K. (1987). *Helfen oder lieben? Trennung und Scheidung in psychosozialen Berufen.* Reinbek: Rowohlt.

ARONSON, E., PINES, A.M. & KAFRY, D. (1983). *Ausgebrannt: Vom Überdruß zur Selbst-entfaltung.* Stuttgart: Klett-Cotta.

BACK, R. & GEHRING, U. (1989). *Das Bewältigungsverhalten von Suchttherapeuten beim Rückfall eines "Ihrer" Klienten.* Unveröff. Dipl.Arbeit, Ruprechts-Karl-Universität, Heidelberg.

BANDURA, A. (1977). Self-efficacy: Toward a unifying theory of behavioral change. *Psychological Review, 84,* 191-215.

BERRY, C.R. (1990). *Die Erlöser-Falle.* München: Kösel.

BUCHKA, M. (1988). Das Burn-out-Syndrom bei professionellen Helfern in der sozialpädagogi-schen und sozialen Arbeit. *Jahrbuch für Jugendsozialarbeit, 9,* 61-89.

BÜHRINGER, G. (1987). Vorwort. In D. Kleiner (Hrsg.), *Langzeitverläufe bei Suchtkrankheiten (S. VII-VIII).* Berlin: Springer.

BÜSSING, A. & PERRAR, K.-M. (1989). Burnout ein neues Phänomen der psychosozialen Arbeitswelt? In W. Schönpflug (Hrsg.), *Bericht über den 36. Kongreß der Deutschen Gesellschaft für Psychologie in Berlin 1988. Band 2 (S. 165-176).* Göttingen: Hogrefe.

BÜSSING, A. & PERRAR, K.-M. (1992). Die Messung von Burnout. Untersuchung einer deut-schen Fassung des Maslach Burnout Inventory (MBI-D). *Diagnostica, 38,* 328-349.

BURDA, M. (1993). *Burnout bei Mitarbeitern in der Suchttherapie/-beratung.* Unveröff. Dipl.Ar-beit, Ev. Stiftungsfachhochschule für Sozialwesen, Nürnberg.

BURISCH, M. (1989). *Das Burnout-Syndrom. Theorie der inneren Erschöpfung.* Berlin: Springer.

CHERNISS, C. (1980). *Staff burnout. Job stress in the human services.* Beverly Hills, CA: Sage.

DINSLAGE, A. (1983). Rollengenie oder Erwartungsopfer? Zur Situation von Mitarbeitern in therapeutischen Gemeinschaften. *Gruppendynamik, 14,* 173-185.

DITTMANN, E. & KÖRKEL, J. (1991). Neue Leiden in der Leitung. *Socialmanagement, 1,* 44-45.

EDELWICH, J. & BRODSKY, A. (1984). *Ausgebrannt. Das 'Burn-out'-Syndrom in den Sozialberu-fen.* Salzburg: AVM.

ENZMANN, D. & KLEIBER, D. (1989). *Helfer-Leiden. Streß und Burnout in psychosozialen Berufen.* Heidelberg: Asanger.

FARBER, B.A. (1983a). The effects of psychotherapeutic practice upon psychotherapists. *Psycho-therapy: Theory, Research and Practice, 20,* 174-182.

FARBER, B.A. (1983b). Psychotherapists' perceptions of stressful patient behavior. *Professional Psychology: Research and Practice, 14*, 697-705.

FARBER, B.A. & HEIFETZ, L.J. (1982). The process and dimensions of burnout in psychotherapists. *Professional Psychology, 13*, 293-301.

FENGLER, J. (1988). Das Helfen und der Helfer - Besonderheiten im Bereich der Suchtkrankenhilfe. In Deutsche Hauptstelle gegen die Suchtgefahren (Hrsg.), *Mitarbeit in der Suchthilfe* (S. 43-57). Hamm: Hoheneck.

FENGLER, J. (1991). *Helfen macht müde*. München: Pfeiffer.

FISCHER, H.J. (1983). A psychoanalytic view of burnout. In B.A. Farber (Ed.), *Stress and burnout in the human service professions* (pp. 40-45). New York: Pergamon.

FREUDENBERGER, H.J. (1975). The staff burn-out syndrome in alternative institutions. *Psychotherapy: Theory, Research and Practice, 12*, 73-82.

GEHRING, U., BACK, R. & KÖRKEL, J. (1990). *Das Coping von Suchttherapeuten nach dem Rückfall eines Klienten*. Vortrag gehalten auf dem 37. Kongreß der Deutschen Gesellschaft für Psychologie in Kiel, 24.-27.9.1990.

GEHRING, U. & HERDER, S. (1991). Rückfall - eine Belastung für Helfer. In J. Körkel (Hrsg.), *Praxis der Rückfallbehandlung. Ein Leitfaden für Berater, Therapeuten und ehrenamtliche Helfer* (S. 64-90). Wuppertal: Blaukreuz.

GILLESPIE, D.F. (1983). *Understanding and combatting burnout. (Public Administration Series: Bibliography P - 1235)*. Monticello, Ill.: Vance Bibliographies.

GLINZ, A. (1993). *Burnout in der Suchtarbeit. Ausprägungen und moderierende Faktoren*. Unveröff. Dipl.Arbeit, Ev. Stiftungsfachhochschule für Sozialwesen, Nürnberg.

GOLEMBIEWSKI, R.T., MUNZENRIDER, R. & CARTER, D. (1983). Phases of progressive burnout and their work site covariants: Critical issues in OD research and practice. *Journal of Applied Behavioral Science, 19*, 461-481.

GREIF, S. (1991). Streß in der Arbeit. Einführung und Grundbegriffe. In S. Greif, E. Bamberg & N. Semmer (Hrsg.), *Psychischer Streß am Arbeitsplatz* (S. 1-28). Göttingen: Hogrefe.

HEIGL-EVERS, A. & HEIGL, F.S. (1988). Die Therapie Suchtkranker im Lichte medizin-ethischer Grundsätze. In A. Heigl-Evers, H. Vollmer, I. Helas & E. Knischewski (Hrsg.), *Psychoanalyse und Verhaltenstherapie in der Behandlung von Abhängigkeitskranken - Wege zur Kooperation?* (S. 52-65) Kassel: Nicol.

HERDER, S. & SAKOFSKI, A. (1992). Der Rückfall und seine Bedeutung für die Psychohygiene des Therapeuten. In J. Körkel (Hrsg.), *Der Rückfall des Suchtkranken - Flucht in die Sucht?* (S. 272-298). (2. Aufl.) Berlin: Springer.

HYCNER, R. (1989). *Zwischen Menschen*. Köln: Edition Humanistische Psychologie.

JANZEN, W.B. & MYERS, D.V. (1981). Assertion for therapists: A professional bill of rights. *Psychotherapy: Theory, Research and Practice, 18*, 291-298.

KAHN, R.L., WOLFE, D.M., QUINN, R.P., SNOEK, J.D. & ROSENTHAL, R.A. (1964). *Organizational stress. Studies in role conflict and ambiguity.* New York: Wiley.

KESTNBAUM, J.D. (1984). Expectations for therapeutic growth: One factor in burnout. *Social Casework, 65,* 374-377.

KNAUERT, A.P. & DAVIDSON, S.V. (1979). Maintaining the sanity of alcoholism counselors. *Family and Community Health, 2,* 65-70.

KÖRKEL, J. (1991a). Der Alkoholrückfall während stationärer Therapie: Forschungsergebnisse, Handlungsstrategien und Perspektiven für die Suchtpraxis. In J. Körkel, M. Wernado & R. Wohlfarth (Hrsg.), *Umgang mit Rückfällen während der stationären Therapie* (S. 3-60). Bonn: Nagel.

KÖRKEL, J. (1991b). Der Rückfall während stationärer Therapie. In J. Körkel (Hrsg.), *Praxis der Rückfallbehandlung. Ein Leitfaden für Berater, Therapeuten und ehrenamtliche Helfer* (S. 145-164). Wuppertal: Blaukreuz.

KÖRKEL, J. (1991c). Der Rückfall von Alkoholabhängigen - Auf dem Wege zu einem neuen Verständnis des Rückfalls. *Verhaltenstherapie & Psychosoziale Praxis, 23,* 321-337.

KÖRKEL, J. (1991d). Grundlegende Ergebnisse und Überlegungen für ein neues Verständnis von Rückfällen. In J. Körkel (Hrsg.), *Praxis der Rückfallbehandlung. Ein Leitfaden für Berater, Therapeuten und ehrenamtliche Helfer* (S.13-63). Wuppertal: Blaukreuz.

KÖRKEL, J. (1991e). Rückfall als Chance. In Landschaftsverband Westfalen-Lippe, Koordinationsstelle für Drogenfragen und Fortbildung (Hrsg.), *Rückfall — der verlorene Sieg. Rückfallprophylaxe — tertiäre Prävention - Nachsorge* (S. 18-62). Münster: LWL.

KÖRKEL, J. (1992). Zum therapeutischen Umgang mit den Rückfällen von Suchtkranken. In H.E. Klein & H. Fleischmann (Hrsg.), *Suchtkranke im Psychiatrischen Krankenhaus. Therapeutische Chancen?* (S. 34-47). Geesthacht: Neuland.

KÖRKEL, J., BACK, R. & GEHRING, U. (1989). Das Bewältigungsverhalten von Suchttherapeuten nach einem Rückfall "ihres" Klienten. In H. Watzl & R. Cohen (Hrsg.), *Rückfall und Rückfallprophylaxe* (S. 210-225). Berlin: Springer.

KÖRKEL, J. & KRUSE, G. (1994). *Mit dem Rückfall leben. Abstinenz als Allheilmittel?* (2. überarb. Aufl.) Bonn: Psychiatrie-Verlag.

KÖRKEL, J. & WAGNER, A. (1995). Klientenrückfälle als Mißerfolgserlebnisse. Motivations- und emotionstheoretische Analyse der Rückfallverarbeitung von Suchttherapeuten. In J. Körkel, G. Lauer & R. Scheller (Hrsg.), *Sucht und Rückfall. Brennpunkte deutscher Rückfallforschung.* Stuttgart: Enke.

KÜFNER, H., FEUERLEIN, W. & HUBER, M. (1988). Die stationäre Behandlung von Alkoholabhängigen: Ergebnisse der 4-Jahreskatamnesen, mögliche Konsequenzen für Indikationsstellung und Behandlung. *Suchtgefahren, 34,* 157-272.

KÜNZEL, R. & SCHULTE, D. (1986). "Burn-out" und Praxisschock Klinischer Psychologen. *Zeitschrift für Klinische Psychologie, 15,* 303-320.

MACHADO, G.A. (1983). A multimodal burnout prevention and reduction program for alcoholism counselors. *Dissertation Abstracts International, 43 (12)*, 4154-B.

MASLACH, C. (1982). *Burnout, the cost of caring*. Englewood Cliffs, N.J.: Prentice-Hall.

MASLACH, C. & JACKSON, S.E. (1985). The role of sex and family variables in burnout. *Sex Roles, 12*, 837-851.

MASLACH, C. & JACKSON, S.E. (1986). *Maslach Burnout Inventory*. (Second edition). Palo Alto, CA: Consulting Psychologists Press.

NEUBERGER, O. (1974). *Theorien der Arbeitszufriedenheit*. Stuttgart: Kohlhammer.

NEUBERGER, O. (1990). *Führen und geführt werden*. Stuttgart: Enke.

NEUBERGER, O. & ALLERBECK, M. (1978). *Messung und Analyse der Arbeitszufriedenheit*. Bern: Huber.

PINES, A.M. (1988). *Keeping the spark alive: Preventing burnout in love and marriage*. New York: St. Martin's Press.

REITHINGER, R. (1990). *Bewältigungsstrategien von SuchttherapeutInnen beim Abbruch "ihrer" KlientInnen in der Langzeitdrogentherapie*. Unveröff. Dipl.Arbeit, Ev. Stiftungsfachhochschule für Sozialwesen, Nürnberg.

ROHDE-DACHSER, CH. (1989). *Das Borderline-Syndrom*. (4. Aufl.) Bern: Huber.

ROSENSTIEL, L. von (1992). *Grundlagen der Organisationspsychologie*. (3. Aufl.) Stuttgart: Poeschel.

RUBINGTON, E. (1984). Staff burnout in a detox center: An exploratory study. *Alcoholism Treatment Quarterly, 1*, 61-71.

RUDORF, J. (1993). *Belastungsfaktoren in der Suchtarbeit. Eine empirische Studie*. Unveröffentl. Dipl.Arbeit, Ev. Stiftungsfachhochschule für Sozialwesen, Nürnberg.

SARATA, B.P.V. (1983). Burnout workshops for alcoholism counselors. *Journal of Alcohol and Drug Education, 28*, 34-46.

SCHMELZER, D. & PFAHLER, E. (1990). *Umgang mit beruflichem Streß und Prävention von "Burnout": Möglichkeiten und Grenzen*. Unveröff. Manuskript, Nürnberg.

SCHMELZER, D. & PFAHLER, E. (1991). Zur Therapieausbildung in der Praxis: Umgang mit beruflichem Streß und Prävention von "Burnout" - Möglichkeiten für Verhaltenstherapeuten. *Verhaltensmodifikation und Verhaltensmedizin, 12*, 29-54.

SCHMIDBAUER, W. (1977). *Die hilflosen Helfer*. Reinbek: Rowohlt.

SCHMIDBAUER, W. (1982). Ausgebrannt? Helfer-Syndrom und Burnout in den sozialen Berufen. *Unsere Jugend, 34*, 165-169.

SCHMIDBAUER, W. (1983). *Alles oder Nichts. Über die Destruktivität von Idealen.* Reinbek: Rowohlt.

SCHWOON, D.R. & KRAUSZ, M. (1990). Psychiatrie und Sucht. Anmerkungen zu einem zwiespätigen Verhältnis. In D.R. Schwoon & M. Krausz (Hrsg.), *Suchtkranke. Die ungeliebten Kinder der Psychiatrie* (S. 3-15). Stuttgart: Enke.

SHINN, M., ROSSARIO, M., MORCH, H. & CHESTNUT, D.E. (1984). Coping with job stress and burnout in the human services. *Journal of Personality and Social Psychology, 46,* 864-876.

SMITH, N.M. & NELSON, V.C. (1983). Helping may be harmful: The implications of burnout for the special librarian. *Special Libraries, 74,* 14-19.

STARR, D.R. (1981). A study of the occurrence and characteristics of burnout among alcoholism-treatment-professionals. *Dissertation Abstracts International, 41 (8),* 3430-A.

STILLSON, K. & KATZ, C. (1985). A supervisory group process approach to adress staff burnout and countertransference in alcoholism treatment. *Alcoholism Treatment Quarterly, 2,* 117-134.

VALLE, S.K. (1979). Burnout: Occupational hazard for counselors. *Alcohol Health and Research World, 3,* 10-14.

WAGNER, A. (1992). *Zur Bedeutung von Klientenrückfällen für die Psychohygiene von Suchttherapeuten. Emotionale Reaktionen und deren Bedingungen.* Unveröff. Dipl.Arbeit, Ruprechts-Karl-Universität, Heidelberg.

WEILAND, S. (1992). *Die Verarbeitung von Behandlungsabbrüchen durch SuchttherapeutInnen.* Unveröff. Dipl.Arbeit, Ev. Stiftungsfachhochschule für Sozialwesen, Nürnberg.

WEIßBECK, H. (1993). *Burnout im Suchtbereich. Eine empirische Studie zum Zusammenhang zwischen Belastungsfaktoren und Burnoutsyndrom.* Unveröff. Dipl.Arbeit, Ev. Stiftungsfachhochschule für Sozialwesen, Nürnberg.

WÜST, I. (1993). *Berufliche Belastungen und Burnout in der Suchtbehandlung.* Unveröff. Dipl.Arbeit, Ev. Stiftungsfachhochschule für Sozialwesen, Nürnberg.

WOHLFARTH, R. (1991a). Das 4-Schritte-Modell der stationären Bearbeitung von Alkoholrückfällen: Ein Erfahrungsbericht. In J. Körkel, M. Wernado & R. Wohlfarth (Hrsg.), *Umgang mit Rückfällen während der stationären Therapie* (S. 61-91). Bonn: Nagel.

WOHLFARTH, R. (1991b). Unfähig zur Abstinenz? Zum Umgang mit einigen Problemgruppen im Alkoholismusbereich. In J. Körkel (Hrsg.), *Praxis der Rückfallbehandlung. Ein Leitfaden für Berater, Therapeuten und ehrenamtliche Helfer* (S. 165-177). Wuppertal: Blaukreuz.

WOHLFARTH, R. (1992). Sucht und Rückfall als Ausdruck narzißtischer Störungen. In J. Körkel (Hrsg.), *Der Rückfall des Suchtkranken - Flucht in die Sucht?* (S. 149-172). (2. Aufl.). Heidelberg: Springer.

Belastungserleben und Burnout bei Beschäftigten im Drogenbereich

Dieter Kleiber
unter Mitarbeit von Guido Klimek

1. Einleitung

Burnout (= Ausbrennen) ist in den letzten fünfzehn Jahren zu einer Art 'umbrel-la-Begriff' geworden, der scheinbar ganz verschiedene berufsbezogene Probleme auf einen intuitiv verständlichen, gemeinsamen Nenner zu bringen vermag und der individuell variierende Verschleißerscheinungen durch die Berufstätigkeit anschaulich zusammenführt. Ob und in welchem Ausmaß *MitarbeiterInnen aus dem Dro-genbereich* von Burnout betroffen sind, welches die Ursachen von Burnout im Drogenbereich sind und welche präventiven bzw. interventiven Maßnahmen begründbar sind und erforderlich erscheinen, soll in diesem Beitrag gefragt werden.

Die empirische Basis für die Beantwortung der angesprochenen Fragen liefern Daten, die im Rahmen eines vom Bundesministerium für Forschung und Technologie (BMFT) finanzierten Drittmittelprojektes erhoben wurden, das die Untersuchung von "*A*rbeitsbelastungen und *B*urnout bei *B*eschäftigten in *A*rbeitsfeldern der medizinischen und psychosozialen Versorgung" (=ABBA-Projekt[1]) zum Gegenstand hat. Mit dem Projekt ABBA soll erforscht werden, wie sehr die MitarbeiterInnen aus drei Arbeitsbereichen (AIDS, Onkologie und Geriatrie) belastet sind und wo die Ursachen dafür liegen. In dieser, in der sozialwissenschaftlichen AIDS-Forschung verankerten Studie, wurden mehr als 1500 MitarbeiterInnen z.T. *dreimal* befragt, so daß detaillierte Informationen über die Arbeitssituationen, Belastungsmuster, das individuelle Burnouterleben sowie über psychosomatische Beschwerden, die Tendenz, sich von Klienten und aus dem Job zurückzuziehen (withdrawl) und das sich möglicherweise im Zeitverlauf verändernde Commitment mit den Einrichtungen vorliegen.

Da in den letzten Jahren insbesondere auch der Drogenbereich mit HIV- und AIDS-bezogenen Fragestellungen konfrontiert wurde, da i.v. Drogenabhängige in der Bundesrepublik die zweitgrößte Betroffenengruppe HIV-Infizierter und AIDS-Kranker stellen, wurden natürlich auch MitarbeiterInnen aus dem Drogenbereich in die Untersuchung einbezogen. Der vorliegende Bericht analysiert *Querschnittsdaten von 416 MitarbeiterInnen aus dem Drogenbereich*. Zum Vergleich und zur Identifikation von *Besonderheiten des Drogenbereiches* in bezug auf belastende Merkmale der Arbeit werden in diesem Beitrag die zeitgleich im Projekt erhobenen Daten von 1086 KollegInnen aus den Bereichen AIDS-Arbeit, Onkologie und Geriatrie heran-

---

[1] Mitarbeiter: Dipl.-Psych. Dirk Enzmann, Dipl.-Psych. Burkhard Gusy, Prof. Dr. Dieter Kleiber (Dipl.-Psych.; Projektleiter). Die Studie wird am Sozialpädagogischen Institut Berlin durchgeführt.

gezogen.

Betrachtet man die untersuchten Arbeitsfelder, so mag es mit Blick auf die den Arbeitsfeldern inhärenten Aufgabenprofile berechtigt erscheinen, Verschleißerscheinungen und Belastungsreaktionen vor allem als Folge psychischer Beanspruchung der Mitarbeiterinnen und Mitarbeiter anzunehmen: Gemeinsam dürften allen Arbeitsfeldern sein

- Schwierigkeiten, den Bedürfnissen der Ratsuchenden, Klienten oder Patienten gerecht zu werden;
- wenige und oftmals zudem unklare oder undeutliche oder widersprüchliche Erfolgskriterien der Arbeit;
- Schwierigkeiten und Probleme bei der Entwicklung beruflicher Routine;
- ein im Vergleich zu anderen Arbeitsfeldern hoher Grad von emotionaler Beanspruchung und (Selbst-)Betroffenheit;
- nahezu tägliche Konfrontation mit sozialen Nöten und gesellschaftlicher Ausgrenzung von Betroffenen.

Hinzu kommen oftmals unzureichende materielle Rahmenbedingungen der Arbeit, eine unzureichende Personalausstattung und eine als mangelhaft empfundene gesellschaftliche Anerkennung der Arbeit. All diese Gesichtspunkte können Belastungsquellen darstellen, die ein ggf. beträchtliches Niveau der psychophysischen Belastung, des Stresserlebens, von Burnout und psychosomatischen Beschwerden in Folge der Berufsausübung erwarten lassen.

2. Das Erhebungsinstrumentarium

Um Belastungsfaktoren, das Belastungspotential und Merkmale der Arbeit erfassen zu können, die eine potentielle Wirkung auf das Belastungserleben haben, wurde ein *standardisiertes Erhebungsinstrumentarium* entwickelt, das im Rahmen einer Längsschnitterhebung 1991, 1992 und 1993 an Einzelpersonen und Institutionen der psychosozialen und medizinischen Versorgung mit der Bitte um *anonyme* Ausfüllung verschickt wurde.

Als theoretisch *unabhängige Variablen* wurden mittels Skalen- bzw. Itembatterien vor allem *potentielle Stressoren der Arbeit* erfaßt, die in Skalen zum *'Zeitdruck'*, zur Erhebung des Ausmaßes der berufsbedingten *'Konfrontation mit Tod und Sterben'*, zur *'Häufigkeit der Interaktion mit problematischen Klienten'*, zum *'(mangelnden) Handlungsspielraum'* sowie zum Erleben von *'Erfolgsunsicherheit in der Arbeit'* und dem Ausmaß an *'Mangel an Rückmeldung'* erfaßt werden.

Als *intervenierende Variablen* werden in diesem Beitrag vor allem Aspekte der *'sozialen Unterstützung durch Vorgesetzte'* und *'...durch Kollegen'* sowie das Ausmaß an *'Empathie'* (gemessen über die faktoranalytisch ermittelten Dimensionen *'Fantasy'*, *'Perspektiv-Übernahme'*, *'empathische Betroffenheit'* und *'persönliche Beanspruchung'*) definiert. Bei dem eingesetzten Erhebungsinstrumentarium zur

Messung der Empathie-Dimensionen handelt es sich um eine von uns ins Deutsche übersetzte Version des Erhebungsinstrumentariums von Davis (1980). Das Ausmaß von Empathie zu erfassen war uns besonders wichtig, da in der Burnoutforschung (vgl. Kleiber & Enzmann, 1990) immer wieder betont wird, emotionale Belastung sei eine spezifische Quelle für Burnout. Insofern war es naheliegend anzunehmen, daß gerade solche Personen eine höhere Vulnerabilität für Burnout besitzen, die ein vergleichsweise höheres Maß am empathischer Einfühlung aufweisen. Inwiefern also der Kontakt mit Patienten bzw. Klienten *tatsächlich* zur Beanspruchung wird, dürfte — so wird angenommen — davon abhängen, wie sehr die betreffende Person dazu neigt, empathisch zu reagieren.

Als *abhängige Variablen* wurden mehrere Belastungsreaktionen bzw. -dimensionen erhoben. Die *zentrale* abhängige Variable unserer Untersuchung ist das individuelle *Ausmaß von Burnout,* das mit einer von uns übersetzten Fassung des *MAS-LACH-BURNOUT-INVENTORY* (MBI) (Maslach & Jackson, 1986) erhoben wurde. Der MBI dürfte das gegenwärtig wohl verbreitetste und auch am besten geprüfte Instrumentarium zur Erfassung von Burnout sein. Er differenziert drei faktoranalytisch extrahierte Aspekte von Burnout (vgl. Maslach & Jackson, 1984, S. 134; Enzmann & Kleiber, 1989, S. 31ff):

- *emotionale Erschöpfung* bezieht sich auf Gefühle, durch den Kontakt mit Klienten bzw. Patienten emotional überanstrengt zu sein und ausgelaugt zu werden;
- *reduziertes persönliches Wirksamkeitserleben* bezieht sich auf eine Abnahme des Gefühls an Kompetenz und das Anwachsen der Befürchtung, zu einer erfolgreichen Arbeit mit Menschen zunehmend weniger in der Lage zu sein;
- die Dimension der *Depersonalisierung* schließlich erfaßt das Ausmaß eines konflikthaft erlebten Gefühls, zunehmend weniger in der Lage zu sein, auf Klienten/Patienten angemessen eingehen zu können, und statt dessen abzustumpfen, gefühllos zu werden und die Betroffenen wie Objekte zu behandeln.

Der MBI wurde bereits in zahlreichen Studien und Untersuchungen zu Stress und Burnout eingesetzt (für einen Überblick vgl. Enzmann & Kleiber, 1989; Schaufeli, Enzmann & Girault, 1993) und validiert.

Als zusätzliche abhängige Variablen wurden das *Ausmaß psychosomatischer Beschwerden* mit einem Instrumentarium aus Zapf et al. (1983), das *Ausmaß von Rückzugsverhalten* (withdrawal) mit einem eigens entwickelten und in Voruntersuchungen getesteten Erhebungsinstrumentarium gemessen. Schließlich wurde auch das *Ausmaß an Identifikation mit der Einrichtung* (Commitment) mit einer von uns übersetzten Fassung des *Organizational Commitment Questionnaires* (OCQ) von Mowday, Steers und Porter (1979) erhoben. Unter "Organizational Commitment" wird das Engagement bzw. das Gefühl der Verpflichtung gegenüber der Einrichtung, in der man arbeitet, verstanden. Es kann angenommen werden, daß die so gemessene Identifikation und Involviertheit verwandt ist mit globaler Arbeitszufriedenheit und daß sie durch drei Bestimmungsstücke zu kennzeichnen ist:

1. einen starken Glauben an die Einrichtung/Organisation und die Akzeptanz der Ziele und Werte der Einrichtung
2. durch den Willen, für die Einrichtung bereit zu sein, auch große Mühen auf sich zu nehmen und schließlich
3. durch den Wunsch, noch länger in der Einrichtung zu verbleiben.

Alle eingesetzten Skalen wurden im Rahmen von Voruntersuchungen gründlich getestet und auf ihre Skalenqualität geprüft. Sie erreichen durchgängig sehr gute bis zufriedenstellende Kennwerte (vgl. Kleiber, Gusy & Enzmann, 1992; Kleiber, Gusy, Enzmann & Beerlage, 1992).

3. Stichprobenbeschreibung

Insgesamt wurden 416 MitarbeiterInnen aus dem Drogenbereich und 1086 Personen aus den Bereichen Onkologie, Geriatrie sowie aus dem AIDS-Bereich (= Nicht-Drogen) befragt. Die "Drogen-MitarbeiterInnen-Stichprobe" dürfte ob der Einge-bundenheit in die AIDS-Forschung schwerpunktmäßig solche MitarbeiterInnen um-fassen, die mit i.v. Drogenabhängigen arbeiten. Insofern ist Repräsentativität für den Gesamtbereich der Suchthilfe nicht beansprucht — was allerdings die Aussage-kraft der Zusammenhangsanalysen nicht beeinträchtigt. Vergleicht man beide Unter-suchungskollektive, so ergeben sich einige markante Unterschiede, die als berufs-feldtypische Merkmale interpretiert werden können (vgl. Tabelle 1). Im Drogenbe-reich ist ein ausgeglichenes Verhältnis von Männern und Frauen unter den Beschäf-tigten zu registrieren (Frauenanteil = 51,8%), was eher ungewöhnlich für den sonst weiblich dominierten Bereich der medizinischen und psychosozialen Versorgung sein dürfte. Die im Drogenbereich Tätigen fallen schließlich durch vergleichsweise geringere Berufserfahrung sowohl im psychosozialen Bereich als auch geringere Be-rufserfahrung im gegenwärtigen Arbeitsfeld auf. Auffällig ist ferner, daß der Anteil ABM-finanzierter Stellen mit 6,8% doppelt so hoch wie in den anderen untersuch-ten Bereichen ist und daß die Anzahl von befristeten Stellen mit 33,9% ebenfalls etwa 10% höher liegt als in den zum Vergleich herangezogenen Untersuchungsbe-reichen. Marginal dagegen ist der, wenn auch auf dem 5%-Signifikanzniveau noch signifikante Altersunterschied zwischen MitarbeiterInnen aus dem Drogenbereich und denen aus den anderen Bereichen. Während die bisher genannten Merkmale des Arbeitsfeldes auf *besonders schwierige Rahmenbedingungen der Drogenarbeit* verweisen, zeigt ein Vergleich anderer Aspekte ein etwas anderes Bild: So liegt im Drogenbereich der Anteil derjenigen, die an regelmäßigen Teamsitzungen teilneh-men, mit 88,4 % deutlich höher als in den anderen Bereichen; gleiches gilt für den Anteil derjenigen, die im letzten Jahr an Fortbildungen teilnehmen konnten. 70,6 % der von uns im Drogenbereich befragten MitarbeiterInnen arbeiten unter regelmäßi-ger Supervision mit einem monatlich durchschnittlichen Umfang von 3,5 Stunden. In den anderen untersuchten Bereichen erhielten dagegen nur 32,3 % regelmäßige Supervision. Vergleichsweise günstiger scheint die Situation der im Drogenbereich tätigen MitarbeiterInnen vordergründig (d.h. abgesehen von inhaltlich begründeten besonderen Versorgungsbedarf) auch in bezug auf die Klientenarbeit. Mit 19,4 Klienten pro Woche haben die im Drogenbereich Beschäftigten zwar immer noch sieben Klienten pro Woche mehr zu versorgen, als sie es idealerweise möchten, jedoch liegt die Vergleichszahl in den anderen untersuchten Bereichen mit 31,4 Klienten pro Woche drastisch höher.

Tabelle 1: Merkmale der Arbeitsfelder.

Variable	Nicht-Drogen (N = 1086)			Drogen (N = 416)			* = p < .05 ** = p < .01
	Mittelwert	StDev	%	Mittelwert	StDev	%	
Frauenanteil			70,6			51,8	**
Alter	36,4	8,3		35,2	6,6		*
Arbeitserfahrung im Bereich in Monaten	71,31	67,30		58,24	49,27		**
Arbeitserfahrung im psychosozialen Bereich in Monaten	120,07	92,00		101,15	72,74		**
regelmäßige Team-sitzungen			76,4			88,4	**
im letzten Jahr an Fortbildung teilge-nommen			77,7			84,7	**
Fortbildung (Tage im Jahr)	12,4	17,9		12,6	11,5		n.s.
regelmäßige Super-vision			32,3			70,6	**
Supervisionsstun-den pro Monat	3,6	3,0		3,5	1,8		n.s.
ehrenamtlich tätig			2,7			0,7	**
abm-finanziert			3,4			6,8	**
befristete Stelle			21,8			33,9	**
Anzahl Klienten pro Woche (Ist)	31,4	41,5		19,4	22,2		**
Anzahl Klienten pro Woche (Soll)	20,6	29,5		13,7	13,1		**

Spezifischere Aussagen auf die in den untersuchten Arbeitsfeldern typischerweise anzutreffenden *Belastungsmuster* ermöglicht eine vergleichende Betrachtung der Konfrontation mit *potentiellen Stressoren*: In Voruntersuchungen wurden mehrere Dimensionen faktoranalytisch extrahiert, die eine differenzierte Beschreibung der arbeitsfeldtypischen Beanspruchungsmuster erlauben. Zu differenzieren sind:

- *Zeitdruck* (Beispiel: so viel zu tun haben, daß einige Aufgaben vernachlässigt werden müssen / personelle Engpässe),
- *mangelnder Handlungsspielraum* (z.B. keine Möglichkeiten haben, zu bestimmen, wie Aufgaben erledigt werden sollen / bzw. bei wichtigen Entscheidungen übergangen werden),
- häufige *Interaktionen mit problematischen Klienten* (z.B. häufiger mit Klienten zu tun zu haben, die sich nicht an Abmachungen/Absprachen halten / häufiger mit Klienten zu tun zu haben, die den/die Befragte als Person zurückweisen),
- häufige *Konfrontation mit Tod und Sterben* (z.B. Häufigkeit, mit der betreute Klienten sterben / Häufigkeit der Notwendigkeit, Angehörigen den Tod eines Klienten mitzuteilen), sowie
- *mangelnde Rückmeldungen* (z.B. das Vermissen von Rückmeldungen durch Kollegen / der Eindruck, daß Außenstehende nicht erkennen, was eigentlich geleistet wird) und
- *Erfolgsunsicherheit* (z.B. das Ausmaß von Schwierigkeiten, Erfolgskriterien zu formulieren / niemand kann entscheiden, ob die Arbeit gut oder schlecht ausgeführt worden ist).

Abbildung 1 ermöglicht einen Vergleich der Arbeitsfelder hinsichtlich der oben beschriebenen Dimensionen. Dabei wird deutlich, daß die KollegInnen aus dem Drogenbereich vergleichsweise *häufiger problembelastete Interaktionen mit Klienten* zu bewältigen haben und daß sie vergleichsweise stärkere *Schwierigkeiten bei der Definition von Erfolgskriterien* der eigenen Arbeit haben. So verwundert es nicht, daß die KollegInnen aus dem Drogenbereich auch einen durchschnittlich hohen Mangel an Feedback beklagen. Der *Handlungsspielraum*, d.h. also die Möglichkeit, zu entscheiden, wie eine Aufgabe angegangen und erledigt werden soll, scheint im Drogenbereich größer zu sein als in den anderen untersuchten Arbeitsfeldern. Ein besonders relevanter Stressor dürfte der *in allen Bereichen erlebte hohe Zeitdruck* sein, infolge dessen die MitarbeiterInnen täglich so viel zu tun haben, daß sie immer wieder Aufgaben vernachlässigen müssen. Abbildung 2 (Zeitdruck) beschreibt das Ausmaß von erlebtem Zeitdruck in den untersuchten Arbeitsfeldern. Dabei wird deutlich, daß die Streuung der Häufigkeit des Zeitdruckerlebens unter den KollegInnen *außerhalb* des Drogenbereiches offenbar größer ist. Die Extreme (nie/fast nie bzw. täglich/fast täglich) sind im Drogenbereich weniger besetzt als in den anderen Untersuchungsfeldern.

Bereits theoretisch ist im Rahmen eines Stress-/Bewältigungsmodelles davon auszugehen, daß Stressoren nur dann, aber insbesondere dann zu Belastungsreaktionen (wie einem erhöhtem Ausmaß an Burnout, psychosomatischen Beschwerden, aber auch der Tendenz, aus dem Job auszusteigen [withdrawal] und zu reduziertem

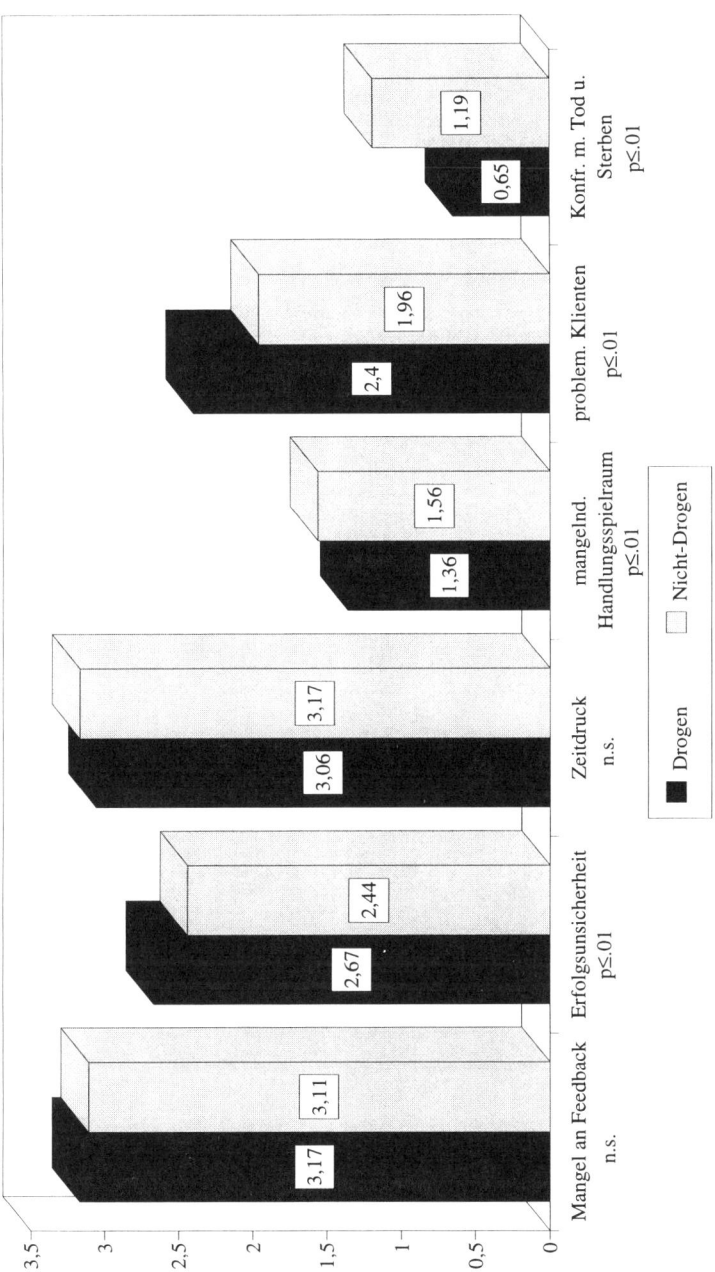

Abbildung 1: Stressoren in verschiedenen Arbeitsfeldern.

Commitment mit den Trägereinrichtungen) führen, wenn individuelle Ressourcen
(z.B. Bewältigungskompetenzen) fehlen oder eine Bereitschaft vorliegt, Belastungen
und Schwierigkeiten stärker wahrzunehmen. Letzteres wäre etwa als Folge stark
ausgeprägter identifikatorischer Empathie (Personal Distress, Empathic Concern,
Perspective Taking und Fantasy) anzunehmen. Auch werden Belastungsreaktionen
wahrscheinlicher, wenn es an sozialen und institutionell bereitgestellten Ressourcen
(Weiterbildungsmöglichkeiten, Supervision, Personalausstattung) mangelt und somit
eine Kompensation von Anforderungen nicht möglich wird. In Abbildung 1 war bereits deutlich geworden, daß den KollegInnen aus dem Drogenbereich bei einer von
den Aufgabenstellungen her vermutlich schwierigeren Situation vergleichsweise bes-
sere Kompensationsmöglichkeiten als KollegInnen aus anderen Arbeitsfeldern zur
Verfügung stehen. Häufigere Teamsitzungen, eine regelmäßigere Teilnahme an
Fortbildungen, regelmäßige Supervision, und ein vergleichbar geringeres Soll an
Klienten kennzeichnen die Arbeit im Drogenbereich. Keine Unterschiede in den Ar-

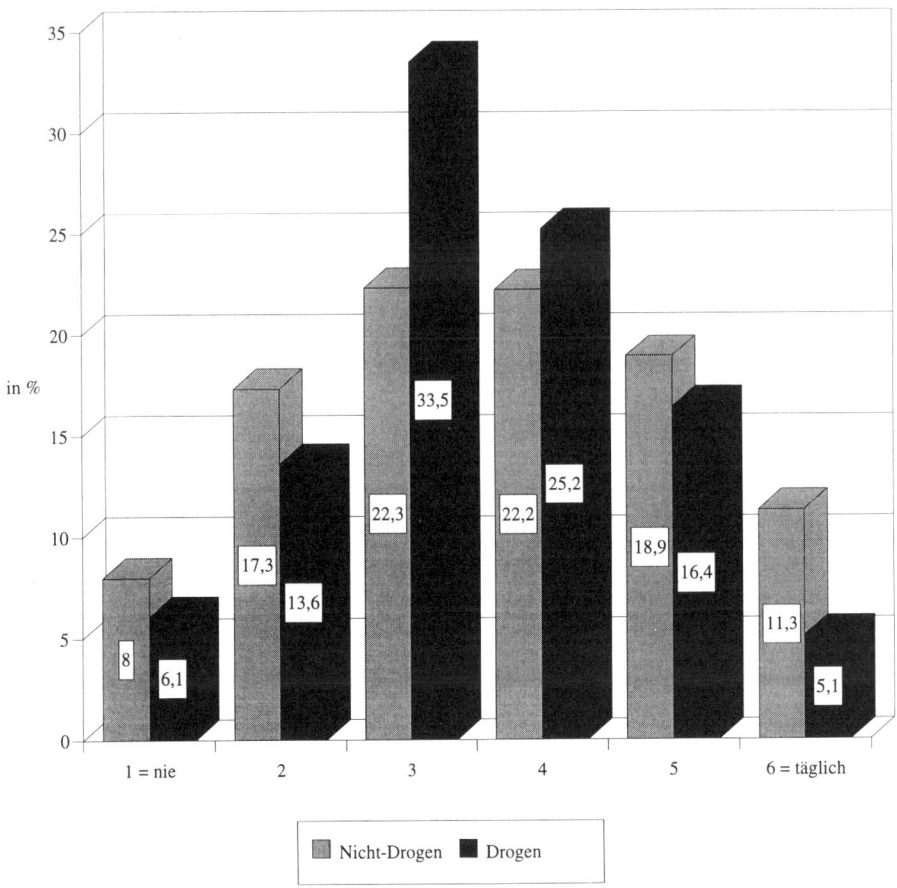

Abbildung 2: Zeitdruck.

beitsfeldern fanden wir jedoch hinsichtlich des Ausmaßes an erlebter *sozialer Unterstützung*. Dies galt sowohl für die Unterstützung durch Vorgesetzte als auch für die durch Kollegen. In allen Bereichen gilt allerdings, daß die Unterstützung durch Vorgesetzte offenbar deutlich geringer wahrgenommen wird als die durch ArbeitskollegInnen (vgl. Abbildung 3).

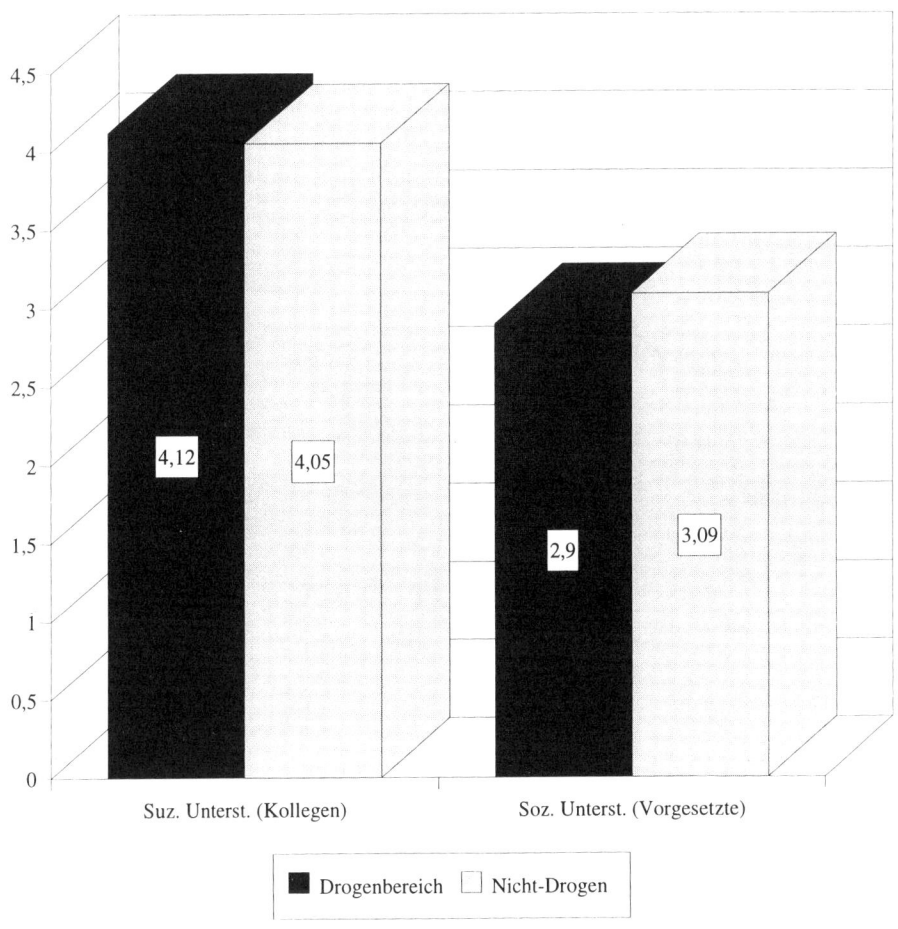

Abbildung 3: Soziale Unterstützung in verschiedenen Arbeitsfeldern.

Betrachtet man das Ausmaß wahrgenommener sozialer Unterstützung im Einzelnen (vgl. Abbildung 4 und 5) so wird deutlich, daß insgesamt nur eine Minderheit viel zu wenig oder gar keine Unterstützung durch *Kollegen* beklagt, während der Wunsch nach stärkerer sozialer Unterstützung durch *Vorgesetzte* in allen Arbeitsfeldern deutlich ausgeprägt ist. Im Drogenbereich bemängelt ein Drittel aller MitarbeiterInnen, viel zu wenig bzw. gar keine Unterstützung durch Vorgesetzte zu erhalten. Sie unterscheiden sich diesbezüglich aber kaum von KollegInnen in anderen

Arbeitsfeldern der medizinischen und psychosozialen Versorgung. Analog festzuhalten, daß etwa 20% der in allen Bereichen befragten MitarbeiterInnen einen
Mangel an Feedback beklagen. Dies dürfte insofern bedeutsam sein, als soziale
Unterstützung in der Arbeit und im Privatleben ein wichtiger Puffer gegen die Auswirkungen chronischen Stresses und bei der Bewältigung von Belastungen, die in
der Arbeit entstehen, sein dürfte.

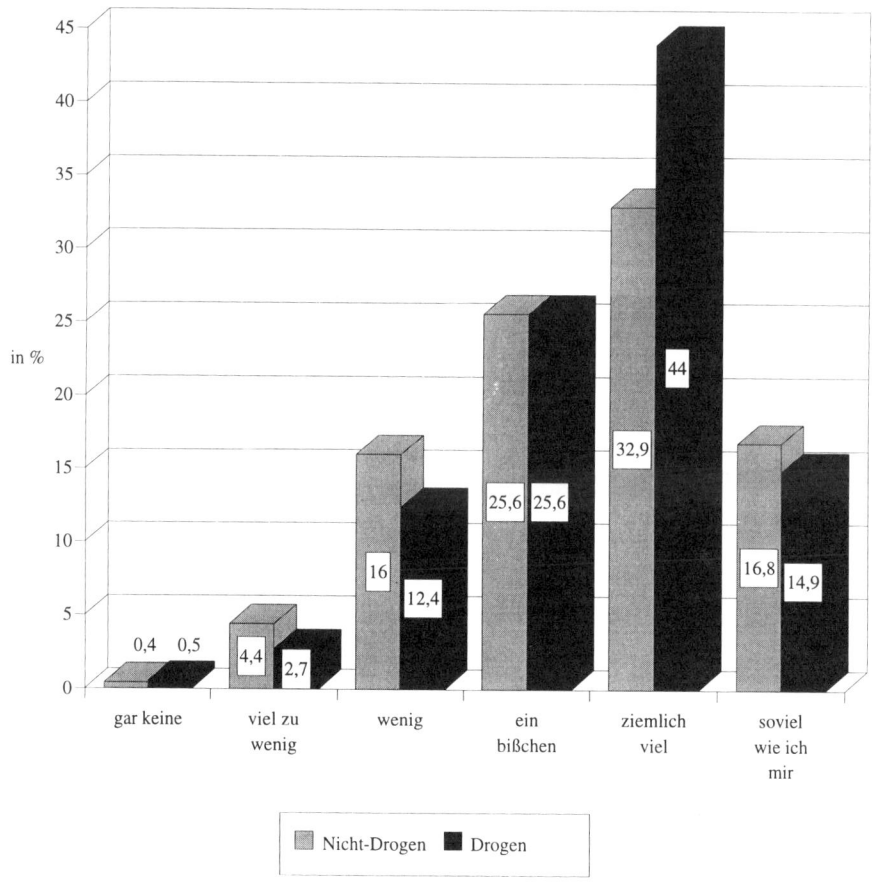

**Abbildung 4: Soziale Unterstützung durch Kollegen (von "gar keine" bis "soviel
ich mir wünsche").**

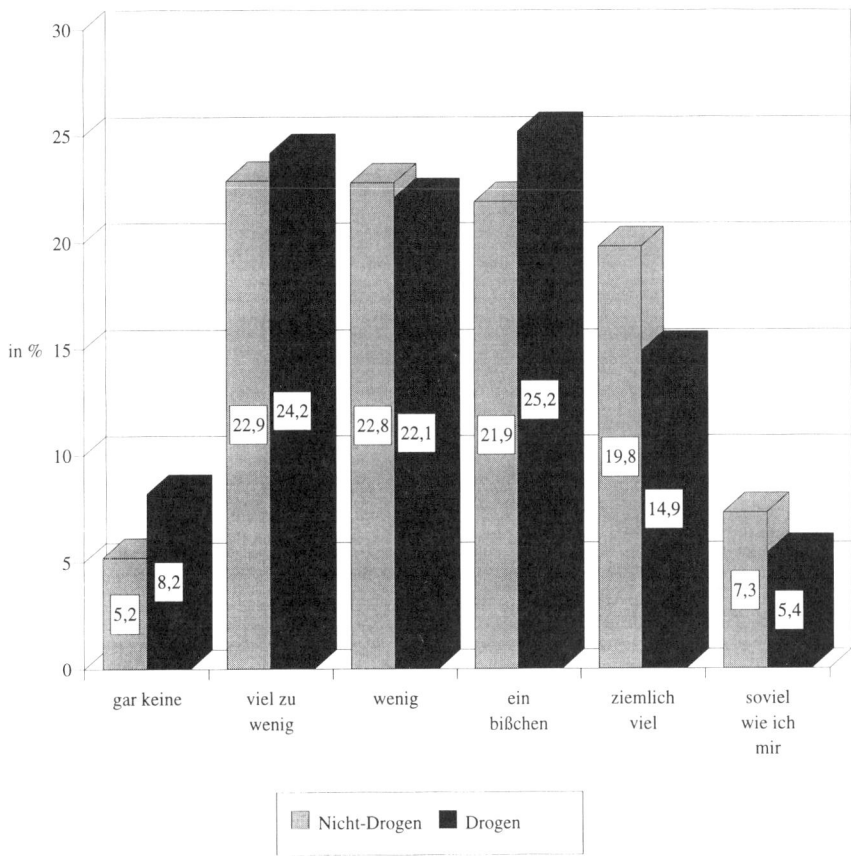

Abbildung 5: Soziale Unterstützung durch Vorgesetzte (von "gar keine" bis "soviel ich mir wünsche")

4. Arbeitsbelastungen und Bestätigung durch die Arbeit

"Wie sehr fühlen Sie sich durch Ihre Arbeit *z. Zt.* insgesamt belastet?" war eine Frage, die wir allen TeilnehmerInnen unserer Untersuchung gestellt haben und die anhand einer Skala mit den Vorgaben: "gar nicht" (1); "sehr gering" (2); "(zu) gering" (3); "etwas" (4); "ziemlich" (5); "sehr stark" (6) eingeschätzt werden sollte. Mit einem Mittelwert von 4,5 im Drogenbereich und 4,3 im Vergleichsbereich (Nicht-Drogen) war zwar ein auf dem 1%-Signifikanzniveau signifikanter Unterschied der Gesamtbelastung zulasten der Drogengruppe (vgl. auch Abbildung 8) festzustellen, dennoch ist aber *in allen Bereichen ein durchschnittlich hohes subjektives Belastungsniveau* festzustellen. Dies äußert sich, wie Abbildung 6 (sub-

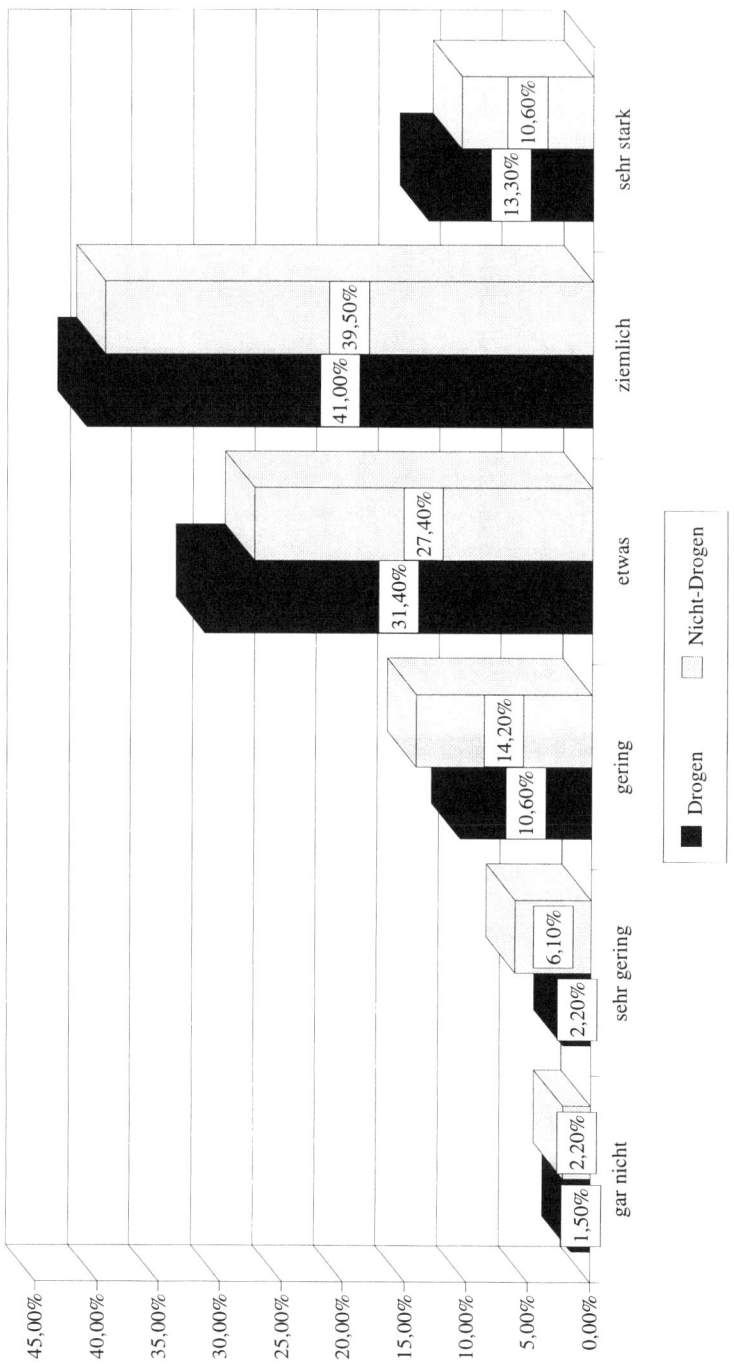

Abbildung 6: Subjektive Gesamtbelastung in der Arbeit.

jektive Gesamtbelastung) zeigt, dahingehend, daß sich aus dem Drogenbereich mehr als 54% der MitarbeiterInnen als ziemlich bzw. sehr stark belastet einschätzen. Zum gleichen Urteil kamen auch 50% der KollegInnen aus den anderen Arbeitsbereichen. Das registrierbare hohe Ausmaß an subjektiver Belastetheit relativiert sich ein wenig, wenn - wie in unserer Untersuchung geschehen - nach dem Ausmaß der Belastung durch die *Arbeit mit Klienten,* die *Arbeit im Team* oder durch *Verwaltungsarbeit* gefragt wird. Durch die Klientenarbeit fühlten sich vergleichsweise weniger MitarbeiterInnen aus allen Bereichen ziemlich oder sehr stark belastet (Drogenbereich: 30,5%; Nicht-Drogen-Bereich: 28,1%). Teamarbeit empfanden immerhin ca. ein Viertel der MitarbeiterInnen aus dem Drogenbereich und etwa jeder Fünfte aus den übrigen Bereichen als ziemlich oder sehr stark belastend. Die vergleichsweise höchsten Werte zeigten sich bei der Belastung durch Verwaltungsarbeit, die von gut einem Drittel der MitarbeiterInnen aus dem Drogenbereich und knapp 40% der KollegInnen aus den anderen Bereichen als ziemlich oder sehr stark belastend erlebt wird. Doch auch dieses Bild relativiert sich weiter, wenn nicht allein die subjektiv wahrgenommene *Belastungs*seite registriert wird, sondern zusätzlich in den Blick gerät, wie weit man sich durch die entsprechenden Anforderungen auch positiv bestätigt fühlt, d. h., wie sehr also die Arbeit auch als Herausforderung, als Quelle für Bestätigung und für Wirksamkeitserleben wahrgenommen wird. Die entsprechenden Vergleichswerte für das aus dem Drogenbereich stammende Untersuchungskollektiv zeigen (wie auch in den anderen untersuchten Arbeitsfeldern), daß die Bilanz von Belastungen und Bestätigungen durch Klienten- und Teamarbeit jeweils positiv ausfällt und nur hinsichtlich der Verwaltungsarbeiten eine negative Bilanz insofern festzustellen ist, als Verwaltungsarbeiten zwar als belastend, nicht jedoch gleichzeitig als potentielle Quelle für Bestätigung wahrgenommen werden. Klientenbezogene Arbeit dagegen birgt, auch wenn sie im Einzelfall hoch belastende Teilaspekte mit sich bringt (z.B. durch die Konfrontation mit Tod und Sterben, die Konfrontation mit einem hoch stigmatisierten Klientel) - offensichtlich noch beträchtliche Chancen, subjektive Bestätigung zu erhalten. Klientenbezogene Arbeit und Teamarbeit bergen zumindest auch Optionen auf ein Gefühl, etwas Bedeutsames getan zu haben, sich herausgefordert zu fühlen und Anerkennung für geleistete Arbeit zu bekommen.

5. Burnout, Rückzugsverhalten, Commitment und psychosomatische Beschwerden

Was sich in bezug auf die Einzelaspekte des subjektiven Belastungserlebens zeigte, scheinen die Ergebnisse zu bestätigen, die mit dem *Maslach-Burnout-Inventory* (MBI) erhoben wurden. Etwa jeweils ein Viertel aller MitarbeiterInnen weisen - gemessen an den in den USA von Maslach und Jackson (1986) angegebenen Standardwerten - *hohe Werte* für emotionale Erschöpfung, subjektiv reduziertes Wirksamkeitserleben und die selbstwahrgenommene Tendenz zu einem dehumanisierten Umgang mit der Klientel (Depersonalisierung) auf. Ein Vergleich der untersuchten

Populationen (vgl. Abbildung 7) hinsichtlich der mittleren Ausprägung der drei Dimensionen von Burnout zeigt durchgängig eine höhere Belastetheit der KollegInnen aus dem Drogenbereich.

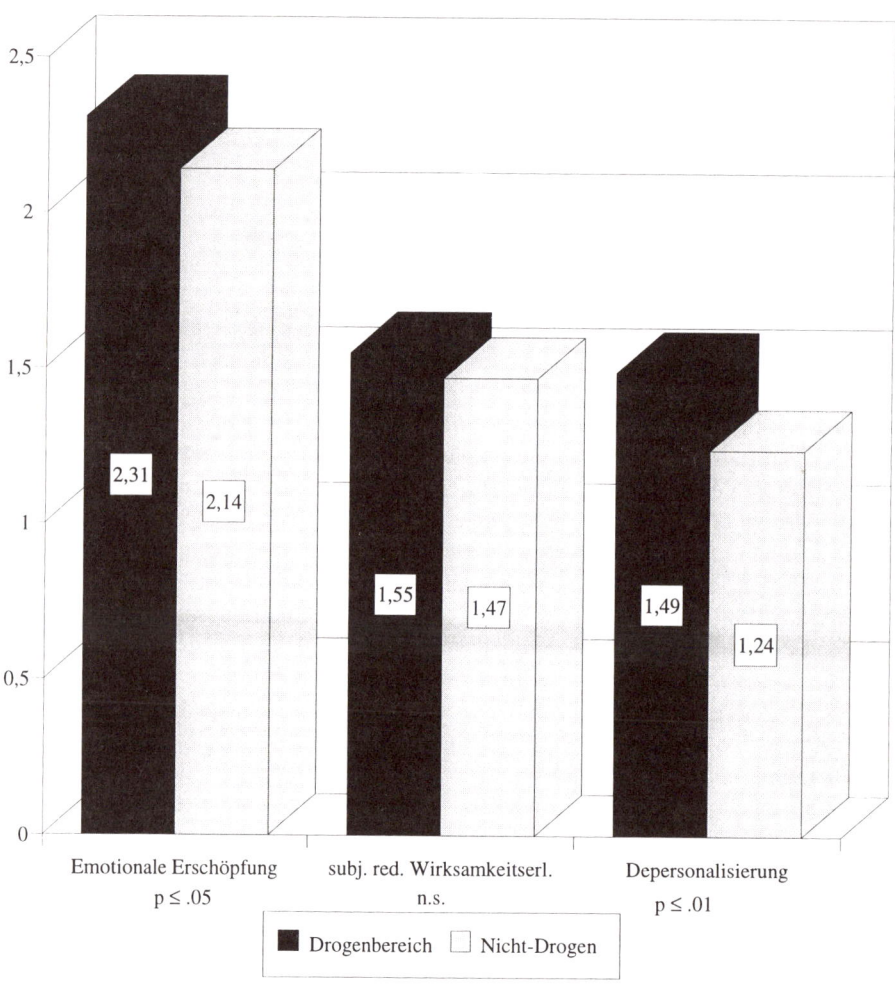

Abbildung 7: Dimensionen von Burnout.

In bezug auf das Kriterium Depersonalisierung fanden sich signifikante Unterschiede zwischen den Untersuchungspopulationen ($p < .01$); für emotionale Erschöpfung war der Unterschied der Populationen weniger deutlich ($p < .05$) und hinsichtlich des Kriteriums subjektiv reduziertes Wirksamkeitserleben wurden die Unterschiede zwischen den Vergleichspopulationen nicht mehr signifikant. Dies steht z.T. in Übereinstimmung mit den Ergebnissen, die bei einem Vergleich der Arbeitsfelder AIDS, Onkologie und Geriatrie gefunden wurden (vgl. Kleiber, Enzmann & Gusy, 1993): In bezug auf die zentralen Burnoutmaße ergaben sich dort keinerlei statistisch bedeutsame Unterschiede in bezug auf das Ausmaß emotionaler Erschöpfung, reduzierter persönlicher Leistungsfähigkeit oder dem Ausmaß der Depersonalisierung. Keine Unterschiede ergab auch ein Vergleich des Ausmaßes berichteter psychosomatischer Beschwerden oder des Ausmaßes subjektiver Identifikation mit der Einrichtung in den drei Arbeitsbereichen. Daß sich im Drogenbereich signifikant *höhere* Werte für Depersonalisierung und für emotionale Erschöpfung fanden, ist eine Besonderheit dieses Bereiches, die eine vergleichsweise stärkere Belastungsreaktion bei den MitarbeiterInnen aus dem Drogenbereich indiziert.

Analog war auch das durchschnittliche Ausmaß von *withdrawal,* also der Tendenz, sich von Klienten und von der Arbeit zurückziehen zu wollen, im Drogenbereich signifikant stärker ausgeprägt als in den zum Vergleich herangezogenen Arbeitsfeldern. Das durchschnittliche Ausmaß von *Commitment* hingegen, also das Maß für die Identifikation mit der Einrichtung, war dennoch im Drogenbereich etwas höher (vgl. Abbildung 8).

Psychosomatische Beschwerden wurden mit Hilfe eines von Zapf et al. (1983) entwickelten Instrumentes erfaßt. Dabei soll die Beschreibung der Selbstwahrnehmung des körperlichen Zustandes, die jeder Befragte an sich selbst feststellen soll, erfaßt werden, und es wird davon ausgegangen, daß diese erfahrenen körperlichen Beschwerden bedeutsam auch für das psychische Befinden sind (vgl. Zapf et al., 1983, S. 176). Bei der Skala "Psychosomatische Beschwerden" handelt es sich um eine Likert-Skala mit 20 positiv formulierten Items, zu denen die Befragten anhand eines 'Antwortformates' von *1 = "nie oder fast nie"* bis *5 = "fast immer"* Stellung nehmen sollten. In einer Hauptkomponentenanalyse mit anschließender schiefwinkliger Rotation ließen sich in Vorstudien vier Faktoren extrahieren, die insgesamt 51,6% der gemeinsamen Varianz erklärten. Inhaltlich erfassen diese Faktoren "Ermüdung/ Erschöpfung" (=Faktor 1), "Magen/Darm-Probleme" (=Faktor 2), "Herz/Kreislauf-Probleme" (=Faktor 3) und "Verspannungen" (=Faktor 4). Die interne Konsistenz der Gesamtskala war mit einem Cronbach Alpha von .83 im Rahmen der ABBA-Studie zufriedenstellend. Um der Anschaulichkeit der Ergebnisdarstellung willen dokumentiert Abbildung 9 *auf Itemebene* die prozentualen Stichprobenanteile derjenigen, die die verschiedene Einzelsymptome alle paar Tage oder täglich erleben.

Auffällig ist das *nahezu identische Verteilungsmuster der Beschwerdehäufigkeit* in den zum Vergleich gegenübergestellten Arbeitsbereichen. Im Vordergrund stehen Ermüdungs-/Erschöpfungssymptome, Rückenschmerzen, eine Aufgeregtheit am ganzen Körper, nervöse Symptome, Nackenschmerzen und eine selbstwahrgenommene Verkrampfung des gesamten Körpers. Auffällig ist ferner die konsistent niedrigere Prävalenz fast aller psychosomatischen Symptome bei den KollegInnen im Drogenbereich. Im Drogenbereich Tätige, so hat es den Anschein, reagieren direkter und somatisieren vergleichsweise weniger als ihre KollegInnen in anderen Arbeitsfeldern. Gleichwohl sind die darstellbaren Unterschiede nicht stark ausgeprägt und insgesamt ist festzustellen, daß nervöse Symptome und Aspekte muskulärer Verspannung durch Stress sowie Erschöpfungssymptome im Vordergrund stehen und

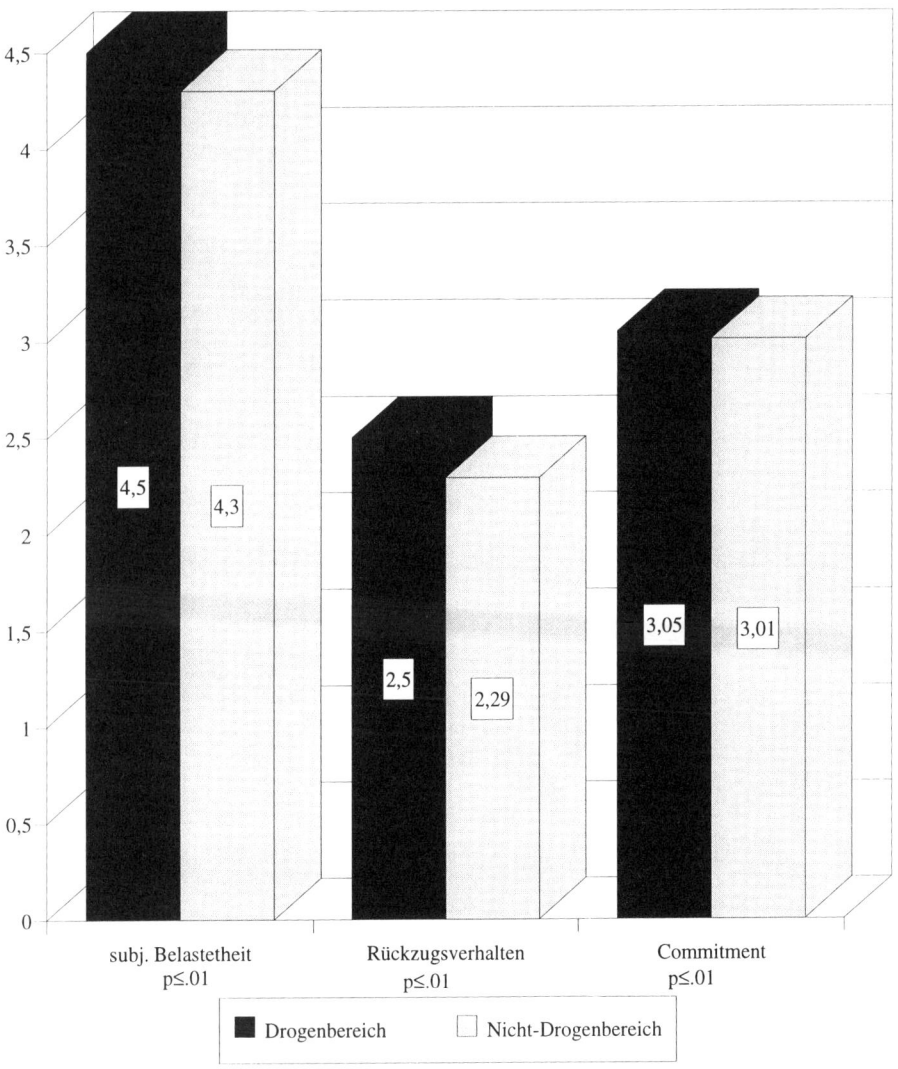

Abbildung 8: Subjektive Gesamtbelastung, Rückzugsverhalten und Organizational Commitment.

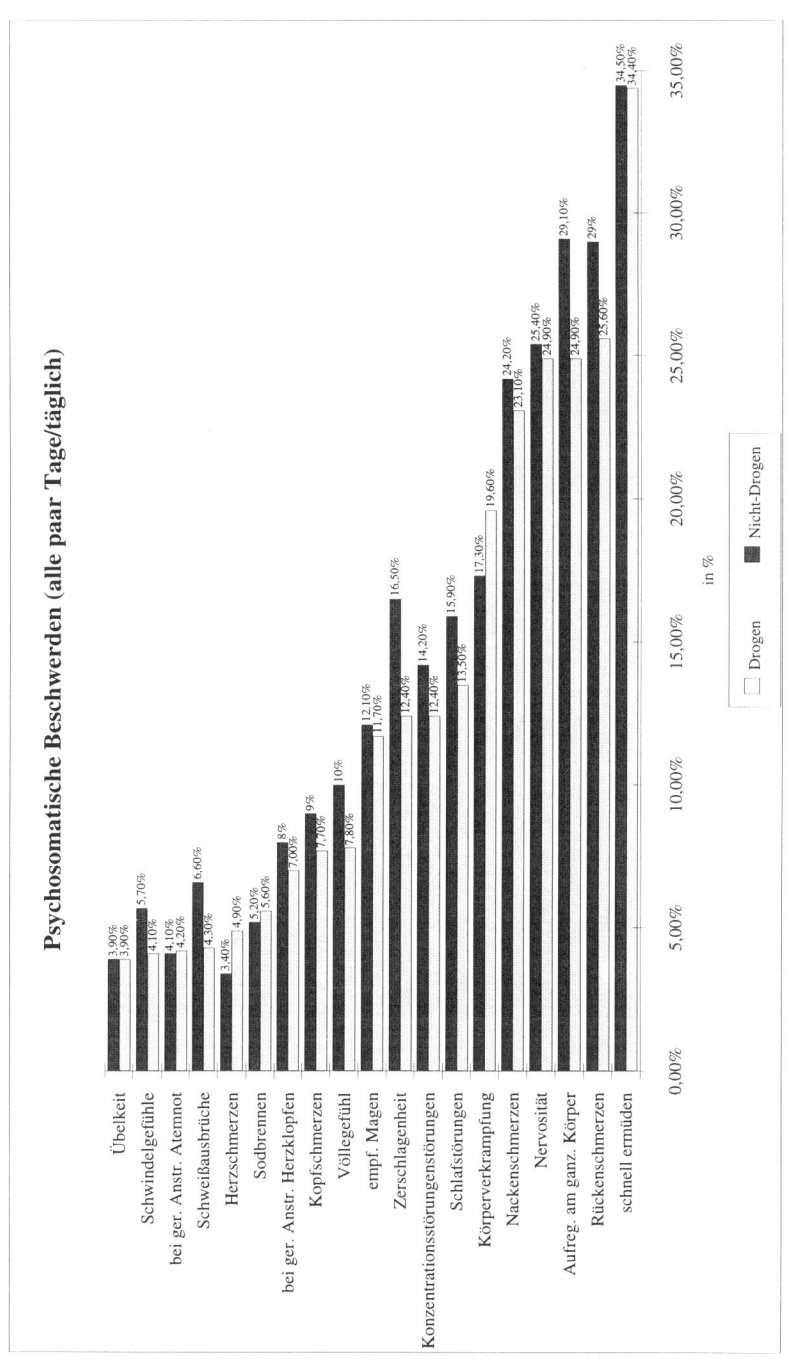

Abbildung 9: Psychosomatische Beschwerden.

generell etwa ein Fünftel bis zu einem Drittel der Population diese mehrfach wöchentlich bzw. täglich als beeinträchtigend erlebt. Insgesamt kann durchaus von einer hohen Belastung der Untersuchungspopulation durch psychosomatische Beschwerden ausgegangen werden.

6. Zusammenhangsanalysen

Für die Entwicklung von Präventions- und Interventionsmaßnahmen werden idealerweise Informationen benötigt, die auf der Basis von *Längsschnittanalysen* gewonnen wurden und den kausalen Einfluß von Stressoren, Personenvariablen und Ressourcen auf die Entwicklung der o.g. abhängigen Variablen (Burnout, withdrawal, commitment, psychosomatische Beschwerden) sichtbar werden lassen. Erste Analysen dieser Art hat unsere Arbeitsgruppe für den Gesamtbereich AIDS, Onkologie und Geriatrie im Rahmen der ABBA-Studie vorgelegt (vgl. Kleiber, Enzmann & Gusy, 1993). Dabei wurde geprüft, ob und in welchem Umfang zu t_2 auftretende emotionale Erschöpfung, Depersonalisierung und reduziertes Wirksamkeitserleben von Beschäftigten entweder durch zu t_1 berichtete Aspekte klientenbezogenen Stresses (Häufigkeit der Interaktion mit problematischen Klienten und Häufigkeit der Konfrontation mit Tod und Sterben) oder aber durch zu t_1 berichtete "klassische" Arbeitsstressoren wie Zeitdruck und mangelnden Handlungsspielraum vorhergesagt werden können. Zwar konnte mit beiden Modellen (A: klientenbezogener Stress und B: arbeitsbezogener Stress) ein substantieller Anteil der Varianz erklärt werden, doch schien Modell B "arbeitsbezogener Stress" angemessener zu sein: Es klärte zum einen mehr Varianz auf, zum anderen konnten die in das Modell "klientenbezogener Stress" als Prädiktoren für Burnout eingehenden "Probleme in der Interaktion mit Klienten" — wie weitere Modellrechnungen zeigten — selbst recht gut durch das Ausmaß von *Zeitdruck,* mangelnden *Handlungsspielraum* und durch die *mit Klientenkontakten verbrachte Arbeitszeit* vorhergesagt werden. Für den Drogenbereich sollen hier als erste Annäherung an eine später zu leistende Kausalanalyse die korrelativen Zusammenhänge von arbeitsbezogenen Anforderungen/Stressoren und Belastungsreaktionen dargestellt und diskutiert werden. Die in Tabelle 2 dargestellte Korrelationsmatrix zeigt, daß die Burnoutdimensionen *emotionale Erschöpfung, reduzierte Leistungsfähigkeit und Depersonalisierung* z. T. beträchtlich mit den arbeitsbedingten Stressoren, z. B. mit dem empfundenen Mangel an Feedback und der Einschätzung, eine Arbeit zu haben, bei der man eigentlich nie richtig Erfolg hat (Erfolgsunsicherheit), korrelieren. Das Risiko, Klienten wie Objekte zu behandeln (Depersonalisierung), korreliert mit .52 ($p \leq .01$) mit den Faktorscores des Faktors *Interaktionshäufigkeit mit problematischen Klienten.* "Depersonalisiert" erleben sich vor allem solche Menschen, die häufiger mit Klienten umgehen müssen, die ihre Hilfe nicht wollen, die mit Klienten konfrontiert sind, die sich nicht an Abmachungen halten, die häufiger Fragen stellen, die nicht beantwortbar erscheinen und ähnliches. Das Risiko, einen dehumanisierten Umgang mit der Klientel zu entwickeln, steht auch in Zusammenhang mit dem Ausmaß erlebten Zeitdruk-

Tabelle 2: Korrelationsmatrix: Stressoren und Ressourcen mit Burnoutdimensionen, Commitment, Withdrawl und dem Ausmaß psychosomatischer Beschwerden.

	Emotionale Erschöpfung	reduzierte Leistungsfähigkeit	Depersonalisation	Commitment	Withdrawl	Ermüdung	Magenbeschwerden	Herz-/Kreislaufbeschwerden	muskuläre Verspannungen
Zeitdruck		.06	.33**	.03	.03	.34**	.22**	.16**	.21**
mangelnder Handlungsspielraum	.41**	.14**	.28**	-.35	.12*	.34**	.20**	.26**	.21**
schwierige Klienten	.43**	.16**	.52**	-.15	.25**	.30**	.17**	.15**	.21**
Belastung durch Tod und Sterben	.13***	.07	.04	.08	-.13**	.09**	.09	.02	.08
Mangel an Feedback	.27**	.22**	.19**	-.39**	.29**	.28**	.13*	.20**	.18**
Erfolgsunsicherheit	.28**	.50**	.25**	-.23**	.28**	.30**	.16*	.19**	.25**
Soziale Unterstützung durch Vorgesetzte	-.15**	-.10*	-.12*	.39**	-.09	-.14**	.03	-.08	-.08
Soziale Unterstützung durch Kollegen	-.15***	-.20**	-.09	.36**	-.15**	-.17**	-.07	-.14**	-.15**
Alter	-.17*	-.25**	-.12	.04	-.10	-.25**	-.21**	-.00	-.15

kes (r = .33; p < .01) und der Wahrnehmung eines eingeengten Handlungsspielraumes: "Ich stelle fest, daß man mich in meiner Arbeit kontrolliert und überwacht.", "Ich habe keinen Einfluß darauf, welche Arbeit mir zugeteilt wird.", "Ich habe Konflikte mit Vorgesetzten." (r = .28; p < .01). Mangelnder Handlungsspielraum und die Häufigkeit des Umganges mit schwierigen Klienten korreliert auch mit dem Ausmaß empfundener emotionaler Erschöpfung (r = .41, p < .01; r = .43, p < .01) und in geringerem Umfang mit der Dimension reduzierte Leistungsfähigkeit. Erwartet hatten wir, daß die Häufigkeit der Belastetheit durch Tod und Sterben das Risiko auszubrennen nachhaltig beeinflußt. Dieses scheint nicht oder nur unwesentlich der Fall zu sein. Es fanden sich nahezu Nullkorrelationen zum Faktor Depersonalisierung und reduzierte Leistungsfähigkeit und sogar negative Korrelationen mit der Dimension *withdrawal,* also mit der Tendenz der Helfer, sich von der Arbeit mit Klienten und von der Arbeit allgemein zurückzuziehen. Wer häufiger mit Tod und Sterben konfrontiert ist, erlebt diese Erfahrung zwar immer wieder als belastend, gleichzeitig scheint aber die Konfrontation mit Tod und Sterben jedoch auch als Herausforderung, als Bestätigung, etwas Wichtiges zu tun, sowie als selbstwertstabilisierend wahrgenommen zu werden. Diese Vermutung wird durch die Tatsache gestützt, daß sich sogar ein signifikant negativer Zusammenhang mit dem Ausmaß an Rückzugsverhalten (withdrawal) ergab. Die Arbeitsstressoren Zeitdruck, mangelnder Handlungsspielraum und schwierige Klienten korrelieren im übrigen signifikant und z. T. beträchtlich mit den Einzeldimensionen der Skala "psychosomatische Beschwerden", insbesondere mit dem Ausmaß an wahrgenommener Erschöpfung/Ermüdung. Hochsignifikante Korrelationen mit den Dimensionen von Burnout mit psychosomatischen Beschwerden sowie mit withdrawal und Commitment fanden sich in bezug auf die Dimension Erfolgsunsicherheit in der Arbeit und in bezug auf das Ausmaß erlebten Mangels an Feedback. Wer häufiger das Gefühl hat, eine Arbeit zu haben, bei der Erfolg und Mißerfolg nicht klar operationalisierbar sind; wer eine Arbeit hat, bei der man nicht weiß, was sie wirklich bewirkt; wer häufiger das Gefühl hat, daß unabhängig von der eigenen Arbeit darüber entschieden wird, ob die Klienten Fortschritte machen oder nicht, entwickelt offenbar ein höheres Risiko, sich selbst als weniger leistungsfähig zu erleben, spürt, daß er/sie zunehmend weniger in der Lage ist, kompetent mit Klienten umzugehen und diese durch die eigene Arbeit positiv zu beeinflussen (Erfolgsunsicherheit korreliert mit reduzierter Leistungsfähigkeit; r = .50, p < .01). Soziale Unterstützung durch Vorgesetzte und Kollegen scheint dagegen ein Schutzfaktor/Puffer gegen Burnout zu sein. Dies signalisieren die, wenn auch zumeist niedrigen, aber dennoch überwiegend signifikanten negativen Korrelationen mit den Dimensionen von Burnout. Die höchsten Korrelationen fanden sich zwischen den Dimensionen soziale Unterstützung und dem Ausmaß an Commitment (r = .39, p < .01; r = .36, p < .01). Soziale Unterstützung scheint also insbesondere eine höhere Selbstverpflichtung mit den Zielen der eigenen Einrichtung zu bewirken.

  Die Tatsache schließlich, daß überwiegend negative Korrelationen zwischen den Dimensionen des Belastungserlebens und dem *Alter* der MitarbeiterInnen gefunden wurden, steht in gewisser Weise im Widerspruch zu der (zwischenzeitlich auch längsschnittlich gestützten) Hypothese von einem chronifizierenden Prozeß der

Burnoutentstehung. Burnout wird danach als Ergebnis eines maladaptiven beruflichen Sozialisationsprozesses interpretiert und als defensive Copingstrategie gedeutet. Die in dieser Studie auf der Basis von Querschnittsdaten gefundenen negativen Korrelationen zwischen den abhängigen Variablen und dem Lebensalter der Untersuchten scheinen eher auf einen *Selbstselektionsprozeß* hinzudeuten, wonach insbesondere diejenigen im Berufsfeld verbleiben, die Copingstrategien entwickelt haben, die sie vor Burnout schützen und die ihnen helfen, mit beruflichen Belastungen in einer Weise umzugehen, die sie vor emotionaler Erschöpfung, Depersonalisierung und subjektiv reduzierter Leistungsfähigkeit als Folge von Belastungen schützt.

In einem weiteren Schritt der Datenanalyse sollen zunächst die *drei Dimensionen von Burnout als Kriteriumsvariablen* in multiple Regressionsanalysen eingehen, bei denen als unabhängige Variablen jeweils Aspekte arbeitsbezogenen Stresses (Zeitdruck, mangelnder Handlungsspielraum, Probleme in der Interaktion mit Klienten, Ausmaß der Konfrontation mit Tod und Sterben), Merkmale der Arbeit (Ausmaß von Erfolgsunsicherheit, Ausmaß des Mangels an Feedback), Aspekte der sozialen Unterstützung durch Kollegen (a) und durch Vorgesetzte (b) sowie als personenbezogene Faktoren/Merkmale die Dimensionen der Empathieskala (emotionale Betroffenheit, persönliche Beanspruchung/Betroffenheit, Perspektivübernahme und Fantasy) eingehen.

Abbildung 10 zeigt, daß das Ausmaß emotionaler Erschöpfung offenbar am stärksten durch Zeitdruck in der Arbeit "verursacht" wird (ß=.36, p < .001). Einen relevanten Einfluß hatten auch andere arbeitsbezogene Aspekte, wie das Ausmaß an Erfolgsunsicherheit in der Arbeit (ß=.15, p < .001) sowie die Häufigkeit des Erlebens eines eingeschränkten Handlungsspielraumes (ß=.15, p < .01) und die Häufigkeit der Interaktion mit problematischen Klienten (ß=.12, p < .05). Schließlich hängt das Ausmaß emotionaler Erschöpfung auch von der Bereitschaft der MitarbeiterInnen ab, Mitgefühl und Betroffenheit gegenüber anderen zu empfinden und von der Bereitschaft, sich selbst durch das Leiden anderer emotional betroffen zu fühlen. Die genannten Einflußfaktoren erklären insgesamt 44% der Varianz von emotionaler Erschöpfung und können auch deshalb als substantiell bedeutsame Einflußfaktoren für die Entstehung der Burnoutdimension 'emotionale Erschöpfung' interpretiert werden.

Ein komplexeres Muster von Einflußfaktoren zeigt die multiple Regression für die abhängige Variable *reduzierte persönliche Leistungsfähigkeit* (vgl. Abbildung 11). Als zentraler Einflußfaktor wurde das Kriterium "Erfolgsunsicherheit" (ß = .42, p < .001) identifiziert. Durchgängig niedrige, aber signifikante Beta-Gewichte mit z. T. umgekehrten Vorzeichen zeigen die Dimensionen der Empathie, die als relevante Personenmerkmale offenbar zur Vorhersage der Burnoutdimension 'reduziertes persönliches Wirksamkeitserleben' recht gut geeignet sind (ggf. aber die Gefahr konfundierter Messungen beinhalten). Das Ausmaß 'reduzierter Leistungsfähigkeit' scheint besser durch Personenfaktoren als durch objektive Merkmale der Arbeit vorhersagbar zu sein — auch wenn der Einfluß von arbeitsbezogenen Stressoren (wie der hohe Einfluß der 'Erfolgsunsicherheit' auf das Wirksamkeitserleben zeigt) insgesamt nicht übersehen werden darf. Es spricht jedoch einiges dafür, daß die

unabhängige   Variablen

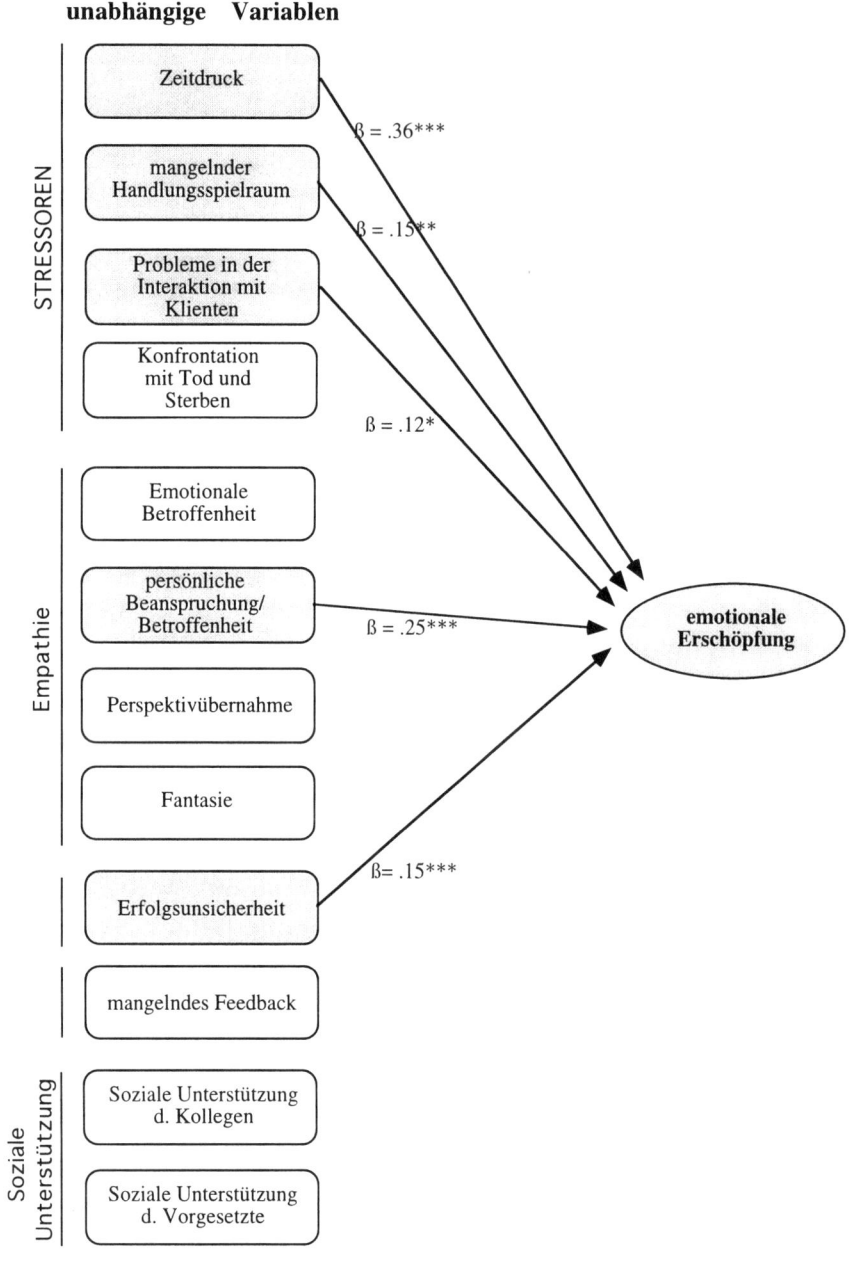

multiple Regression (stepwise): R^2 = .44   F = 55.1 ***

**Abbildung 10: Multiple Regression (stepwise) im Drogenbereich (N = 416)
Kriterium: Burnout (Emotionale Erschöpfung).**

unabhängige   Variablen

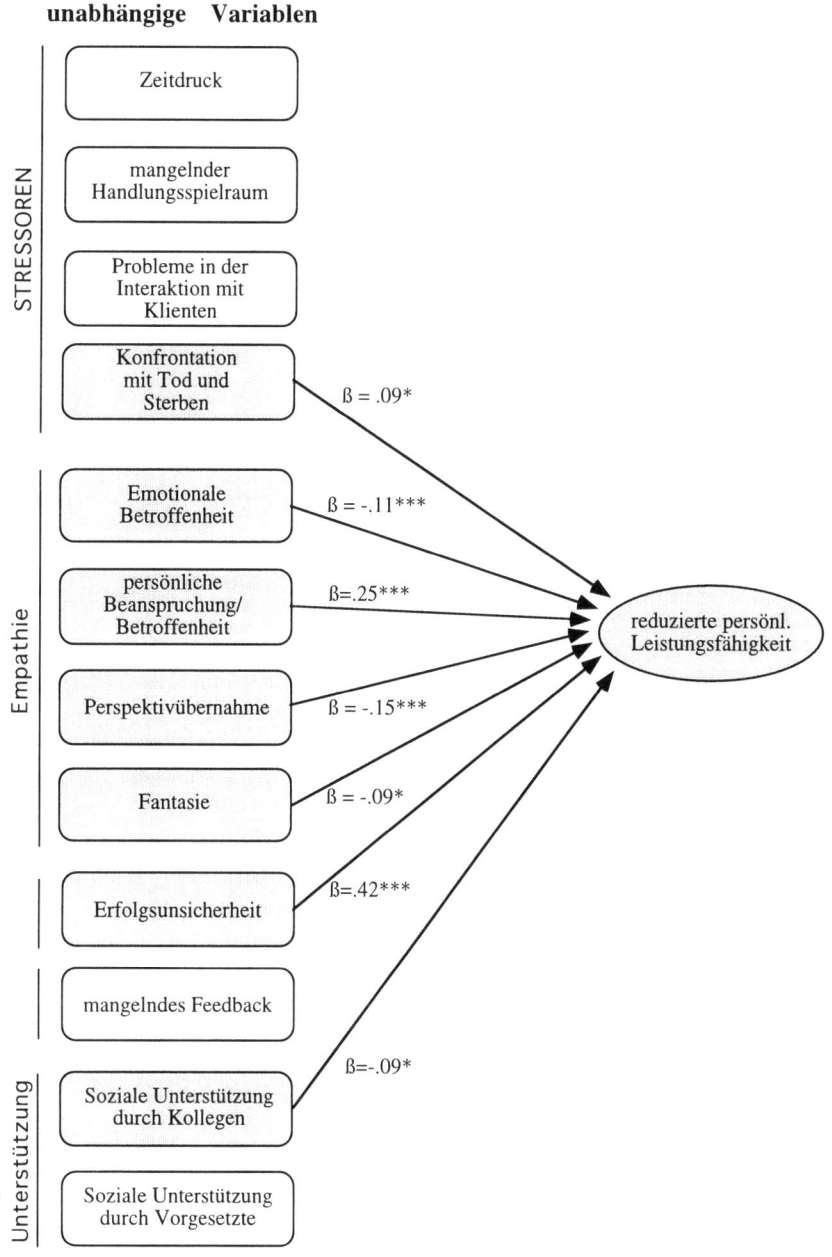

multiple Regression (stepwise): R^2 = .36   F = 28,06 ***

Abbildung 11: Multiple Regression (stipwise) im Drogenbereich (N = 416) Kriterium: Burnout (reduzierte persönliche Leistungsfähigkeit).

Burnoutdimension 'reduzierte persönliche Leistungsfähigkeit' selbst als Persönlichkeitsmerkmal interpretierbar ist.

Eine dritte multiple Regressionsanalyse wurde schließlich für das Kriterium *Depersonalisierung* (vgl. Abbildung 12) berechnet. Gefährdet erscheinen hier vor allem solche MitarbeiterInnen zu sein, die besonders *häufig mit problematischen Klienten* zu tun haben (ß = .44, p < .001). Hochsignifikante negative ß-Gewichte fanden sich für die Empathie-Dimensionen "emotionale Betroffenheit" und "persönliche Beanspruchung/Betroffenheit". Und schließlich hat auch das Ausmaß erlebter Erfolgsunsicherheit in der Berufsausübung einen statistisch signifikanten Einfluß (ß = .13, p < .05).

Fragt man nach den Prädiktoren für das *Ausmaß psychosomatischer Beschwerden* der MitarbeiterInnen im Drogenbereich (vgl. Abbildung 13), so sind mittels der multiplen Regressionsanalyse für dieses Kriterium 33% der Gesamtvarianz aufzuklären. Ein besonders hohes Betagewicht (ß = -.33, p ≤ .001) weist die Empathiedimension 'persönliche Beanspruchung/Betroffenheit' auf. Die Bereitschaft mit den Klienten emotional mitzuempfinden scheint das Risiko psychosomatischer Beschwerden zu senken. In relevantem Umfang scheint das Ausmaß psychosomatischer Beschwerden (Gesamtscore) aber auch durch *arbeitsbezogene Stressoren,* wie den erlebten Zeitdruck und eine erlebte Einengung der Handlungsspielräume, sowie durch das Ausmaß von 'Erfolgsunsicherheit im Beruf' vorhersagbar zu sein.

Zum Abschluß soll der Frage nachgegangen werden, welche Einflußfaktoren das Ausmaß der *Identifikation* (Commitment) der MitarbeiterInnen mit den Einrichtungen, in denen sie tätig sind, vorhersagbar machen. Es sind dies, wie Abbildung 14 für das Kriterium *Identifikation mit der Einrichtung* zeigt, wiederum vor allem *arbeitsbezogene Stressoren,* das Ausmaß von Feedback in der Arbeit sowie Aspekte der sozialen Unterstützung im Beruf durch Kollegen und Vorgesetzte, die als Prädiktoren für Commitment von Bedeutung sind. Nach der vorliegenden multiplen Regressionsanalyse kann erwartet werden, daß insbesondere diejenigen eine hohe Identifikation mit ihrer Einrichtung haben, denen ein großer Handlungsspielraum ermöglicht wird (ß = -.22, p < .001) und die vor allem Unterstützung durch ihre Vorgesetzte finden (ß = .21, p < .001). Erwartet werden kann schießlich, daß ein überdurchschnittliches Maß an Identifikation mit der Einrichtung erreicht wird, wenn der Zeitdruck in der Arbeit gesenkt, die Häufigkeit der Interaktion mit problematischen Klienten reduziert und das Ausmaß an Feedback in der Arbeit erhöht wird. Häufigere Konfrontation mit Tod und Sterben, also mit Grenzsituationen des Erlebens, braucht keineswegs gemieden zu werden, sondern scheint eher im Gegenteil die Identifikation mit der Einrichtung zu erhöhen. Aus den dargestellten regressionsanalytischen Ergebnissen ergibt sich ein Muster von Einflußfaktoren, die für die Burnoutprävention und -intervention bedeutsam sind.

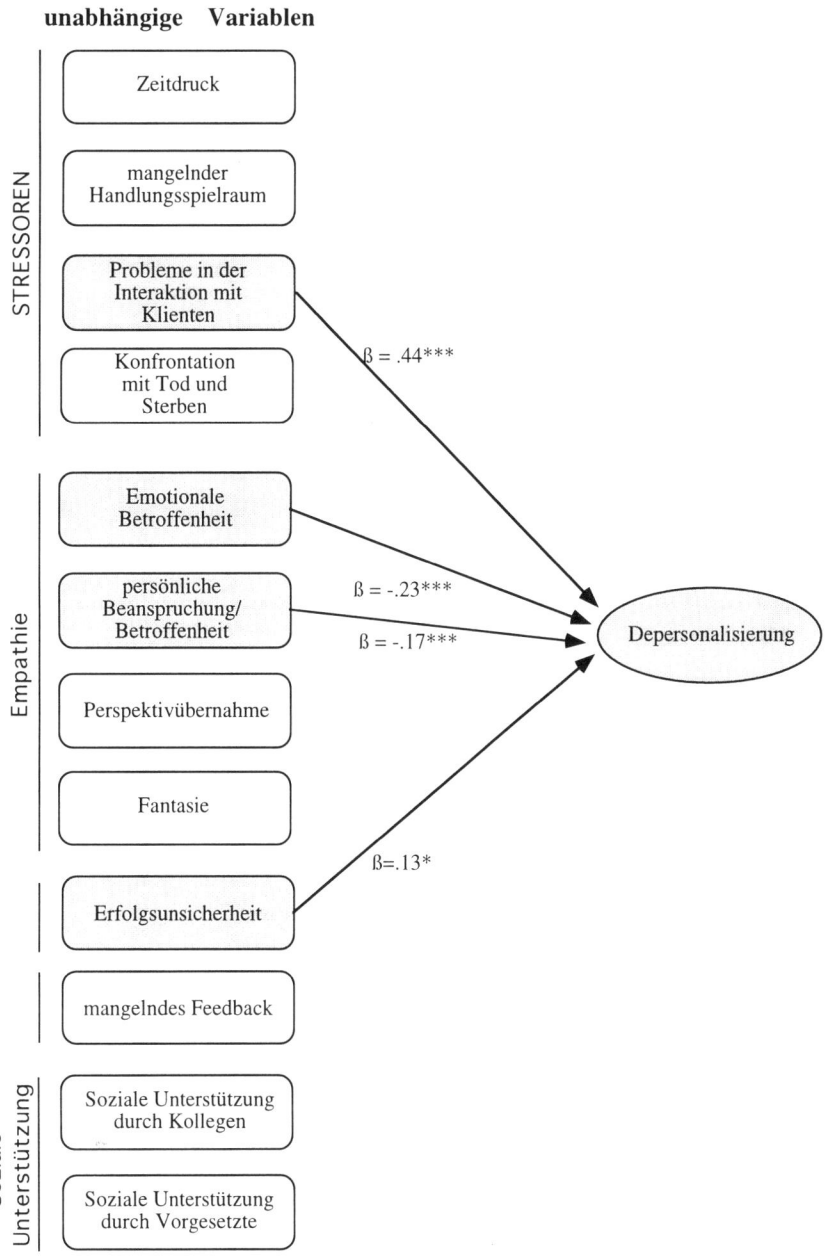

multiple Regression (stepwise): $R^2 = .36$ F = 50.21 ***

Abbildung 12: Multiple Regression (stepwise) im Drogenbereich (N = 416) Kriterium: Burnout (Depersonalisierung).

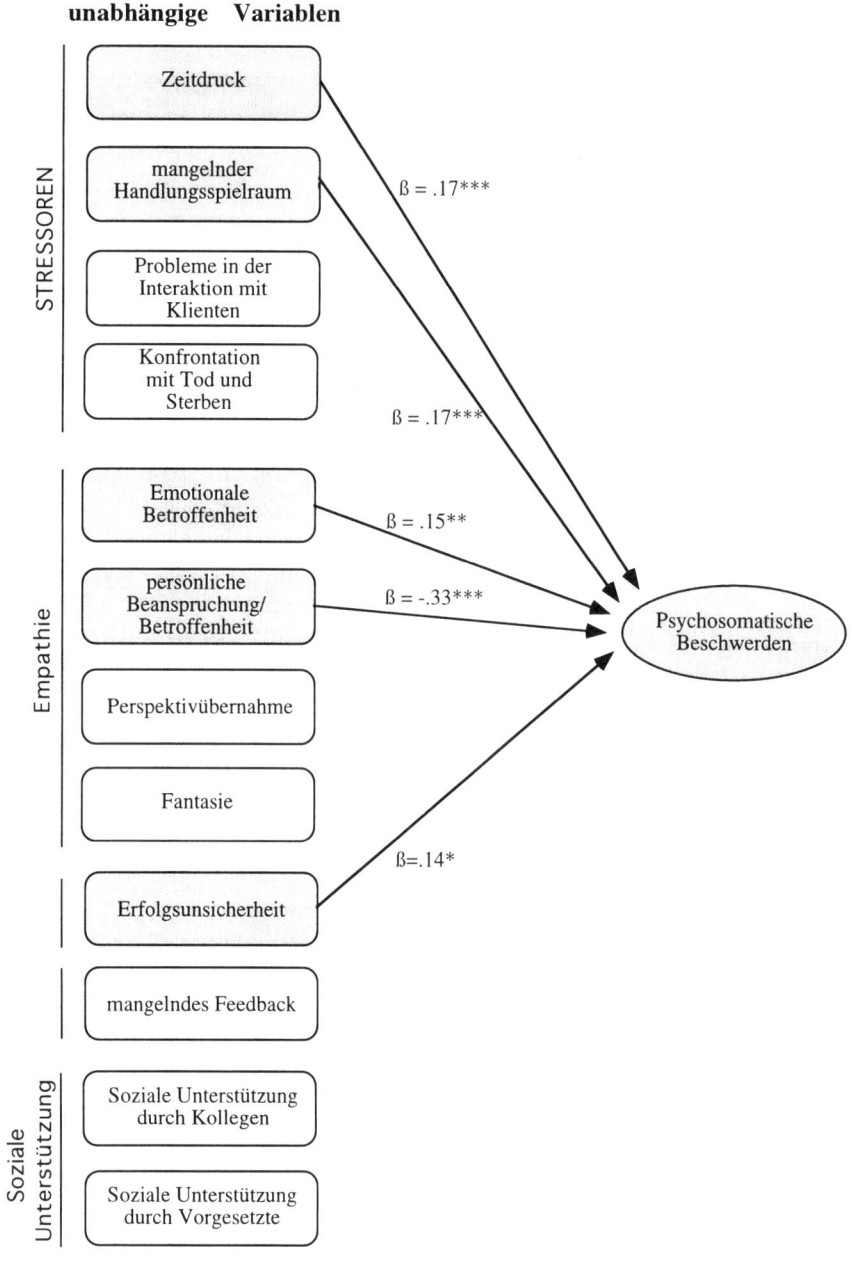

multiple Regression (stepwise): $R^2 = .33$ $F = 34.75$***

Abbildung 13: Multiple Regression (stepwise) im Drogenbereich (N = 416) Kriterium: Psychosomatische Beschwerden.

unabhängige   Variablen

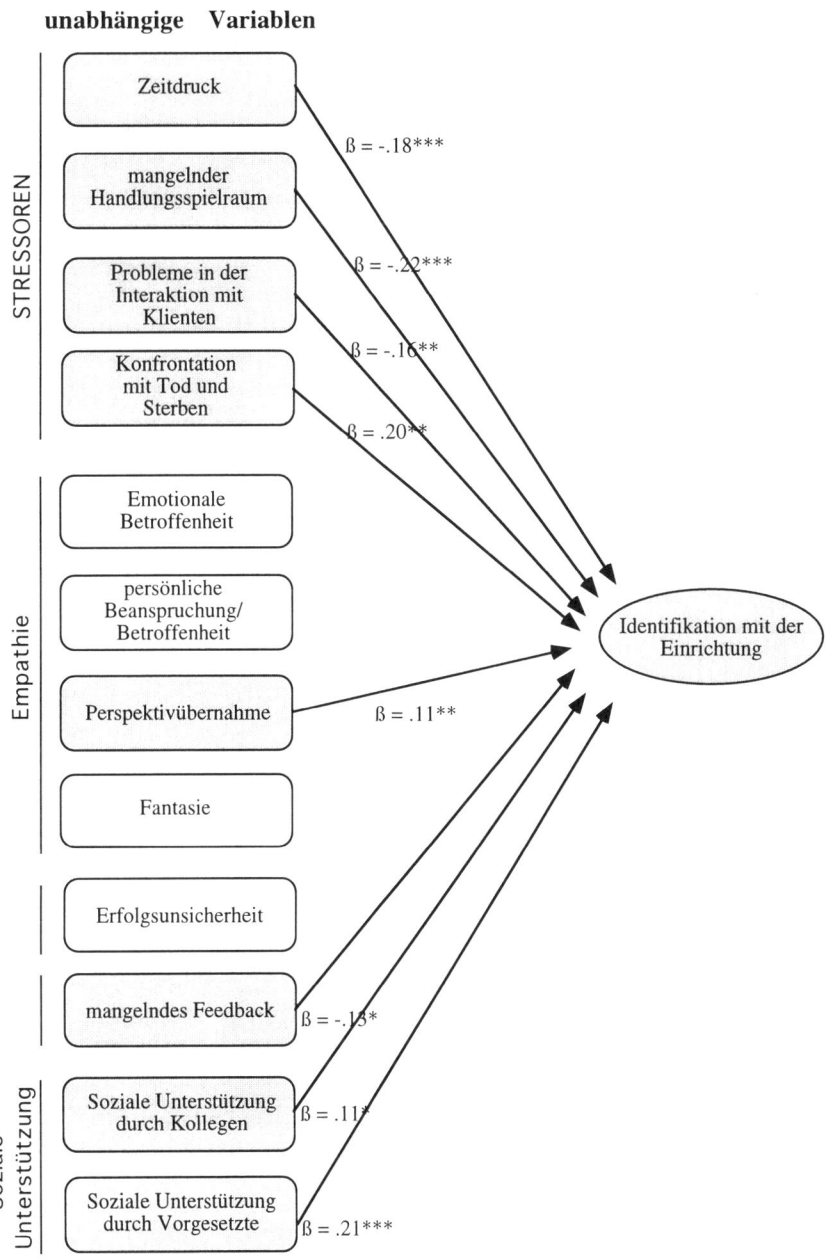

multiple Regression (stepwise): R² = .28   F = 19.98***

Abbildung 14: Multiple Regression (stepwise) im Drogenbereich (N = 416) Kriterium: Identifikation mit der Einrichtung (Commitment).

7. Konsequenzen?

Zeitdruck und ein eingeschränkter Handlungsspielraum begünstigen offenbar die Entwicklung psychosomatischer Beschwerden und des Gefühls emotionaler Erschöpfung im Beruf, der wichtigsten Burnoutdimension. Arbeitsorganisatorische Maßnahmen zur Erhöhung der Handlungsspielräume und zur Vergrößerung der Autonomie der MitarbeiterInnen dürften geeignete Maßnahmen sein, um die Risiken für diese Dimensionen des Stresserlebens zu senken. Gerade im Drogenbereich, wo der Umgang mit einer problematischen Klientel gefordert ist, die eine durchgängig niedrige Compliance aufweist, sich durch hohe Rückfallquoten auszeichnet und die die Helfer immer wieder in kommunikative Fallen lockt, dürfte es wichtig sein, in spezifischen Weiterbildungs- und Trainingsmaßnahmen die *Arbeitsfähigkeit im Umgang mit schwierigen Klienten zu verbessern,* um Unsicherheiten abzubauen und das Selbstwertgefühl der MitarbeiterInnen zu stärken. Dabei scheint es wesentlich zu sein, den *Fokus auf die Entwicklung einer Interaktionskompetenz* zu legen, da es offenbar weniger darum geht, *ob* man überhaupt mit Grenzsituationen und einer schwierigen Klientel konfrontiert ist, sondern eher darum, *wie* mit diesen Schwierigkeiten umgegangen werden kann. Das Erleben von menschlichen Grenzsituationen (Tod und Sterben) scheint ja sogar vor Burnout zu schützen. Als durchgängig bedeutsamer Prädiktor für alle abhängigen Variablen (Burnout, etc.) erwies sich das Ausmaß an *Erfolgsunsicherheit* in der Arbeit. Durch eine Diskussion über realistische Teilziele in der Arbeit und eine fortlaufende Evaluation der eigenen Arbeit kann es vielleicht besser gelingen, geeignete, d.h. erreichbare Ziele in der eigenen Arbeit zu setzen und das Ausmaß der Zielerreichung wahrnehmbar und prüfbar werden zu lassen. Erst dadurch wird aber der Wert der eigenen Arbeit erfahrbar und ausweisbar. Nur wer seine Arbeit so organisiert, daß Erfolge möglich und prüfbar werden, nur wer Bedingungen in der Arbeit vorfindet, die es ermöglichen, ein Gefühl von "Selbstwirksamkeit" und "Kompetenzerwartung" (vgl. Schwarzer, 1993) zu entwickeln bzw. zu stabilisieren, wird gefeit sein vor der Entwicklung selbstwertbeeinträchtigender und die Arbeitsqualität reduzierender defensiver Copingstrategien, als deren Ergebnis Burnout und psychosomatische Beschwerden dann erscheinen. Auch in dieser Studie konnte der stresspuffernde Effekt sozialer Unterstützung in der Arbeit nachgewiesen werden. Die Arbeit im Team sollte deshalb vor allem unter dem Gesichtspunkt überdacht werden, wie das dort vorhandene Netzwerk zur gegenseitigen Unterstützung und nicht in erster Linie zur Konfrontation mit Unzufriedenheit, Vorwürfen etc. genutzt werden kann.

Überdies war aber auch ein Einfluß von Personenvariablen auf die Burnoutentwicklung unübersehbar. Je höher die individuelle Bereitschaft zur emotionalen Betroffenheit, zur Identifikation mit dem Leiden der Klienten und zur Selbstbetroffenheit infolge der Wahrnehmung des Leidens anderer ist, umso größer scheinen die Risiken zu sein, selbst auszubrennen. Zielführend für die Bewältigung der hier nur andeutbaren Probleme könnte ein Training von 'detached concern' im Rahmen beraterischer und therapeutischer Weiterbildungen sein, das den HelferInnen ermöglicht, die klassischen Therapeutenvariablen klientzentrierter Gesprächsführung zu realisieren, ohne sich identifikatorisch mit den Problemen der Klienten zu verstrikken und selbst zum Opfer der Belastungen der Klientel zu werden.

Burnoutprävention und -intervention hat insgesamt an den Bedingungen der Institutionen, in denen die soziale Versorgung stattfindet, anzusetzen, sollte aber zugleich die je individuellen Bedingungen der Helfer und deren Ziele, Werte und Normen nicht übergehen. Burnoutprävention und -intervention kann damit zu einer Aufgabe für die Teamarbeit, zu einer Aufgabe der Arbeitsorganisation in der Einrichtung sowie zu einer Aufgabe von Institutionsberatung und Organisationsentwicklung werden. Voraussetzung hierfür ist aber ein differenziertes Wissen über die Burnout verursachenden Einflußfaktoren, deren Wechselwirkung und Steuerbarkeit.

8. Literatur

DAVIS, M. H. (1980). A multidimensional approach to individual differences in empathy. *Catalog of Selected Documents in Psychology, 10 (4)*, 85, MS 2124. San Rafael, CA: Select Press.

ENZMANN, D. & KLEIBER, D. (1989). *Helfer-Leiden: Stress und Burnout in psychosozialen Berufen*. Heidelberg: Asanger Verlag.

KLEIBER, D. &. ENZMANN, D. (1990). *Burnout. 15 Years of research: An international Bibliography*. Göttingen: Hogrefe - Verlag für Psychologie.

KLEIBER, D., ENZMANN, D. & GUSY, B. (1993). Arbeitssituation und Burnout bei Beschäftigten im AIDS-Bereich: Das Projekt ABBA. In C. Lange (Hrsg.), *Aids: Eine Forschungsbilanz*. Berlin: edition sigma.

KLEIBER, D., GUSY, B., ENZMANN, D. & BEERLAGE, I. (1992). *Arbeitssituation und Belastungen von Beschäftigten im AIDS-Bereich. Zwischenbericht 1992*. Berlin: Sozialpädagogisches Institut Berlin.

KLEIBER, D., GUSY, B. & ENZMANN, D. (1992). *Arbeitsbedingungen und Belastungen im Bereich medizinisch/psychosozialer Versorgung. Dokumenatation der Skalen*. Berlin: Sozialpädagogisches Institut Berlin.

MASLACH, C. & JACKSON, S. (1984). Burnout in organizational settings. In S. Oscamp (Ed.), *Applied Social Psychology Annual* (Vol. 5, pp. 133-153). Beverly Hills, CA: Sage.

MASLACH, C. & JACKSON, S. E. (1986). *Maslach Burnout Inventory. Manual* (Second edition). Palo Alto, CA: Consulting Psychologists Press.

MOWDAY, R. T., STEERS, R. M. & PORTER, L. W. (1979). The measurement of organizational commitment. *Journal of Vocational Behavior, 14*, 224-247.

SCHAUFELI, W.B., ENZMANN, D. & GIRAULT, N. (1993). Measurement of Burnout: A Review. In W.B. Schaufeli, C. Maslach & T. Marek (Eds.). *Professional Burnout. Recent Developments in Theory and Research*. (pp. 199-216). Washington: Taylor & Francis.

SCHWARZER, R. (1993). *Streß, Angst und Handlungsregulation*. Stuttgart: Kohlhammer.

ZAPF, D., BAMBERG, E., DUNCKEL, H., FRESE, M., GREIF, S., MOHR, G., RÜCKERT, D. & SEMMER, N. (1983). *Dokumentation der Skalen des Forschungsprojektes "Psychischer Stress am Arbeitsplatz - hemmende und fördernde Bedingungen für humanere Arbeitsplätze"*. Unveröff. Arbeitspapier, Berlin: Freie Universität.

II. Workshop-Beiträge

Was ist ein idealer Therapeut?

Walter Braukmann und Renate Becker

1. Zielsetzung des Workshops

Ziel dieses Workshops war, subjektive Erwartungen und Ansprüche zu identifizieren, die psychotherapeutisch tätige Mitarbeiter an ihre Arbeit stellen. Vor diesem Hintergrund wird Burnout weniger als Ergebnis externer bzw. kontextueller Strukturen gesehen, sondern als Konsequenz überhöhter Ansprüche und Zielsetzungen in der therapeutischen Tätigkeit.

2. Ansprüche und Zielsetzungen therapeutischer Tätigkeit

Die Inhalte und Diskussionsbeiträge lassen sich in Form von sechs Thesen zusammenfassen:

(1) Burnout und Resignation sind dann die logische Konsequenz bei therapeutischen Mitarbeitern, wenn stationäre Suchttherapie unter folgenden Bedingungen praktiziert wird:

- personelle Unterbesetzung
- fehlendes stringentes Therapiekonzept/-modell
- unbefriedigende Teamarbeit
- ausschließlich am Patienten orientiertes therapeutisches Arbeiten, ohne das soziale
  Umfeld einzubeziehen
- fehlende Supervision/Fortbildung
- geringe therapeutische Distanz
- eingeschränkter therapeutischer Handlungsspielraum
- überwiegend Auftragsbehandlungen.

Das Nebeneinander dieser Bedingungen im therapeutischen Alltag führt zu innerpsychischen und interpersonellen Konflikten, die chronifizieren und viel Energie binden.

(2) Therapeuten im Suchtbereich handeln häufig nach einem linear-additiven Modell mit folgender Prämisse:

'Je mehr Probleme und Defizite ich bei einem Patienten diagnostiziere und je intensiver ich diese in meinen Behandlungsplan integriere und therapeutisch umsetze, desto größer wird die Wahrscheinlichkeit, daß mein Patient abstinent lebt. Jeder Patient hat prinzipiell die Chance einer abstinenten Lebensweise, wenn ich mir nur genug Mühe gebe und mich anstrenge. Wird der Patient rückfällig, muß ich mich fragen, inwieweit ich nicht dafür mitverantwortlich bin. Um meinem Patienten im Dschungel der Rückfallgefahren zu schützen, muß ich ihn quasi hyperkompetent machen — nur dann hat er überhaupt eine Chance'.

(3) Die Therapievorstellungen und Zielsetzungen innerhalb der Behandlungskette 'Ambulante Vorbehandlung — stationäre Entwöhnung — ambulante Nachsorge' sind oft verschieden und unterschiedlich akzentuiert. Diese teilweise divergenten Erwartungen der vorbehandelnden Einrichtung werden in der Regel in den stationären Therapieplan eines Patienten integriert, was zu einem überladenen und nicht immer konsistenten Therapieangebot für einen Patienten führen kann. Belegungspolitische Gründe und die Befürchtung einer Verschlechterung der Kooperation lassen dem Mitarbeiter einer stationären Einrichtung häufig keine andere Wahl.

(4) Der Psychotherapeut im stationären Suchtbereich ist in verschiedenen Rollen aktiv — überwiegend als Aufklärer, Überzeuger, Kontrolleur, Bestrafer, Erzieher, 'Ermittlungsrichter' und 'Elternersatz', aber nur in einem vergleichsweise geringem Ausmaß praktiziert er das, was er während seines Studiums gelernt hat: *Psychotherapie*. Er lernt auch mit Widersprüchen zu leben bzw. sie zu verdrängen: Auf der einen Seite propagiert er Eigenverantwortung an seine Patienten, auf der anderen Seite übernimmt er oft sehr bereitwillig die Rolle des überprotektiven Helfers, der bemüht ist, seine Patienten rund um die Uhr zu versorgen. Die unterschiedlichen Rollenanforderungen sind größtenteils widersprüchlich und unvereinbar, was zu einer mehrfach gespaltenen beruflichen Identität führt.

(5) Die häufig realitätsfernen und überzogenen Erwartungen von Angehörigen an den Therapeuten ("Sie kriegen schon hin, daß er nicht mehr trinkt, da verlasse ich mich ganz auf Sie") wirken auf diesen i.S. eines Appells, der auf den fruchtbaren Boden einer omnipotenten Grundhaltung und eines ausgeprägten Helfermotivs fällt. Therapeuten sind häufig in einem permanenten Konflikt zwischen Helfen und Abgrenzung und in dieser Position auf einer Gratwanderung zwischen Professionalität und Co-Abhängigkeit.

(6) Katamnestische Ergebnisse stehen oft in kontroverser Beziehung zum Ausmaß therapeutischen Engagements. Trotz differenzierter Therapieplanung und optimalem Therapieverlauf werden 'prognostisch günstige' Patienten rückfällig und 'prognostisch ungünstige' Patienten bleiben abstinent. Es bedarf manchmal erheblicher Anstrengungen, Rückfälle nicht als persönliche Niederlagen zu bewerten.

3. Vorbeugung von und Hilfe bei Burnout

Aus den oben skizzierten Thesen lassen sich Maßnahmen ableiten, die zur Vorbeugung von und Auswegen aus Burnout hilfreich sein können und idealerweise auf mehreren Systemebenen stattfinden:

- differenzierte Zuweisung von Abhängigkeitskranken in ambulante und stationäre
  Behandlungseinrichtungen nach empirisch abgesicherten Indikationskriterien

- mehr Professionalisierung in der Suchttherapie — Integration diagnose- und
  therapierelevanter psychologischer und medizinischer Konzepte und Modelle

- Entideologisierung von Konzepten zum Rückfallgeschehen

- mehr theoriegeleitete Therapieanteile im Behandlungsprozeß und ein Weniger an
  pädagogischer Erziehung zur Vermeidung von Rollenkonfusion

- kontinuierliche, doppelgleisige Supervision (intern und extern), um Belastungen
  zu reduzieren und

- verstärktes Arbeiten an übergeordneten Therapiezielen (z.B. Hilfen zur Selbsthilfe) als an eher mikroskopischen Teilzielen.

Interventionen in Organisationen - Möglichkeiten und Grenzen

Matthias Burisch

Ziel des Workshops, der von einem guten Dutzend Teilnehmerinnen und Teilnehmern aus verschiedensten Institutionen besucht wurde, war zum einen die Vorstellung methodischer Ansätze, zum anderen der Erfahrungsaustausch bis hin zu gegenseitiger Beratung.

Nach einer Vorstellungsrunde folgte zunächst eine Kurzpräsentation über Präventions- und Interventionsmöglichkeiten auf der individuellen, Team-, Inter-Gruppen- und Organisations-Ebene (vgl. Abbildung 1).

Individuelle Ebene

- Sorgfältige Einarbeitungsphase, evtl. "Paten-System"
- Fortbildung anregen/fördern
- Regelmäßige Mitarbeitergespräche anbieten
- Beratung/Supervision von außerhalb
- Therapie, Eheberatung o. ä. zugänglich machen
- Selbst Gespräche anbieten, Vorschläge des Problemträgers einholen, aber auch …
- klare Ziele/Forderungen formulieren
- Evtl. Arbeitsaufgabe neu definieren
- Evtl. Kollege(in) als "Schutzengel"

Teamebene

- Einführung/Verbesserung von Arbeitsbesprechungen
- Konflikt-Klärungshilfe, Rollenklärung (evtl. delegieren)
- Team-Supervision
- Teamentwicklung: Regelmäßige Arbeitstreffen
- Rollen-Analyse
- Prozeßberatung
- Team-Spiegel

Inter-Gruppen-Ebene

- Wo möglich, gegenseitige Hospitationen
- Schnittstellen-Meetings
- Inter-Gruppen-Designs

Organisationsebene

- Mitarbeiter-Befragungen
- Innerbetriebliches Vorschlagswesen
- Qualitätskreise; vorher Moderatorentraining
- Prozeßberatung
- Job Rotation, Job Enrichment
- Führung verbessern; vor allem: Vision kreieren
- Konfrontations-Meeting
- Organisationsentwicklungs-Projekt Top-Down
- Veränderung der Organisationskultur in Richtung "mehr Spaß, mehr Kommunikation, mehr Information"

Abbildung 1: Burnout: Präventions- und Interventionsmöglichkeiten.

Daran schloß sich eine Grobdiagnose der eigenen Organisation an, die alle Teilnehmer anhand eines kleinen Fragenkatalogs (vgl. Abbildung 2) individuell durchführten.

---

1. Wenn Sie selbst oder andere in Ihrer Organisation burnout-gefährdet oder von Burnout betroffen sind: Welche *institutionellen Gegebenheiten* sind Ihrer Meinung nach die Ursachen? (Gemeint sind Umstände, die weder in der individuellen Persönlichkeit noch in der privaten Lebenssituation noch in der Natur der Arbeit begründet sind.) Skizzieren Sie bitte die wichtigsten Punkte — einstweilen nicht mehr als zehn.

2. Hat es Versuche gegeben, an diesen Gegebenheiten etwas zu *verändern?* Wenn nein: Warum nicht? Wenn ja: Was waren die Gründe für Erfolg oder Mißerfolg?

3. Was müßte Ihrer Meinung nach *geschehen*, um die verbleibenden Probleme zu lösen?

Abbildung 2: Organisations-Diagnose.

Sodann bildeten sich Kleingruppen, die z. T. ihre Ergebnisse austauschten, z. T. auch die Situation einzelner Gruppenmitglieder eingehend diskutierten.

Eine Einschätzung der Erfolgsaussichten von Interventionen in den vertretenen Institutionen, vor und nach dem Workshop durchgeführt, ergab eine hauchdünne Tendenz zu gestiegenem Optimismus — der dennoch insgesamt eher verhalten blieb ...

Burnout — SOS von Innen! Nicht gesellschaftsfähig?

Rose Fünfrocken-Scholtz-Duhnke

1. Einleitung

Niemand von uns, der oder die für eine Arbeit bezahlt wird, die ein professionelles Zuwenden, d. h. Geben bedeutet, ist unerschöpflich.

Es gilt aber in unserer Gesellschaft noch immer als ehrenvolle Handlung, oft gar als moralische Verpflichtung, sich selbst für andere zu erschöpfen und auch das eingeforderte "Letzte" zu geben. So finden wir beim professionellen Helfer nirgends mehr Verdrängung und Überspielung als im Bereich seiner psychischen und physischen Grenzen, denn entgegen ihren Forderungen ignoriert unsere Gesellschaft den Zustand der Erschöpfung, des Ausgebranntseins. Erschwerend kommt oft hinzu, daß das Verantwortungsgefühl des engagierten Gruppenleiters für seine Patienten oder Klienten der Bewußtmachung seiner eigenen Befindlichkeit im Wege steht.

Daß Helfer ausbrennen, ist also kein Wunder in einer Gesellschaft, in der Stärke, Cleverness, Schnelligkeit und störungsfreies Funktionieren nicht nur als Selbstverständlichkeit betrachtet werden, sondern Voraussetzung für die ständige Optimierung des Fortschritts — wohin auch immer — sind, und in der Schwäche und menschliche Begrenztheit totgeschwiegen werden.

Wie aber soll das Recht auf menschliche Würde verwirklicht werden, wenn nicht in der Legitimation der Schwäche, und das heißt, der Akzeptanz von Ängsten, Befürchtungen, Irrtümern und Mißerfolgen, sowie der entsprechenden Hilfsangebote zur Überwindung dieser beruflich-privaten Krise.

2. Zielsetzung des Workshops

Hier setzte unser Workshop an. Wir wollten darin nicht nur abstrakt vom Thema reden, das peinlicherweise andere, aber nicht uns betrifft. Musik und Farben halfen uns, in erlebnis- und erfahrungsorientierte Übungen zu gehen und uns selbst dabei in den Mittelpunkt zu stellen.

Wie die kleine Vorstell- und Wünscherunde zu Beginn des Workshops ergab, hatten die Teilnehmer ihren Workshop sehr bewußt gewählt. Von allen wurde das Bedürfnis geschildert, den Workshop ganz für die Konzentration auf die subjektive Befindlichkeit in bezug auf das Thema "Burnout" zu nutzen.

3. Wahrnehmung von Burnout-Symptomen

So konnten wir uns gleich in die ersten Übungen einlassen und dabei mit dem ersten wichtigen Schritt beginnen: *Verdrängung und Verleugnung loslassen und die Verantwortung für uns und unsere Befindlichkeit übernehmen.*

Wir erlaubten dabei unserer Wahrnehmung, sensibel auf eine Erkundungsreise in uns selbst zu gehen. Wir machten uns dabei bewußt, daß entgegen der leistungsgesellschaftlich geforderten, ständigen Beschleunigung von Prozessen, nur eine gezielt eingesetzte Ver - lang - sam - ung den Raum schafft, die geheimen Signale und Symptome des beginnenden Ausbrennens wahrzunehmen und dabei ihre Sprache verstehen zu lernen, die sich auf drei Ebenen ausdrücken kann: Körperlich, geistig und seelisch.

Während wir uns in einer der Anfangsübungen ganz auf unseren Körper konzentrierten, fragten wir uns:

- *Wo und wie kann ich bei mir Signale aus meinem Körper wahrnehmen, die auf Streß und Erschöpfung hindeuten?*

Wir stellten fest, daß schon aus der Beobachtung unseres Atems oder des Atems unseres Gegenübers erstaunlich klare Auskünfte über die körperliche Befindlichkeit zu erhalten sind.

In einer nächsten Übung nutzten wir Entspannung und Imagination um in uns selbst ein "Energiebild" für unsere im Moment in uns vorhandene Energie entstehen zu lassen. Als Emotionsträger half uns, wie schon in vorherigen Übungen, gezielt eingesetzte Musik.

Auf einem Blatt hielten wir dann mit Farbe dieses "Energiebild" fest, um mit Hilfe dieses Mediums auch die unbewußt ausgedrückten Signale, die uns kognitiv noch nicht zugänglich sind, für die Bewußtmachung von Symptomen auf der emotionalen Ebene zu nutzen, denn unweigerlich wird mein Bild meine emotionale Befindlichkeit in aller Authentizität ausdrücken und von meinen evtl. emotionalen Störungen, Defiziten und Regressionswünschen erzählen.

Die Teilnehmer ließen sich mit großer Offenheit und Bereitschaft auf die Übung und die folgende Aufarbeitung ein und es zeigte sich, daß jeder/jede schon Erfahrungen mit Burnout in mehr oder minder schmerzlicher Form gemacht hatte oder gerade machte. Wichtig war uns hier zu fragen:

- *Was erlebe ich, wenn ich bei mir Burnout-Symptome wahrnehme?*
- *Muß ich sie weiter herunterspielen, verharmlosen, bemänteln oder kann ich es wagen, sie mir einzugestehen, bewußtzumachen und zuzulassen. Und weiter zu schauen:*
- *Was für Ängste und Befürchtungen entstehen, wenn ich mich den Symptomen stelle?*

Nicht ohne Grund weigern wir uns oft lange, Burnout-Signale ernstzunehmen. Tun wir es, dann bedeutet dies auch das Entstehen und Empfinden mannigfacher Ängste und Befürchtungen, die sich zum Teil als durchaus berechtig erweisen: Ängste bezüglich der Selbstgefühle; Selbstwert, Selbstachtung und Selbstvertrauen geraten ins Wanken; Ängste vor einer Identitätskrise; Ängste und Befürchtungen entstehen, wie die Familie, die Patienten, die Institution als Arbeitsplatz, die Gesellschaft auf meine offen dargelegte Störung und mein Bemühen um Änderung derselben reagieren.

Hier waren die Schilderungen derer, die schon durch diese berufliche wie private Krise hindurchgegangen sind, sehr hilfreich. Vor allem für diejenigen, denen durch zunehmenden Leidensdruck Verleugnung und Verdrängung nicht mehr möglich waren und die im Moment ganz dem Schmerz und dem Chaos der Krise ausgeliefert waren, und die sich fragten:

- *Wie kam es zu dieser Krise? Wer oder was hilft mir jetzt? Wie helfe ich mir selber?*

Hier konnte die Workshoparbeit einige wichtige erste Anhaltspunkte vermitteln und auch erste emotionale Unterstützung geben. Die "Erfahrenen" zeigten vor allem auf, daß verständnisvolle Mitarbeiter, verständnisvolle Leitungsreaktionen zwar die Krise, die sowohl aus persönlichen, psychodynamischen Gegebenheiten als auch aus der Verknüpfung derselben mit institutionellen Zwängen entstanden sein kann, nicht aufhalten konnten, aber hilfreich an ihrer konstruktiven Bewältigung teilhatten.

Die schlimmste Verzweiflung zeigte sich dort, wo der institutionelle Zwang hoch war und nicht in Frage gestellt werden durfte, die Vorgesetzten verständnislos das sich zeigende Phänomen des Burnout als rein persönliches Versagen deklarierten und der/die Betroffene diese Bewertung übernahm. Wie verzweifelt ein Mensch dann in sein als schuldhaft erlebtes Versagen und seine als unbewältigbar erscheinende Lebens- und Berufssituation verstrickt ist, wie tief sein Leiden und wie berührend seine innere Verzweiflung ist, wenn sie sich endlich nach außen Luft machen darf — auch das konnten wir in diesem Workshop miterleben und erstes hilfreiches Auffangen möglich machen.

4. Bewältigungsmöglichkeiten

Selbstverständlich reicht diese Hilfe — also das, was uns in diesem Workshop möglich war — in keiner Weise aus. Wichtig war es hier deutlich zu machen, daß auf jeden Fall eine gründliche Aufarbeitung der Störung am besten mit therapeutischer Begleitung erfolgen sollte, d. h. wir versuchten den Rahmen abzustecken, der zur Bewältigung der Krise führen kann. Dazu gehört, daß wir:

1. uns selbst in Frage stellen und unser problematisches Verhalten sowie entsprechende Einstellungen, die Burnout bedingen, in uns entdecken,
2. uns aber auch umschauen und gesellschaftliche und institutionelle Zwänge, die

Burnout provozieren, wahrnehmen.

3. Dann kann eine Verhaltens- und Einstellungsveränderung durch Selbstakzeptanz und Integration der Schwäche und Begrenztheit in das Selbstbild entstehen sowie

4. die Übernahme der Selbstverantwortung für die eigene seelische, geistige und körperliche Gesundheit, soweit das möglich ist, erfolgen und

5. ich kann eigene Kraftquellen entdecken, nutzen lernen und Auftankmöglichkeiten bewußt wahrnehmen. Dazu gehört aber auch

6. kritischer Umgang mit gesellschaftlichen und institutionellen Normen und Zwängen sowie

7. engagierter Einsatz in der eigenen Institution durch konstruktive Veränderungsvorschläge, die Burnout verhindern und der Arbeitseffizienz des einzelnen zugute kommen; und letztlich

8. Verantwortungsübernahme durch Partizipation an sozialpolitischen Vorgängen zur Veränderung der Gesellschaft und deren krankmachender Bedingungen und Strukturen.

"Die Therapie pathologischer Zustände erfordert immer auch die Veränderung des pathogenen Kontextes" schreibt Hilarion Petzold. Dies ist mit Sicherheit richtig, aber oft nur zum Teil möglich.

Zwar ist ein totaler Harmonisierungsanspruch wohl eine überzogene Forderung, aber es wäre schon viel gewonnen, wenn nicht nur der/die einzelne Betroffene seine/ihre individuellen Störungen wahrnimmt, verantwortet und bearbeitet, sondern wenn auch Institutionen, die professionelle Helfer beschäftigen, sich Gedanken machen über gesündere berufliche Alltagsstrukturen, die die persönlichen Bemühungen des Einzelnen um Verhinderung von Burnout und die Stabilisierung kontinuierlicher Arbeitseffizienz unterstützen und fördern.

Interdisziplinäre Zusammenarbeit: Stressfördernde und stressreduzierende Faktoren aus systemischer Sicht

Wilma Funke und Günther Henß

"Burnout" wird im folgenden konzipiert als Endzustand einer andauernden starken Belastung im Sinne von Distress (im weiteren kurz "Stress" genannt), zu dessen Bewältigung der betroffenen Person keine adäquaten, langfristig erfolgreichen Strategien zur Verfügung stehen. Zunächst ist es erforderlich, die verwendeten Bezeichnungen begrifflich zu fassen.

Wir gingen aus vom Begriff *"Stress"*, der ursprünglich aus dem Bereich der Technik kommt und eine beliebige Kraft pro Flächeneinheit bezeichnet, die auf irgendeine Struktur oder Materie einwirkt und dadurch vorübergehende oder dauerhafte Veränderungen derselben bewirkt. Im Humanbereich wurde der Begriff von dem kanadischen Endokrinologen Hans Selye 1950 eingeführt. Er und viele andere untersuchten die körperlichen Reaktionen auf Stress, wobei im sogenannten "Allgemeinen Anpassungssyndrom" ein ganzes Bündel an Bewältigungsstrategien zusammengefaßt ist.

Im Workshop erarbeiteten wir den Begriff des "Stressors" als isolierbaren Reiz, der auf den Menschen einwirkt. Wir unterschieden physikalische, psychische und soziale Stressoren. Durch Stresserleben werden Funktionen wie Wahrnehmen, Denken, Fühlen, Wollen und Handeln modifiziert, wobei solche Veränderungen im positiven Sinne als Wachstum und Erhöhung der Funktionalität gewertet, in der negativen Ausrichtung als Schädigung und Dysfunktionalität erfahren und festgestellt werden können. Das Stresserleben wurde von uns als Prozeß verstanden, der vom Betroffenen als subjektiv unkontrollierbar bewertet wird, was noch nichts über objektive Veränderungsmöglichkeiten aussagt.

Die Bedeutung von *"Interdisziplinarität"* läßt sich herleiten aus den Bestandteilen "inter" als "zwischen, dazwischen" aber auch "inmitten" und "disciplina" als "Fleiß" und in unserem Zusammenhang als "Fachgebiet". Von Zusammenarbeit könne man dann sprechen — so unsere Festlegung —, wenn

- mehrere Personen ("Arbeiter") ein gemeinsames Ziel verfolgen,
- Aktivitäten und Energien im Hinblick auf eine Zielerreichung gebündelt werden und
- ein Austausch und eine gegenseitige Ergänzung und Unterstützung der beteiligten Personen stattfindet.

Eine kritische Reflexion eines beliebigen Arbeitsteams kann über diese Faktoren erfolgen, wobei eine Operationalisierung der Kriterien natürlich zunächst erforderlich ist.

Unter einem *"System"* verstanden wir die Anordnung von Elementen und deren Beziehungen zueinander. In der Diskussion um stressfördernde und stressreduzierende Bedingungen im Arbeitsteam erwies es sich als sinnvoll, Position und Funktion von Personen als "Bestandteile" des Systems zu unterscheiden. An dieser Stelle erarbeiteten wir den Begriff der "Rolle", den wir als Gesamtheit der Eigen- und Fremderwartungen an das Verhalten des Rolleninhabers explizierten. Rollenkonflikte können dabei entstehen durch unterschiedliche Erwartungen bezüglich einer bestimmten Rolle sowohl für eine Person selbst als auch für ihre soziale Umgebung. Auch in der Ausfüllung mehrerer Rollen durch eine Person oder in der Interaktion von Personen mit unterschiedlichen aktualisierten Rollen liegt Konfliktpotential.

In einem Rollenspiel, in dem zur besseren Verdeutlichung Stereotype von Rollen in interdisziplinären Teams im Suchtbereich dargestellt wurden, erlebten Spieler und Beobachter ausgewählte Aspekte stressinduzierender und -reduzierender Faktoren. Die anschließende kurze Thematisierung in Form einer Metaplan-Analyse erbrachte im wesentlichen drei Ebenen der Stresserzeugung:

- die Beziehungsebene (zwischen den beteiligten Individuen als Persönlichkeiten),
- die Ebene der Rollenaktualisierung (zwischen den Personen als Träger unterschiedlicher Rollen) und
- die institutionelle Ebene (als Rahmenbedingungen, in denen Zusammenarbeit und Begegnung stattfindet).

Die im 'Brainstorming' zusammengetragenen Möglichkeiten der Stressreduktion für den Einzelnen konzentrierten sich vor allem auf die beiden ersten Ebenen. Wobei durchaus kontrovers zu diskutieren wäre, inwieweit unsere Sozialisation im helfenden Beruf einerseits eine Wahrnehmungsselektion bedingt, aber wir andererseits letztlich als Helfer in der Regel auch die Aufgabe haben, Menschen — und auch uns selbst — an bestehende äußere Bedingungen bestmöglichst anzupassen.

Fazit am Ende des Workshop: Jetzt könnten wir in die Bedingungs- und Verhaltensanalyse für den Einzelnen einsteigen. Erst dann ist es möglich, konkrete Ideen zu entwickeln für die Etablierung unterstützender und kompensierender Maßnahmen.

Therapie für Therapeuten - Selbsterfahrung und Supervision in der Suchtkrankenhilfe

Ulrike Großmann-Henkels

1. Einleitung

Beim Burnout-Syndrom handelt es sich um ein multifaktorielles Phänomen, dessen Ursachen einerseits in der jeweiligen gesellschaftlichen Situation und andererseits in der Persönlichkeit des Betroffenen liegen.

Letztendlich entsteht das "Burnout-Syndrom" durch intra- und interpsychische Rollenkonflikte, d. h. ein Mensch brennt immer dann aus, wenn er die eigenen körperlichen und seelischen Reserven in dem Versuch erschöpft, seine Rollen unter Aufbietung aller Kräfte *ideal* auszufüllen, wenn er also versucht, eigenen oder fremden unrealistischen Rollenerwartungen zu entsprechen.

2. Supervision und Burnout

In der Supervision mit ausgebrannten Menschen besteht daher die inhaltliche Arbeit schwerpunktmäßig in der Beschäftigung mit den verschiedenen Rollen, die jemand ausübt und in der Überprüfung, inwieweit diese Rollen angemessen und realistisch ausgefüllt werden, also den Fähigkeiten und Möglichkeiten des einzelnen Individuums angepaßt sind.

Überall dort, wo es scheinbar unlösbare Rollenkonflikte gibt, setzt die Therapie an, und es wird versucht, eine Lösung für diese Schwierigkeiten zu finden. "Lösungen" können in einer Veränderung der Persönlichkeit liegen und/oder in der Erkenntnis, daß das System, in dem der Mensch lebt und arbeitet, krankmachende Strukturen aufweist. Vor daher führen sie neben einer Veränderung der Persönlichkeit des Individuums zu einem Bemühen um die Veränderung des Systems oder, wo das nicht möglich ist, zu einer Veränderung der eigenen Rolle innerhalb dieses Systems.

Der ausgebrannte Mensch hat in vielen, oft in fast allen Lebensbereichen seine Spontaneität und Kreativität eingebüßt. Er reagiert und agiert häufig wie ein Roboter in festgelegten Rollen, ohne diese wirklich lebendig ausfüllen zu können.

In der Supervision mit ausgebrannten Menschen ist es deshalb wichtig, die ehemals vorhandenen kreativen und spontanen Kräfte der Persönlichkeit zu entdecken und zu verstärken.

In der Regel arbeite ich in der Supervision mit ausgebrannten Menschen in Gruppen und nicht in Einzelsitzungen, da die Gruppensitzungen den Vorteil haben, den Einzelnen aus seiner Isolation zu befreien und gleichzeitig deutlich wird, daß das Thema "Burnout" auch viele andere Menschen betrifft. Dieses Wissen bedeutet für viele schon eine große Entlastung und vergrößert die Bereitschaft, sich auf notwendige Veränderungen einzulassen.

Ausgebrannte Individuen sind in der Regel nicht mehr fähig oder zeigen zumindest wenig Bereitschaft dazu, sich empathisch zu verhalten. In dieser Situation kommt dem Supervisor eine wichtige Funktion zu. Um jedem einzelnen Gruppenmitglied die optimale Möglichkeit zur Entwicklung zu geben, ist es seine Aufgabe, für eine angstfreie Atmosphäre zu sorgen, sich empathisch zu verhalten, wenig konfrontativ zu agieren und der Gruppe Zeit zu lassen, neue Erfahrungen zu integrieren.

3. Zielsetzung des Workshops

In diesem Workshop habe ich versucht, einige dieser Inhalte erfahrbar zu machen, was gleichzeitig die Schwierigkeit bedeutete, den Teilnehmern möglichst viel Schutz zu geben, sich nicht allzusehr zu offenbaren, da der Workshop zeitlich begrenzt war, und es nicht bei allen Teilnehmern gewährleistet war, daß sie sich später schnell professionelle Unterstützung besorgen konnten.

3.1 Vorstellung der Gruppe

Die Gruppenteilnehmer sitzen im Kreis und stellen sich nacheinander wie folgt vor:

Person X stellt ihren Stuhl in den Kreis und stellt sich selbst dahinter. Sie deutet auf den leeren Stuhl und sagt z. B.: *"Das ist Frau/Herr X. Sie/Er kommt aus ... und arbeitet als ... Sie/ Er ist ... ausgebrannt. Das hat sie/ihn ausgebrannt ... usw."*

Bei dieser Übung ist es wichtig, daß sich jedes Gruppenmitglied vorstellt und über eigene Symptome des Ausgebranntseins spricht. Dadurch entsteht sehr schnell eine starke Gruppenkohäsion und unter den Teilnehmern das Gefühl: "Ich bin nicht allein mit diesen Schwierigkeiten, anderen geht es genauso."

3.2 Konfrontation mit dem Image

Die Gruppenmitglieder sitzen entspannt auf ihren Stühlen und bekommen folgende Anweisung:

"Denken Sie an Ihr Image. Ihr vorgestelltes Bild, an Ihr 'ICH', von dem die Umwelt so viel erwartet. Denken Sie an Ihre Arbeit, Ihre Kollegen, Freunde, Familie, an das, was Sie von sich selbst erwarten. Versuchen Sie in Ihrem Kopf ein Bild von dieser Person zu skizzieren, das die Welt jeden Tag von Ihnen präsentiert bekommt.

Wenn Sie dieses Bild haben, frieren Sie es ein und lassen Ihr anderes 'ICH', das Sie tagtäglich vor der Umwelt zu verbergen suchen, vor Ihren Augen aufsteigen. Das, was Sie am Morgen zuerst sehen, wenn sie Ihr Badezimmer betreten, um sich für den Tag vorzubereiten. Lassen Sie dieses 'ICH' sprechen. Hören Sie dabei auf Ihre Gefühle und verschließen Sie sich nicht vor dieser Stimme ... Frieren Sie auch dieses Bild ein, öffnen Sie die Augen und kehren Sie in die Gruppe zurück."

Die Gruppenmitglieder werden nun gebeten, in Paaren ihre Erfahrungen auszutauschen. Anschließend gibt es die Möglichkeit, sich in der Großgruppe mitzuteilen.

3.3 Erfolge berichten

Die meisten ausgebrannten Menschen leiden unter einem Mangel an Anerkennung. Um dem abzuhelfen, werden die einzelnen Gruppenmitglieder gebeten, über Erfolge zu berichten, die sie die letzten sechs Monate hatten. Nach jedem Bericht klatschen die Zuhörer Beifall.

Diese Übung war für einige Teilnehmer zunächst sehr schwierig, da sie sich kaum an Erfolge erinnern konnten. Angeregt und ermutigt durch das Modell der anderen Gruppenmitglieder gelang es schließlich jedem Teilnehmer über seine Erfolge zu berichten.

Burnout und der Umgang mit Aggressionen

Jürgen Kalmbach

1. Einleitung

Das Phänomen Burnout — die geistige, emotionale und körperliche Erschöpfung bei Menschen in helfenden Berufen — erwächst aus dem Zusammenspiel verschiedener Komponenten. Im folgenden Beitrag soll weniger auf gesellschaftliche und institutionelle Einflußfaktoren eingegangen werden, als vielmehr auf individuelle und soziale. Dabei steht folgende Fragestellung im Vordergrund: Wie geht der Burnout-Betroffene mit seinen Aggressionen um?

Wenn von Aggression gesprochen wird, so wird dieses Wort meist synonym gebraucht für feindselige, gewalttätige Handlungen (z. B. die "Aggression des Irak gegen Kuwait", die "aggressiven Randalierer"). Der Fremdwörterduden gibt folgende Definition wider: 1. Rechtswidriger Angriff. 2. Feindselige Handlung. Auch die differentielle Emotionstheorie bestimmt Aggressionen sehr eindeutig: "Aggression ist lt. Definition auf verbale oder körperliche Handlungen beschränkt, die den klaren Zweck haben, Schaden zuzufügen." (Izard, 1981).

Demnach ist es nicht verwunderlich, daß in unserer Bevölkerung das Phänomen Aggression mit einer moralisierenden Konnotation beurteilt wird. Jede persönlich zum Ausdruck gebrachte Aggression, wie offen ausgedrückter Ärger oder eine eindeutige Ablehnung, werden meist als zumindest unhöfliches und peinliches Verhalten interpretiert.

Nach dieser Maxime scheint auch der Burnout-Betroffene vorzugehen. "Er neigt ganz besonders dazu, die eigene Empfindlichkeit zu verleugnen, während er selbst große Angst verspürt, Kritik zu äußern und Aggressionen zuzulassen" (Schmidbauer, 1977). An die Stelle einer reifen Form der Aggressionsverarbeitung treten unbewußte Kompensationsvorgänge.

2. Die Autoaggression

Wenn Aggressionen nicht nach außen entladen werden können, so richten sie sich nach innen und somit gegen den Menschen selbst.

Der vom Ausbrennen Bedrohte klagt über Energiemangel, erhöhte Anfälligkeit für Krankheiten, häufige Kopfschmerzen, Verspannungen der Hals- und Schultermuskulatur, Rückenschmerzen, Ermüdung und Schlafstörungen. Viele andere versuchen ihren Überdruß durch Alkohol, Zigaretten, Beruhigungsmittel, Halluzinogene oder durch übermäßiges Eßverhalten zu bewältigen (Aronson, Pines & Kafry, 1983). Die dadurch kurzfristig erreichte Erleichterung wirkt langfristig destruktiv, da sie in die Sucht führt. Neben den unterschiedlichsten psychosomatischen Symptomen und Suchttendenzen wird in den helfenden Berufen eine erhöhte Suizidhäufigkeit festgestellt (Maeder, 1989).

3. Destruktive Aggressionsentladung

Die unerwünschte Aggression kommt indirekt zum Vorschein oder wird auf ein anderes Objekt verschoben (z. B. wird die Wut auf den Vorgesetzten auf den Patienten entladen).

Der innere Überdruß führt dazu, daß Patienten als bedrohlich erlebt werden ("Ich kann keine Patienten mehr sehen"). Es kann so zu dehumanisierendem Verhalten kommen, wie Zynismus, Rigidität (zwanghaftes überkorrektes Befolgen von Regeln), Verachtung (moralische Überlegenheit ist eine sublime Form der Aggression), Gewalttätigkeit, Mißhandlung und sogar "Mord" (vgl. den Prozeß gegen vier Krankenschwestern aus Wien Lainz, die 40 geriatrische Langzeitpatienten getötet haben sollen; Petzold, 1990).

Beide Bewältigungsstrategien, die autoaggressive wie die destruktiv-aggressive, führen den Betroffenen immer tiefer in Hoffnungslosigkeit und Resignation. Die zerstörerischen Aspekte persönlicher Aggressionsunterdrückung treten deutlich zutage. Die Flucht nach hinten, das Sich-Zurücknehmen bis zum Totstellreflex, oder die Flucht nach vorne, der Bewegungssturm, der Angriff, stellen typische menschliche Verhaltensmuster dar, die schon beim Kleinkind ausgeprägt sind (Riemann, 1986). Wenn jedoch ein erwachsener Mensch nur die Wahl hat, regressiv in diese beiden phylogenetisch programmierten Aggressionsimpulse (fliehen oder angreifen) zu verfallen, dann findet kein Wachstums- und Reifungsprozeß im Umgang mit Aggressionen statt. Es fehlt dann gänzlich an den "Mitteltönen" beherrschter, gekonnter und situationsangemessener Aggression.

Um diesem Dilemma zu begegnen, bedarf es einer differenzierten Beschreibung von Aggression und statt eines gesellschaftlich verankerten Aggressionstabus ist eine neue "Aggressionsethik" erforderlich (Bach & Goldberg, 1981), die Regeln, Techniken und eine Orientierungsbasis zum Verständnis und zur Kontrolle dieses Phänomens schaffen soll. Fromm (1977) unterscheidet zwischen einer "defensiven gutartigen Aggression", die dem Überleben des Individuums dient und einer speziell für den Menschen "bösartigen Aggression", die Destruktivität und Grausamkeit mit einbezieht. Die "gutartige" Bedeutung von Aggression spiegelt sich auch in der Urbedeutung des lateinischen Wortes "ad-gredi" (= "an jemanden herangehen") wider. Aggression ist also ein Mittel, um Kontakt aufzunehmen und sich im Miteinander zu behaupten.

Sie ist kein eigenständiges Gefühl, sondern ein Ausdruck unterschiedlicher Emotionen wie Ärger, Ekel, Wut, Haß, aber auch Lust. Da wir jedoch nicht gelernt haben, mit unseren Aggressionen adäquat umzugehen, also unsere Gefühle nicht situationsgerecht auszudrücken, wir sie statt dessen verdrängen und anstauen, wird aus Ärger Wut und aus Wut wird Haß. Die Aggression erhält dadurch feindselige und gewalttätige Züge. Der Mensch verliert den Kontakt zu seiner gutartigen konstruktiven Aggression und macht sich unbewußt selbst zum Opfer seines zerstörerischen Potentials. Der Burnout-Betroffene scheint diesem Muster zu entsprechen.

4. Aggressive Kompetenzen

Um sich aus diesem Dilemma zu lösen, bedarf es verschiedener Kompetenzen. Zum einen muß der Mensch lernen, sensibler seinen Ärger, seine Enttäuschung und seine Frustration wahrzunehmen ("perzeptive" Kompetenz). Zum anderen ist es wichtig, Regeln zu erlernen, mit Hilfe derer Gefühle angemessen aggressiv ausgedrückt werden können, ohne sich selbst und andere zu schädigen ("expressive" Kompetenz). Als drittes müssen aggressive Fehlhandlungen selbstkritisch bewertet und deren Ursachen ergründet werden ("reflexive" und "memorative" Kompetenz; Petzold, 1988).

4.1 Ein Beispiel

Ein Konflikt zwischen zwei Therapeuten scheint destruktiv zu eskalieren, bis einer der beiden feststellt, daß er seinen ganzen Ärger über seine im Moment in Widerstand befindliche Patientengruppe in diesen Streit mit einfließen läßt. Er erinnert sich daran und kann beide Aggressionspotentiale voneinander trennen und dadurch seinem Kollegen fairer begegnen.

Als Zielvorstellung für einen guten, konstruktiven Umgang mit den eigenen Aggressionen könnte ein Bild von spielenden Kindern dienen, die in ihrer natürlichen Spontaneität plötzlich in Streit geraten, um schon im nächsten Augenblick wieder die besten Freunde zu sein.

Um diesem Ziel näher zu kommen und um o. g. Kompetenzen zu fördern, würde ein einseitig kognitiv orientierter Bewußtseinsprozeß zu kurz greifen. Denn der Mensch ist ein "Körper-Seele-Geist-Wesen in einem sozialen und ökologischen Umfeld" (vgl. Petzold, 1988) und kann erst im körperlichen Ausdruck, in der Aktion, die gesamte Wirkung seiner Aggression auf sich selbst und andere wahrnehmen.

5. Aggressives Bewegungsritual als Übung

Im Workshop wurde dazu eine Übung aus der "Integrativen Bewegungs- und Leibtherapie" vorgestellt, die dem Menschen in helfenden Sozialberufen als Lern- und Orientierungshilfe für ihren Umgang mit Aggressionen dienen kann.

Es handelt sich dabei um ein aggressives Bewegungsritual mit Stäben, das an die ostasiatische Kampfsportart Kendo angelehnt ist. Die Übung hat den Sinn, komplexes aggressives Geschehen auf klare Strukturen und Regeln zu reduzieren, so daß neue ganzheitliche leibliche Lernerfahrungen möglich sind und alte Verhaltensmuster durch die Abweichung von der vorgegebenen Struktur bewußt gemacht werden können. Das Bewegungsritual, das in Paaren geübt wird, besteht aus einer aggressiven Angriffsbewegung (der Stab wird mit beiden Händen von hinten über den

Kopf nach vorne in Richtung auf den Partner geführt) und einer aggressiven ab-
grenzenden Verteidigungsbewegung (der Stab wird vor dem Gesicht quer gehalten).
Es kommt zum Kontakt von beiden Holzstäben, wobei die Rollen von Angreifer
und Verteidiger ständig rhythmisch wechseln (vgl. Abbildung 1).

Abbildung 1: Aggressives Bewegungsritual mit Stäben.

In der Übung wurden die folgende Regeln und Abweichungen thematisiert.

5.1   Nähe und Distanz

Der richtige Abstand muß gefunden und beibehalten werden. Abweichungen in
Form von Zurückweichen oder von Nachdrängen geben Rückschlüsse auf die eigene
Rolle in aggressiven Konflikten. Gerade für Angehörige in helfenden Berufen ist
die ideale Ausgewogenheit von Distanz und Anteilnahme (Nähe) sehr wichtig.
     "Einerseits besteht die Gefahr übermäßiger Beteiligung, die zum Verlust der

Objektivität und damit der Fähigkeit zur optimalen Hilfeleistung führen kann... Andererseits besteht immer die Gefahr, daß die Distanz zu groß wird, die Anteilnahme schwindet und Teilnahmslosigkeit und dehumanisierenden Einstellungen, die für das Ausbrennen charakteristisch sind, überhandnehmen" (Aronson, Pines & Kafry, 1983).

5.2 Blickkontakt

Über den Blickkontakt kann man die Folgen und die Reaktionen des Partners auf eigene Aggressionsäußerungen erkennen und die Intensität in "Korrespondenz" mit dem Partner beibehalten oder so verändern, daß es zu einem "Konsens" zwischen den Korrespondierenden kommen kann (Petzold, 1988). Diese Haltung, bei der ein fester Blick ausreichen kann, um respektiert zu werden, führt dazu, daß "Streiten verbindet" und läßt "blindwütige" Aggression im Keim ersticken.

5.3 Abgrenzung

Kann man sich ausreichend schützen, d. h., wird der Stab in der richtigen Höhe gehalten, oder man überläßt dem anderen, ob er sein Gegenüber schont oder verletzt?

5.4 Geben und Nehmen

Durch den rhythmischen Wechsel in der Stabübung von Angriff und Verteidigung wird Ausgewogenheit und Gleichberechtigung zwischen beiden Partnern thematisiert. Bei Konflikten, in denen man sich eigentlich wehren müßte, entzieht man sich, indem man den Konflikt umdeutet und verharmlost: "Der Patient ist ja krank und darf seine Störung permanent ausleben". Der Therapeut kommt dadurch einseitig in die Dulderrolle, die er mit moralischer Überlegenheit, als sublimer Form der Aggression, kompensiert.

5.5 Fairness

In der Abweichung von der Regel können versteckte oder überschießende Reaktionen aufgespürt werden. Wenn unfaire Mittel eingesetzt werden, stockt die Kommunikation und eine Eskalation des Streites ist möglich. So stecken z. B. in vielen Äußerungen von Klienten versteckte Aggressionen (z. B. 'Zuspätkommen' oder 'Vergessen der Therapiestunde'), die entdeckt werden müssen, um sie für die Überwindung tiefverwurzelter Ängste zu nutzen (Jaeggi, 1980).

6. Kurze Auswertung des Workshops

Die Teilnehmer erlebten den ganzheitlichen Umgang mit dem Thema Aggression als sehr belebend. Das erlebnisorientierte Setting ließ aktuelle wie lebensgeschichtlich verankerte Themen anklingen: z. B. Durchsetzungsfähigkeit im Beruf aber nicht im Privatleben, Angst vor aggressiven Patienten, Haß auf Vorgesetzte, versteckte Trauer hinter der Aggressivität. Im gemeinsamen Üben und Reflektieren konnten alte Verhaltensmuster erkannt und neue ausprobiert werden.

Abschließend wäre zu wünschen, daß Mitarbeitern in Helfer- und Sozialberufen, die zum "Ausbrennen" neigen, Hilfe erfahren — etwa durch Supervision oder Selbsterfahrungsseminare — ihre Empfindlichkeit ernstnehmen, Aggression zulassen und Konflikte konstruktiv lösen.

Könnten die Konflikte frühzeitig behoben werden, müßte es nicht mehr zu schweren Burnout-Symptomen wie Depression, Dehumanisierung, Sucht und Suizid kommen.

7. Literatur

ARONSON, E., PINES, A. M. & KAFRY, D. (1983). *Ausgebrannt: Vom Überdruß zur Selbstentfaltung.* Stuttgart: Klett-Cotta.

BACH, G. & GOLDBERG, H. (1981). *Keine Angst vor Aggression.* Frankfurt a. M.: Fischer.

FROMM, E. (1977). *Anatomie der menschlichen Destruktivität.* Reinbek: Rowohlt.

IZARD, C. (1981). *Die Emotionen des Menschen.* Weinheim: Beltz.

JAEGGI, E. (1980). Aggression und Angst in der Therapeut-Klient-Beziehung. In W. Schulz & M. Hautzinger (Hrsg.), *Klinische Psychologie und Psychotherapie, Kongressbericht.* Berlin: dgvt, GwG.

MAEDER, T. (1989). Die Therapeuten: Verwundete Heiler. *Psychologie heute, 6,* 21-27.

PETZOLD, H. (1988). *Integrative Bewegungs- und Leibtherapie.* (2 Bände). Paderborn: Junfermann.

PETZOLD, H. (1990). Belastung, Überforderung, Burnout. 3 Aufsätze. *Altenpflege,* 9-11.

RIEMANN, F. (1986). *Grundformen der Angst.* München: E. Reinhardt.

SCHMIDBAUER, W. (1977). *Die hilflosen Helfer.* Reinbek: Rowohlt.

Besonderheiten des Burnout-Syndroms in der Behandlung Süchtiger

Uli Gehring und Joachim Körkel

1. Zielsetzung des Workshops

Der Workshop "Besonderheiten des Burnout-Syndroms in der Behandlung Süchtiger" auf dem 2. Eifeler Suchtsymposion verfolgte die Intention, unter Einbeziehung der persönlichen Erfahrungen der Teilnehmerinnen und Teilnehmer (a) Manifestationen und Entstehungsbedingungen des Burnout-Syndroms in der Suchtarbeit herauszuarbeiten und (b) gemeinsam Ansätze für Prophylaxe und Gegenmaßnahmen zu entwickeln.

2. Checklisten zur Selbsteinschätzung des Burnout-Syndroms

Als Ausgangspunkt für die persönliche Auseinandersetzung mit der Burnout-Problematik dienten zwei von den Workshop-Leitern entwickelte Burnout-Checklisten, und zwar die "*C*heckliste *B*urnout-*M*erkmale (CBM)" sowie die "*C*heckliste *B*urnout-*E*ntstehungsmerkmale (CBE)". Die beiden Instrumente bildeten die Grundlage dafür, zentrale Burnout-Symptome bei sich festzustellen (CBM) sowie burnout-begünstigende Einflußfaktoren in der Suchtarbeit zu identifizieren (CBE). In den Checklisten wird anhand 6-stufiger Ratingskalen die Intensität von Burnout-Manifestationen (CBM, 25 Items; z.B. "Ich fühle mich von meiner Arbeit ausgelaugt") bzw. Burnout-Entstehungsbedingungen (CBE, 28 Items; z.B. "Unmotivierte Klienten[1] machen mir zu schaffen") erfaßt. Beide Checklisten sind mit einer kurzen Erläuterung zu Aufbau und Auswertung im Anhang abgedruckt.

Während bei der Konstruktion der CBM zum Teil auf bereits existierende Burnout-Fragebögen zurückgegriffen werden konnte, wurde die CBE auf der Grundlage eigener Forschungsarbeiten völlig neu entwickelt, um den speziellen Belastungsfaktoren in der Suchtarbeit gerecht zu werden. Ausgangspunkt für die Checkliste zu Entstehungsmerkmalen von Burnout (CBE) ist eine Heuristik von Burnout-Prozessen in der Suchtarbeit, die im folgenden erläutert wird (vgl. ausführlicher Körkel, in diesem Band).

---

[1]Es wird der sprachlichen Einfachheit wegen der männliche Sprachstil weiterverwendet. Die folgenden Aussagen beziehen sich gleichwohl auf Männer und Frauen.

3. Eine Heuristik von Burnout-Bedingungen in der Suchtarbeit

Wir gehen davon aus, daß das Entstehen von Burnout in der Suchtarbeit multifaktoriell bedingt ist. Burnout-begünstigende Faktoren sind auf unterschiedlichen Ebenen angesiedelt. Die differenzierte Betrachtung solcher Einflußbereiche ist von mehrfachem Nutzen: (a) Sie ermöglicht eine Systematisierung und Operationalisierung des häufig als konfus beschriebenen Burnout-Konzepts für den spezifischen Gegenstandsbereich der Suchtarbeit. (b) Das Aufzeigen der Multikausalität von Burnout-Prozessen fördert das Aufgeben einer individualistischen Sichtweise des Burnout-Syndroms und hat somit potentiell entlastende Funktion für die Betroffenen. (c) Präventions- und Bewältigungsmaßnahmen können auf der Basis einer Heuristik von Burnout-Einflußfaktoren gezielt entwickelt werden.

Was die Multikausalität der Burnout-Genese anbelangt, wurden Beispiele für Belastungen aus fünf Bereichen zusammengetragen:

3.1 Institutioneller Bereich

Unter "institutionelle Bedingungen" fallen alle Charakteristika der Einrichtung und ihrer Funktionsweise. Ist z.B. ein Suchtmitarbeiter in einem stationären Setting tätig, so ist er einem höheren Burnout-Risiko ausgesetzt als bei ambulanter Arbeitsweise (vgl. Burda, 1993).

Als weitere institutionelle, burnout-begünstigende Faktoren wurden aus dem Teilnehmerkreis genannt: Bettenbelegungsdruck, fehlende Autonomie der Mitarbeiter aufgrund starrer Hierarchien, Statistiken über Rückfälle einzelner Therapeuten u.ä.

3.2 Merkmale der Klienten

Haben Mitarbeiter z.B. vor allem "früh gestörte" Patienten zu betreuen — was zunehmend häufiger der Fall zu sein scheint — so erhöht sich dadurch (zumindest für unerfahrene Therapeuten) das Burnout-Risiko.

Auch eine mangelnde Motivation (z.B. im Falle von "Therapie statt Knast") wurde als recht häufiges burnout-begünstigendes Klientenmerkmal eingestuft.

3.3 Merkmale der Therapeuten

Arbeitet ein Suchttherapeut z.B. erst wenige Jahre im Suchtbereich, so ist er als burnout-gefährdeter einzustufen als ein erfahrener Kollege (vgl. Burda, 1993).

Weitere mögliche persönliche Risikovariablen sind Selbstüberschätzungen, Neigungen zum Helfersyndrom u.ä.

3.4 Einfluß von Mythen

Als zentraler Mythos, der Suchtmitarbeiter anfälliger für Burnout macht, kann die Vorstellung gelten, daß die Abstinenz der Klienten den Erfolgsmaßstab für die Arbeit schlechthin darstellt.

Weitere belastende Mythen drücken sich in folgenden Vorstellungen aus: "Ich bin verantwortlich für den Werdegang des Patienten". "In einer guten Klinik gibt es keine Rückfälle".

3.5 Team

In Teams wird z.B. durch starken Konkurrenzdruck unter den Kollegen die Wahrscheinlichkeit für das Entstehen bzw. die Chronifizierung von Burnout-Prozessen erhöht. Als weitere kritische Teammerkmale wurden unklare Absprachen sowie die Tabuisierung bestimmter Themen (wie z.B. Belastungen durch Rückfälle der eigenen Patienten usw.) genannt.

3.6 Politisch-administrativer Bereich

Dazu gehören etwa die Verkürzungen der Therapiezeiten von Seiten der Kostenträger.

4. Burnoutprophylaktische und -reduzierende Maßnahmen

Im zweiten Teil des Workshops wurden in einem Brainstorming auf der Basis der unter 3. skizzierten Heuristik Präventions- und Gegenmaßnahmen zum Burnout-Syndrom in der Suchtarbeit generiert und anschließend diskutiert. Dabei blieb der politisch-administrative Bereich aufgrund des Fehlens unmittelbarer Einflußmöglichkeiten ausgespart. Folgende burnoutreduzierenden Maßnahmen wurden genannt:

4.1 Ansatzpunkt 1: Die eigene Person

Burnout-Prophylaxe kann bei der eigenen Person ansetzen, wobei u.a. folgende Möglichkeiten in Betracht zu ziehen sind: Die Reduktion eigener Ansprüche, das Erkennen von Grenzen und das Aufgeben des Wunsches, den Klienten verändern zu wollen. Dabei erscheint gerade das Letztere für die Arbeit im Suchtbereich kontradiktorisch. In der kontrovers geführten Diskussion zu diesem Punkt zeigte sich, daß mit der tief verwurzelten Ansicht, der Therapeut solle bzw. könne den Klienten ändern, leicht die selbstverständlich erscheinende Erkenntnis außer Acht gelassen wird, daß es der Klient ist, der sich ändern muß. Dies zu erkennen, scheint leichter zu sein, als es zu praktizieren.

Weitere, die eigene Person betreffende Gegenmaßnahmen betonen die Bedeutung von Pausen, und zwar sowohl kleineren während der Arbeitszeit, als auch längeren wie an "Genuß-Wochenenden", bis hin zu "Sabbatjahren".

4.2 Ansatzpunkt 2: Das Team

Als Charakteristika eines Teams, das eine Pufferfunktion gegen Burnout ausübt, wurden genannt: Gemeinsamkeiten im Arbeits- und Therapieverständnis, Rückhalt und Unterstützung, berufliche Kompetenz der Mitglieder des Teams, Respekt vor der anderen Person und ihrer Kompetenz, Konfliktbereitschaft und -fähigkeit. Ein funktionsfähiges Team sollte "Teamgeist" nicht nur nach innen, sondern auch nach außen dokumentieren, wie z.B. in gemeinsamen Aktionen gegen Belegungsdruck. Hinsichtlich des Arbeitsauftrags sollte im Team Klarheit über Gemeinsamkeiten und Unterschiede bestehen. Die maximale Gruppengröße eines Teams sollte auf ca. zwölf Personen beschränkt sein.

Als Voraussetzung für die genannten Bedingungen wurde ausreichende Zeit für Gespräche mit den Teamkollegen genannt.

4.3 Ansatzpunkt 3: Die Klienten

Die Klienten sollten für die jeweiligen Behandlungsmaßnahmen und die (Wohn-) Gruppenzusammensetzung gezielt ausgewählt werden können.

Über diese realisierbare Maßnahme hinaus wurden — als eher erheiternde Vorstellung — motivierte, witzige und unterhaltsame Klienten gewünscht, die Verantwortung übernehmen können und keine Rückfälle haben: also YAVIS-Patienten (junge, gutaussehende, sprachgewandte, kluge und von Erfolg umgebene Menschen).

4.4 Ansatzpunkt 4: Mythen über Sucht und deren Behandlung

Im Bereich der subjektiven Theorien über Sucht und Therapie erschien es notwendig, daß Therapeuten ihre Heilungsphantasien auf ein realistisches Niveau einpendeln und von Allmachtsvorstellungen Abstand gewinnen. Dazu ist es hilfreich, sich u.a. die folgenden Botschaften zu eigen zu machen:

"Ich bin nicht verantwortlich für das Leben des Suchtkranken." "Ich kann andere Menschen nicht ändern, das müssen sie schon selber machen." "Ich muß nicht immer Meister sein." "Ich darf Fehler machen." "Ein Rückfall ist nicht gleichbedeutend mit einem Mißerfolg meiner Arbeit." "Therapeut-Sein ist nichts Besonderes." "Ich bin auch nur ein Mensch".

Andere irrationale Einstellungen sind "kollektives Gemeingut", das auch von Suchtbehandlern übernommen wird. Dazu gehören: die Überzeugung, daß Rückfallstatistiken in einer Klinik die Güte therapeutischer Arbeit widerspiegeln; vorgegebene (z.B.religiöse) Ideologien ("Wir sollten uns alle aufopfern"); "Wir-werden-immer-besser-Ideologien".

Als sinnvoller alternativer Ansatz wurde formuliert, Abhängigkeitserkrankungen zu entmystifizieren: "Sucht ist eine Krankheit wie jede andere auch".

4.5 Ansatzpunkt 5: Die institutionelle Ebene

Das größte Potential für die Burnout-Prophylaxe liegt nach Auffassung der Suchtmitarbeiter auf der institutionellen Ebene; für diesen Bereich wurde zumindest die größte Anzahl von Vorschlägen gemacht:

Das Team sollte in wichtige institutionelle Entscheidungen einbezogen werden, und auf den verschiedenen Hierarchieebenen der Institution sollten gemeinsame Ziele angestrebt werden.

Von leitenden Angestellten wird Selbstkritik erwartet mit der Konsequenz, daß weniger Macht ausgeübt wird und nicht nur Forderungen an die Mitarbeiter gestellt werden (z.B. mit Blick auf Bettenbelegungsziele). Macht ist zu verteilen und nicht durch Personalunion an wenige Personen zu binden. Ein institutionalisierter, z.B. halbjährlicher Austausch zwischen Leitung und Mitarbeitern (in beiderlei Richtung!), evt. in anonymer Form, erscheint sinnvoll. Mitarbeiter sollten in ihrem Verhalten/ ihren Leistungen bestärkt, ihre Selbstachtung sollte gefördert werden.

Als weiteres Ziel wurde formuliert, daß Arbeitsfeldbeschreibungen gegeben und auch eingehalten werden, daß Kompetenzbereiche klar abgesteckt werden und Kontinuität in den Strukturen herrscht.

Schließlich gehören Fortbildung und externe Supervision (ohne Vorgesetzte) während der Dienstzeit nach Vorstellung der Mitarbeiter zum Standard einer Institution, die Burnout bei ihren Mitarbeitern verhindern möchte.

Manche der formulierten Zielsetzungen erscheinen in anderen Arbeitsfeldern als Selbstverständlichkeiten, wie etwa Einarbeitungszeiten und Betriebsräte.

5. Zusammenfassung und Ausblick

Unabhängig davon, inwieweit das Burnout-Syndrom in der Suchtarbeit Besonderheiten aufweist, wurde in der dargestellten Arbeitsgruppe die Notwendigkeit ersichtlich, dieses Thema "anzupacken". Es wurde deutlich, daß die Arbeit im Suchtbereich viele für Burnout disponierende Faktoren beinhaltet, mit denen die Betroffenen bislang alleine gelassen werden.

Die genannten Präventions- und Gegenmaßnahmen gegen Burnout haben z.T. den im Brainstorming erwünschten Utopiecharakter und sind nicht alle in der Praxis umsetzbar. Dennoch wurden Richtungen für Veränderungen zum Schutz der Mitarbeiter aufgezeigt.

Wissenschaft, betroffene Institutionen, Politik und Mitarbeiter der Suchtkrankenhilfe sind aufgefordert, sich der Burnout-Problematik zu stellen. In diesem Sinne lautet das abschließende Resümee der Arbeitsgruppe: "Es ist sinnlos, an der Gesundung anderer Menschen zu arbeiten und dabei selber krank zu werden."

6. Anhang

6.1 Checkliste Burnout-Merkmale (CBM)

Eine Frage, die bei der Beschäftigung mit dem Thema "Burnout" wohl unausweichlich auftaucht, lautet:

"Bin ich selbst auch schon 'ausgebrannt'?"

Auf den folgenden Seiten können Sie diese Frage für sich klären. Wir haben 25 Aussagen zusammengestellt, die der Einschätzung Ihrer persönlichen Burnoutausprägung dienen, wie etwa:

"Die Freizeit reicht mir nicht zur Regeneration von der Arbeit".

Kreuzen Sie bitte für jede der 25 Aussagen diejenige Antwortmöglichkeit an, die für Sie am ehesten zutrifft.

Folgende Antwortmöglichkeiten stehen zur Auswahl:

+++ : stimmt vollständig
+ + : stimmt überwiegend
+   : stimmt eher
-   : stimmt eher nicht
- - : stimmt überwiegend nicht
--- : stimmt überhaupt nicht

Antworten Sie aus Ihrem augenblicklichen Gefühl heraus und nehmen Sie bei *jeder* Antwortmöglichkeit eine Ankreuzung vor.

	+++	+ +	+	-	- -	---
1. Ich fühle mich von meiner Arbeit ausgelaugt.						
2. Den ganzen Tag mit Menschen zu arbeiten, ist für mich wirklich anstrengend.						
3. Seit ich diese Arbeit mache, bin ich gegenüber anderen Menschen abgestumpfter geworden.						
4. Ich bewirke etwas in meiner Arbeit.						
5. Die Arbeitsbelastungen haben zu negativen Auswirkungen auf mein Privatleben geführt.						
6. Ich fühle mich voller Tatkraft.						
7. Der Urlaub reicht mir nicht zur Regeneration von der Arbeit.						

8. Bereits zu Beginn des Arbeitstages fühle ich mich kraftlos.

| +++ | ++ | + | - | -- | --- |

9. Ich habe das Gefühl, daß ich das Leben anderer Menschen durch meine Arbeit positiv beeinflusse.

| +++ | ++ | + | - | -- | --- |

10. Meine Arbeit "zieht mich runter".

| +++ | ++ | + | - | -- | --- |

11. Grübeleien über meine Arbeit beeinträchtigen meinen Schlaf.

| +++ | ++ | + | - | -- | --- |

12. Bei meiner Arbeit gehe ich Klienten soweit es geht aus dem Weg.

| +++ | ++ | + | - | -- | --- |

13. Im großen und ganzen ist es mir gleichgültig, was aus meinen Klienten wird.

| +++ | ++ | + | - | -- | --- |

14. Aufgrund meiner Arbeitsbelastung sind meine Abwehrkräfte geschwächt, so daß ich häufiger (Erkältungs-) Krankheiten habe.

| +++ | ++ | + | - | -- | --- |

15. Ich habe das Gefühl, daß mich diese Arbeit emotional verhärtet.

| +++ | ++ | + | - | -- | --- |

16. Das Wochenende reicht mir zur Regeneration von der Arbeit.

| +++ | ++ | + | - | -- | --- |

17. Während der Arbeit fühle ich mich müde.

| +++ | ++ | + | - | -- | --- |

18. Ich habe die Tendenz, die Klienten in einer distanzierten, fast mechanischen Art zu behandeln.

| +++ | ++ | + | - | -- | --- |

19. Am Ende des Arbeitstages fühle ich mich erledigt.

| +++ | ++ | + | - | -- | --- |

20. Nach der Arbeit fehlt mir öfter die Kraft, noch etwas zu unternehmen.

| +++ | ++ | + | - | -- | --- |

21. Meine Arbeit nimmt mich so sehr in Anspruch, daß ich private Kontakte vernachlässige.

| +++ | ++ | + | - | -- | --- |

22. Klienten gegenüber bin ich häufig gereizt.

| +++ | ++ | + | - | -- | --- |

23. Ich habe das Gefühl, mich bei der Arbeit zu sehr anzustrengen.

| +++ | ++ | + | - | -- | --- |

24. Ich fühle mich durch meine Arbeit frustriert.

| +++ | ++ | + | - | -- | --- |

25. Nach der Arbeit fällt es mir leicht abzuschalten.

+++	++	+	-	- -	---

Aufbau der "Checkliste Burnout-Merkmale (CBM)"

Die "Checkliste Burnout-Merkmale (CBM)" stellt eine Weiterentwicklung bereits verfügbarer Burnout-Meßinstrumente dar, die mit einer ganzen Reihe von Schwachpunkten behaftet sind (vgl. z.B. Büssing & Perrar, 1992; Burisch, 1989, S. 17f; Ewald & Eberhard, 1991, S. 105f). Die CBM ist zur Anregung der eigenen Auseinandersetzung mit der Burnout-Thematik gedacht.

In die CBM gehen sowohl eigens entwickelte Items als auch Statements aus dem Maslach Burnout Inventory (MBI; Maslach & Jackson, 1986), der Staff Burnout Scale For Health Professionals (SBS-HP; Jones, 1982) und dem Tedium Measure (Überdrußskala; Aronson, Pines & Kafry, 1983) ein. Die CBM-Skalen (s.u.) erreichen für Gruppenvergleiche ausreichende Homogenitätswerte (vgl. Burda, 1993; Thiel-Kern, 1993).

Die CBM folgt in ihrem Aufbau dem Maslach Burnout Inventory (Maslach & Jackson, 1986), das die drei Bereiche "emotionale Erschöpfung", "persönliche Leistungsfähigkeit" und "Depersonalisation" erfaßt. Mit etwas anderen Skalenbenennungen erfassen im CBM die

Aussagen 1, 5, 7, 10 - 11, 14, 16 - 17, 19 - 21, 24 - 25:
emotionale, kognitive und geistige Erschöpfung,

Aussagen 2, 4, 6, 8 - 9, 23:
Zielerreichung und Leistungsfähigkeit,

Aussagen 3, 12 - 13, 15, 18, 22:
Entpersönlichte Behandlung von Klienten.

Auswertung der "Checkliste Burnout-Merkmale (CBM)"

Ihr persönliches Burnout-Profil können Sie ermitteln, indem Sie folgendermaßen vorgehen: Vergeben Sie für die Aussagen 1-3, 5, 7-8, 10-15 und 17-24 in folgender Weise Punkte:

+++ : stimmt vollständig = 5
+ + : stimmt überwiegend = 4
+ : stimmt eher = 3
- : stimmt eher nicht = 2
- - : stimmt überwiegend nicht = 1
--- : stimmt überhaupt nicht = 0

Für die Aussagen 4, 6, 9, 16 und 25 gilt die umgekehrte Punkteverteilung:

+++ : stimmt vollständig = 0
+ + : stimmt überwiegend = 1
+ : stimmt eher = 2
- : stimmt eher nicht = 3
- - : stimmt überwiegend nicht = 4
--- : stimmt überhaupt nicht = 5

Addieren Sie dann ihre Punktwerte in jeder der drei Skalen und dividieren Sie den Summenwert durch die Anzahl der Items der jeweiligen Skala (d.h. durch 13 bei "Erschöpfung", 6 bei "fehlende Zielerreichung" und ebenfalls 6 bei "entpersönlichte Behandlung"). Damit haben Sie Ihren Durchschnittswert in jeder Skala ermittelt. Eine über dem Skalenmittelwert von 2.5 liegende Punktzahl weist auf eine bedenkenswerte Häufung von Burnout-Signalen hin.

Sinnvoll ist es, wenn Sie sich nach den Anregungen, die Sie durch das Ausfüllen der CBM erhalten, im Freundes- und/oder Kollegenkreis über die Burnout-Thematik austauschen.

6.2 Checkliste Burnout-Entstehungsmerkmale (CBE)

Woran kann es liegen, wenn Sie sich in Ihrer Arbeit oft erschöpft,
ohne Tatkraft und Ihren Klienten gegenüber distanziert erleben?

Auf den folgenden Seiten finden Sie 28 Aussagen, die Ihnen dazu verhelfen sollen, dieser Frage nachzugehen. Die Aussagen beleuchten vorwiegend die Anfangsphase von Burnout-Prozessen (z.T. speziell für die Suchtarbeit), wie etwa:

"Ich arbeite häufig über die reguläre Dienstzeit hinaus."

Die vorgegebenen Aussagen können als warnende Hinweise für die Burnout-Entwicklung verstanden werden.

Kreuzen Sie bitte bei jeder der 28 Aussagen diejenige Antwortmöglichkeit an, die für Sie am ehesten zutrifft.

Folgende Antwortmöglichkeiten stehen zur Auswahl:

+++ : stimmt vollständig
+ + : stimmt überwiegend
+ : stimmt eher
- : stimmt eher nicht
- - : stimmt überwiegend nicht
--- : stimmt überhaupt nicht

Antworten Sie aus Ihrem augenblicklichen Gefühl heraus und nehmen Sie bei *jeder* Aussage eine Ankreuzung vor.

1. Ich suche die Ursachen für einen Rückfall auch bei mir selbst.

+++	+ +	+	-	- -	---

2. Ich spüre den Impuls, Süchtige dazu zu bringen, daß sie sich verändern.

+++	+ +	+	-	- -	---

3. Wenn die Therapie einen guten Verlauf hat, gehe ich insgeheim davon aus, daß der Klient über einige Monate hinweg nicht mehr trinkt.

+++	+ +	+	-	- -	---

4. Wenn es zum Rückfall kommt, habe ich nicht gut genug gearbeitet.

+++	+ +	+	-	- -	---

5. Ich arbeite häufig über die reguläre Dienstzeit hinaus.	+++	++	+	-	- -	---
6. Ich achte darauf, daß es mir bei der Arbeit gut geht.	+++	++	+	-	- -	---
7. Ich möchte meine Arbeit besonders gut machen.	+++	++	+	-	- -	---
8. Es ist für mich sehr wichtig, einen Beruf zu haben, in dem ich völlig aufgehen kann.	+++	++	+	-	- -	---
9. Ich arbeite in der stationären Suchtkrankenhilfe.	ja					nein
10. Ich erhalte regelmäßig Supervision.	ja					nein
11. Ich meide meine(n) Vorgesetzten.	+++	++	+	-	- -	---
12. Ich arbeite mit einem Kotherapeuten zusammen.	ja					nein
13. Meine Arbeitsumgebung empfinde ich als deprimierend.	+++	++	+	-	- -	---
14. Ich bin mit meinen Vorgesetzten zufrieden.	+++	++	+	-	- -	---
15. Andere Personen (z. B. Vorgesetzte) reden mir in meine Arbeit hinein.	+++	++	+	-	- -	---
16. Unmotivierte Klienten machen mir zu schaffen.	+++	++	+	-	- -	---
17. Hauptziel meiner Arbeit ist die Abstinenz der Klienten.	+++	++	+	-	- -	---
18. Ein Rückfall ist in der Regel ausschließlich etwas Negatives.	+++	++	+	-	- -	---
19. Nach dem "ersten Schluck" nach einer Abstinenzphase geht es zwangsläufig bergab.	+++	++	+	-	- -	---
20. Bei uns herrscht ein guter Teamgeist.	+++	++	+	-	- -	---
21. Ich komme gut mit meinen Kolleginnen und Kollegen klar.	+++	++	+	-	- -	---

22. Ich bekomme von meinen Kollegen und | +++ | ++ | + | - | -- | --- |
    Kolleginnen Unterstützung.

23. In unserem Team gibt es viel Konflikte. | +++ | ++ | + | - | -- | --- |

24. Ich habe das Gefühl, daß mich die Klienten "aus- | +++ | ++ | + | - | -- | --- |
    saugen".

25. Ich kann in meiner Arbeit meine Fähigkeiten und | +++ | ++ | + | - | -- | --- |
    Fertigkeiten zum Einsatz bringen.

26. Ich bin mit schweren Lebensschicksalen der | +++ | ++ | + | - | -- | --- |
    Klienten konfrontiert.

27. Beim Rückfall eines Klienten denke ich manch- | +++ | ++ | + | - | -- | --- |
    mal, daß meine Arbeit keinen Sinn hat.

28. Ich habe das Gefühl, von meinen Klienten ge- | +++ | ++ | + | - | -- | --- |
    braucht zu werden.

Aufbau der "Checkliste Burnout-Entstehungsmerkmale (CBE)"

Meßinstrumente zur Burnoutentstehung sind bislang nur rudimentär vorhanden. Aus diesem Grund wurde die Mehrzahl der Items der CBE neu formuliert, empirisch erprobt (vgl. Hutzler, 1993; Rudorf, 1993) und inzwischen mehrfach überarbeitet. Einige Aussagen wurden von der Staff Burnout Scale For Health Professionals von Jones (Jones, 1982) übernommen. Die CBE ist zur Anregung der eigenen Auseinandersetzung mit Belastungsfaktoren in der Arbeit gedacht.

Mit den Aussagen in der CBE werden fünf Bereiche erfaßt, die für die Burnout-Genese von besonderer Bedeutung erscheinen:

Aussagen 1 - 8 und 28:	Personenmerkmale,
Aussagen 10 - 15 und 25:	Institutionsmerkmale,
Aussagen 16, 24 und 26:	Klientenmerkmale,
Aussagen 17 - 19 und 27:	Mythen,
Aussagen 20 - 23:	Teammerkmale.

Auswertung der "Checkliste Burnout-Entstehungsmerkmale (CBE)"

Welche Faktoren bei Ihnen persönlich zu einer möglichen Burnout-Entwicklung beizutragen vermögen, können Sie ermitteln, indem Sie folgendermaßen vorgehen: Vergeben Sie für die Aussagen 1 - 5, 7 - 8, 11, 13, 15-19, 23 - 24 und 26 - 28 in folgender Weise Punkte:

+++	: stimmt vollständig	= 5
+ +	: stimmt überwiegend	= 4
+	: stimmt eher	= 3
-	: stimmt eher nicht	= 2
- -	: stimmt überwiegend nicht	= 1
---	: stimmt überhaupt nicht	= 0

Für die Aussagen 6, 14, 20 - 22 und 25 gilt die umgekehrte Punkteverteilung:

+++	: stimmt vollständig	= 0
+ +	: stimmt überwiegend	= 1
+	: stimmt eher	= 2
-	: stimmt eher nicht	= 3
- -	: stimmt überwiegend nicht	= 4
---	: stimmt überhaupt nicht	= 5

Für die Aussage 9 (Ja/Nein-Frage):

ja   =   5
nein =   0

Für die Aussagen 10 und 12 (Ja/Nein-Fragen):

ja   =   0
nein =   5

Der maximal mögliche Burnout-Entstehungswert liegt bei 140 Punkten. Eine über dem Skalenmittel liegende Punktzahl (d.h. über 70) weist folglich auf eine beachtenswerte Burnout-Gefährdung durch Personen-, Institutions-, Klienten- und Teammerkmale sowie Behandlungsmythen hin. Sinnvoll ist es, wenn Sie sich nach den Anregungen, die Sie durch das Ausfüllen der CBE erhalten, im Freundes- und/oder Kollegenkreis über die Burnout-Problematik austauschen.

Falls Sie sich über das Thema "Burnout in der Suchtarbeit" weiter lesend auseinandersetzen möchten, verweisen wir auf den Beitrag "Rückfall - eine Belastung für Helfer" (Gehring & Herder, 1991).

Warum brennen Ärzte nicht aus?

Heinz Kaufmann und Alfred Müller

Bei Durchsicht der von Kleiber und Enzmann (1990) erstellten Literaturübersicht fällt auf, daß das Burnout-Phänomen für Angehörige der helfenden Berufe sowohl empirisch als auch konzeptionell vergleichsweise gut dokumentiert ist. Als Risikogruppen lassen sich demnach Krankenschwestern, beratend und psychotherapeutisch tätige Psychologen, Sozialarbeiter und Pädagogen identifizieren und auch Lehrer scheinen eine Vulnerabilität für Burnout aufzuweisen. Eine Helfergruppe nimmt jedoch im Spektrum der zahlreichen empirischen Untersuchungen eine Randposition ein: *Die der Ärzte.* Aus diesem Sachverhalt lassen sich prinzipiell drei Fragestellungen ableiten:

1. Besitzen Ärzte ein besonderes "Immunsystem" oder spezifische psychohygienische Kompetenzen, die sie vor einer "Infektion mit dem Burnout-Virus" schützen?
2. Weisen Ärzte eine niedrigere Sensibilität für Burnout-Symptome auf und reagieren sie erst dann auf Burnout-Anzeichen, wenn gravierende Merkmale einer chronischen Überbelastung auftreten, wie z.B. die einer Depression oder Erschöpfungsreaktion?
3. Ist Burnout innerhalb der Ärzteschaft ein Tabuthema, weil sich ein "ausgebrannter Arzt" nicht mit dem gesellschaftlichen Bild des allzeit einsatzbereiten und unbegrenzt belastbaren Mediziners in Einklang bringen läßt?

Wenn auch keine direkten Befunde zu einem spezifisch arzttypischen Burnout-Phänomen vorliegen, finden sich in den Ergebnissen einer Studie über "Zeitmanagement bei Ärzten" (von Quast, 1991) sehr wohl Hinweise, daß Ärzte externen und innerpsychischen Belastungen ausgesetzt sind, die sich in einem z.T. erheblichen subjektiven Streßerleben manifestieren und mit Einbußen in der Arbeitsleistung einhergehen. Gemäß den Ergebnissen dieser Untersuchung, an der 1957 Ärzte teilgenommen haben, erscheint eine differenzierte Sichtweise notwendig, um Risikogruppen innerhalb der Ärzteschaft — zunächst nur bezogen auf den Streßfaktor 'Zeitmanagement' — zu identifizieren:

-   Ärztinnen erleben mehr als Ärzte belastende Streßreaktionen und sind anfälliger für innere Störfaktoren (Entscheidungsambivalenz, hektischer Arbeitsablauf, Arbeitsaufschub), die zu intensiv erlebter Zeitnot und Streßreaktionen führen. Diese geschlechtsspezifischen Unterschiede lassen sich sicherlich zum großen Teil auf die bei der Mehrzahl der weiblichen Ärzte vorhandene Doppelbelastung von Haushalt und Beruf zurückführen.

-   Selbständige verfügen über ein besseres Zeitmanagement als angestellte Ärzte, haben aber weniger Zeit für Freizeitaktivitäten. Angestellte Ärzte weisen mehr externe und innerpsychische Störfaktoren auf, die nicht zuletzt auf die hierarchisch organisierte Struktur von Institutionen, in denen sie arbeiten, zurückzuführen sind.

- Leitende ärztliche Führungskräfte erleben deutlich weniger Streß und haben weniger das Gefühl von Zeitnot als Mediziner in nicht-leitender Position. Die 'inneren Stressoren' sind bei leitenden ärztlichen Personen weniger stark ausgeprägt, wie z.B. Selbstunsicherheit, Entscheidungszweifel, Arbeitsaufschub etc.

Wenngleich die Ergebnisse dieser Studie keine direkten Hinweise auf die Prävalenz und Phänomenologie von Burnout unter Ärzten gibt, zeigt sie doch aufgrund der identifizierten Streßfaktoren und subjektiv erlebten Belastungen, daß das Berufsfeld des Arztes keine 'burnout-freie Zone' ist.

Im Rahmen dieses Workshops wurden Möglichkeiten diskutiert, das Thema Burnout für Ärzte zu enttabuisieren, Strategien der Prävention und Intervention, z.B. in Balint- und Supervisionsgruppen, erarbeitet und Konsens über die Notwendigkeit hergestellt, das Thema 'Burnout bei Ärzten' nicht länger als nichtexistent und von marginalem Stellenwert zu betrachten, sondern die Risiken, Gefahren, und Bewältigungsmöglichkeiten — nicht zuletzt auch im Interesse des Patienten — als Baustein im universitären Ausbildungscurriculum für Ärzte zu verankern.

Literatur

KLEIBER, D. & ENZMANN, D. (1990). *Burnout. 15 Years of research: An international Bibliographie.* Göttingen: Hogrefe.

VON QUAST, C. (1991). Zeitmanagement bei Ärzten. Erste Ergebnisse einer empirischen Untersuchung. *Deutsches Ärzteblatt 37,* 1995-1997.

Ressource oder Belastung? Einfluß der Herkunfts-familie auf die therapeutische Arbeitsbeziehung

Monika Mäurer und Bernd Schneider

1. Einleitung

Eine der Leitfragestellungen des Symposions war, ob Menschen, die in psychosozialen Berufen tätig sind, in besonderem Ausmaß für Gefühle des Ausgebranntseins disponiert sind und sich damit auseinandersetzen müssen bzw. darunter leiden. Als eine mögliche Ursache für ein verstärktes Auftreten von Burnout-Symptomen im psychosozialen Bereich wurde einerseits das hohe emotionale Anforderungsniveau der Tätigkeit genannt. Zum anderen mangele es dort an einem ausreichend entwikkelten professionellen Selbstverständnis (viele Nicht-Experten meinen z. B., zu diesem Bereich aufgrund ihrer konkreten Alltagserfahrung etwas beisteuern zu können). Unklare Ziel- und damit auch unklare Effizienzkriterien führten zudem zu erhöhter Unsicherheit und dem Ausbleiben von konkreten Erfolgsrückmeldungen.

Im Suchtbereich erweist sich nach klinischer Erfahrung vor allem die häufig durch Abhängigkeitsstrukturen und Symbiosewünsche der Patienten gekennzeichnete therapeutische Arbeitsbeziehung als belastend. Verbunden sein kann damit seitens der Patienten ein hoher Versorgungsanspruch und eine mangelnde Fähigkeit und Bereitschaft, Eigenverantwortung zu übernehmen. Frustrationen können oft nur schwer ertragen werden und führen u. U. zu "Entweder-Oder-Reaktionen" mit ausgeprägt destruktiven Verhaltensweisen. Der Therapeut ist gefordert, eine Beziehung auf der Grundlage eines solchen oder ähnlichen Angebotes aufzunehmen, ohne die dysfunktionalen Strukturen des Klienten/ Patienten zu unterstützen oder sie gar selbst zu übernehmen - ein langer und beschwerlicher Weg mit häufigen Rückschlägen, häufig begleitet von Gefühlen des Ausgebranntseins auf seiten des Therapeuten.

2. Zielsetzung des Workshops

Die Hypothesen des in diesen Zusammenhängen angebotenen Workshops waren nun, daß

- zum einen das Ausmaß der Belastung eines im Suchtbereich Tätigen wesentlich von der Definition seines Beziehungsangebotes an seine Klienten/Patienten abhängt,
- und, daß die Art, wie solche Beziehungen realisiert werden, immer auch etwas mit in der Herkunftsfamilie (vor-)gelebten und lange erlernten "Mustern" der Beziehungsaufnahme und -gestaltung zu tun hat. Diese können häufig schon entscheidend für eine Berufswahl gewesen sein. Umgang mit eigenen und fremden

Bedürfnissen in der Familie, mit Anerkennung und Belastung, Übernahme von Verantwortung, Ausüben von Macht etc. scheinen diesbezüglich wichtige Themen zu sein.

Ziel dieses Workshops war, für die therapeutische Arbeitsbeziehung relevante individuelle Erfahrungen aus der Herkunftsfamilie zu reflektieren und deren Bedeutung für eine Verarbeitung bzw. Bewältigung der therapeutischen Beziehung zu prüfen.

3. Herkunftsfamilie und Burnout

Nach einer Einführung in den Themenbereich stellten sich die Teilnehmer zunächst kurz vor, berichteten über ihre Arbeit und bezogen in ihre Vorstellung zwei Fragen mit ein:

- *Welche Methoden wende ich an, um mich in meiner Arbeit ausgebrannt und hilflos zu fühlen?*
- *Welche Methoden wende ich an, um mich in meiner Arbeit wohlzufühlen?*

Anschließend erarbeiteten sie ihre Selbstdiagnose im Hinblick auf das eigene Gefühl des "Ausgebranntseins". Die erzielten Ergebnisse wurden im Anschluß in einer Gruppendiskussion erörtert.

Um die relevanten Beziehungsmuster aus der Herkunftsfamilie im Zusammenhang mit dem Ausmaß heute erlebten Überdrusses greifbar zu machen, wurden die Teilnehmer im folgenden mit der Erstellung eines sogenannten "Geneogrammes" — also sozusagen eines Familienstammbaumes (Technik aus der Familientherapie) vertraut gemacht. Die jeweiligen Geneogramme wurden sodann in vier zufällig zusammengestellten Kleingruppen unter folgenden Gesichtspunkten erörtert:

1. Gibt es Erfahrungen aus der Herkunftsfamilie, die dazu beigetragen haben, daß ich einen psychosozialen Beruf ergriffen habe?
2. Gibt es Erfahrungen aus der Herkunftsfamilie, die mir meine Arbeit erleichtern?
3. Gibt es Erfahrungen aus der Herkunftsfamilie, die mir meine Arbeit erschweren?

Die Erfahrungen aus der Erstellung des Geneogrammes und die dabei gewonnenen Erkenntnisse wurden in einer abschließenden Gesprächsrunde zusammengetragen und resümiert. Hierbei stellte sich u. a. heraus,

- daß sich in den dargestellten Familien häufig eine "Tradition" für Berufe mit hoher sozialer Verantwortung fand (z. B. Großvater und Vater waren Polizist, ein anderes Familienmitglied ist Feuerwehrbeamter),
- daß einige Teilnehmer der/die Älteste in der Geschwisterreihe und häufig hier schon früh gefordert waren, Verantwortung zu übernehmen,
- daß es häufiger chronische Krankheiten in der Familie gab und hier ein Zurück-

stellen der eigenen Bedürfnisse und evtl. auch wieder eine frühe Übernahme von Verantwortung notwendig waren.

Es wurde klar, daß grundlegende Fähigkeiten und Kompetenzen für therapeutische Berufe (z. B. die eigenen Bedürfnisse zurückzustellen und auf die anderen einzugehen; sozial verantwortlich zu handeln) in der Herkunftsfamilie entwickelt werden, diese Fähigkeit aber zugleich mögliche Gefahrenquellen für das Entstehen von Ausgebranntsein sind (Nicht-Beachtung eigener Bedürfnisse; mangelnde Abgrenzung gegenüber anderen). Es bleibt eine tägliche Aufgabe, die Balance zu halten zwischen Engagement und Verausgabung in der Arbeit mit Patienten einerseits und der Beachtung und der Sorge um die eigene Gesundheit andererseits.

Es zeigte sich insgesamt, daß die Auseinandersetzung mit der Herkunftsfamilie unter den genannten Gesichtspunkten wichtige und neue Erkenntnisse für den Umgang mit der eigenen Psychohygiene erbrachte.

Abschließend läßt sich festhalten, daß die Annahme eines Zusammenhangs zwischen Erfahrungen in der Herkunftsfamilie und der therapeutischen Beziehungsaufnahme und -gestaltung plausibel erscheint. Interessant wäre aber sicherlich, diesen Zusammenhang systematischer zu untersuchen.

Burnout und die Frage nach dem Sinn - spirituelle Elemente der Therapie

Franz Strieder

1. Einleitung

In dem Workshop sollte der Frage nachgegangen werden, ob ein Mangel an Lebenssinn, Lebenszielen, Verankerung in der Personenmitte und Offenheit für eine transpersonale Wirklichkeit bei der Entstehung des Burnout-Syndroms beteiligt sein kann und ob und wie ein Neuzugang zur spirituellen Dimension Hilfe bei der Prävention und Heilung von Burnout bedeuten kann.

Bereits bei der Vorstellung wurde deutlich, daß bei den Teilnehmern ein starkes Bedürfnis bestand, neben der emotionalen, körperlichen und geistigen Dimension den Phänomens Burnout auch dessen spiritueller Bedeutung nachzuspüren.

Der Workshop arbeitete nach dem 3-Schritte-Prinzip *"SEHEN-URTEILEN-HAN-DELN"*.

2. Sehen

Das Wort Burnout ist nicht neu. 'Websters New International Dictionary' gibt drei Beispiele für dessen Verwendung:

1. *Ausbrennen des Inneren oder Inhalts von etwas, z. B. Ausbrennen des Inneren eines Hauses.*
2. *Aus der Elektrizität: Ausbrennen durch zu hohe Temperaturen.*
3. *Waldbrand: Wenn ein Waldbrand so ernst war, daß der Humus am Waldboden zerstört wurde und der Wald entblößt zurückbleibt (Sanford, 1984).*

Neu ist der Gebrauch des Wortes Burnout im Humanbereich. Auch früher brannten Leute aus. Heute aber scheint es ein so weit verbreitetes Phänomen zu sein, daß man eine Variante des Wortes für diesen Zustand schuf. Bereits die "Wüstenväter" (ab 400) kannten das Phänomen des Überdrusses, der Abneigung und des Ekels gegenüber religiösen Übungen, die sie vorher mit großem Schwung und Elan getan hatten. Sie nannten es "Acedia" (Trägheit) und es wurde zu den Hauptsünden gerechnet. Man sprach auch vom "Mittagsdämon", da es den Mönch vor allem in der Mitte des Lebens heimsuchte und viele Symptome des heutigen Burnout-Syndroms aufweist.

2.1 Definition

Unter Burnout versteht man einen Zustand körperlicher, emotionaler und geistiger Erschöpfung, der vor allem bei Menschen auftritt, die in helfenden Berufen längere Zeit mit anderen Menschen arbeiten.

Mit Hilfe des Burnout-Fragebogens zur Selbstdiagnose wurde der Frage nachgegangen, inwieweit die Teilnehmer Burnout bei sich selbst erfahren haben (Aronson, Pines & Kafry, 1983). Auch die Frage nach der Sequenz: *Motivation - Praxisschock - berufliche Identifikationskrise - neue Sinngebung - veränderte Helferidentität* wurde angesprochen.

3. Urteilen

3.1 Klärungsfragen

Der Workshop ging zunächst der Frage nach, was unter Spiritualität zu verstehen ist und welche Kriterien es gibt, um festzustellen, daß ein Mensch sich nicht in seiner Mitte befindet und aus seiner Mitte heraus lebt.

Spiritualität wird heute in sehr verschiedenen Bedeutungen gebraucht, z. B. Spiritualität im Sinne von Sinn, Werten, Zielen, Beziehung zu dem, was im Leben eines Menschen zutiefst wichtig ist. Daneben steht der religiöse Gebrauch des Wortes im Sinne von Leben aus einer Tiefe, einer Mitte, einer tiefsten Quelle, welche der dem Menschen innewohnende dreifaltige Gott ist ("Ich will in deiner Mitte wohnen"). Ein spiritueller Mensch ist der, welcher seine Lebensorientierung und sein "Lebensverhalten" aus eben dieser Mitte heraus gestaltet.

Die zweite Frage war: *Wie kann ich erkennen, daß ich aus meiner Mitte lebe?* Hier wurde die "Unterscheidung der Geister" des Ignatius von Loyola angesprochen. Er unterscheidet zwischen Trost und Trostlosigkeit. Trost ist jede affektive Gemütsbewegung, die uns öffnet für andere und für die eigene Mitte (Gott). Die dazugehörigen Gefühle sind: Dankbarkeit, Freude, Liebe, Vertrauen und Hoffnung. Diese Gefühle sind Zeichen dafür, daß ein Mensch aus seiner Mitte lebt. Das Gegenteil ist Trostlosigkeit. Diese Gemütsbewegung führt zu egozentrischem Denken, Fühlen und Verhalten, zu Desinteresse an anderen Menschen und der eigenen Mitte (Gott): Traurigkeit, Dunkelheit, Unruhe, kein Lebenssinn, Gefühl, ein Versager zu sein, Selbsthaß. Dieses sind Zeichen dafür, daß ein Mensch nicht aus seiner Mitte lebt (Lonsdale, 1990). Im "Galater Brief" werden die Früchte des Geistes folgendermaßen beschrieben: "Liebe, Freude, Friede, Langmut, Freundlichkeit, Güte, Treue, Sanftmut und Selbstbeherrschung" (Galater 5,22).

3.2 Das Persönlichkeitsmodell von C. G. Jung

Anhand seines Persönlichkeitsmodells wurde deutlich gemacht, daß Menschen in helfenden Berufen sehr häufig "via Persona" mit ihren Klienten kommunizieren. Sie repräsentieren nach außen hin ein bestimmtes Image, von dem sie glauben, daß es ihrer Arbeit und ihrer Persönlichkeit angemessen ist. Ihr genuines Selbst tritt hinter der Person weitgehend zurück und kann nur selten in Erscheinung treten. Dadurch kommt es zu einem hohen Verschleiß an Energie und gleichzeitig einem Abdrängen der Energie "in den Schatten". Heilung kommt zustande, wenn die Energien des Selbst in das Ich fließen können. Im religiösen Sprachgebrauch heißt das: Heilung geschieht, indem ich in einen lebendigen Austausch mit meiner Mitte, mit der Quelle des Lebens (Gott) komme.

3.3 Ein Fall von Burnout im Alten Testament

Der Prophet Elias hatte sich jahrelang bemüht, König und Volk zurück zum Glauben an Jahve zu führen. Trotz einer 3jährigen Dürre kommt es zu keiner Umkehr. Zwar gewinnt Elias einen großen Sieg über die Baalspriester — auf ihr Opfer fällt kein Feuer, während auf das Opfer des Elias Feuer vom Himmel fällt als Zeichen göttlicher Annahme —, aber diesem Sieg folgte schon am anderen Tag eine totale Niederlage. Der Prophet muß fliehen und bangt um sein Leben. Alle seine Bemühungen sind fehlgeschlagen. Er flieht in die Wüste, setzt sich unter einen Ginsterstrauch und wünscht sich den Tod. "Es ist genug, Herr. Nimm mein Leben. Ich bin nicht besser als meine Väter." Tiefe Depression und Versagensgefühle hatten sich seiner bemächtigt. Er schläft ein. Während des Schlafes hat er die Erscheinung eines Engels, der ihm Brot und Wasser bringt und ihn auffordert zu essen und zu trinken, denn er habe eine lange Reise vor sich. Elias ißt und trinkt und macht sich gestärkt auf den Weg. Er wandert 40 Tage und Nächte zum Gottesberg Horeb. Dort angekommen, hat er eine Gotteserfahrung. Nicht im Sturm, nicht im Erdbeben, nicht im Feuer war der Herr, sondern in einem sanften Wind. Gott schickt Elias zurück mit neuem Auftrag und Elias macht sich auf den Weg (nach: 1. Könige, Kapitel 17-19).

Elias fühlt sich ausgebrannt, er fühlt sich als Versager. Als einzige Lösung sieht er den Tod. "Es ist genug Herr!" Er legt die Rolle des starken Propheten ab und zeigt sich Gott in seiner ganzen Hilflosigkeit. Im Schlaf, im Loslassen und "Sich-Überlassen" findet er erste Heilung. Aus seiner Mitte, dem Selbst, dem innewohnenden Gott kommt ihm Hilfe. Ein Engel, Symbol der uns zugewandten Seite Gottes, bringt ihm Brot und Wasser zur Stärkung seiner ausgebrannten Seele. Zugleich bekommt er den Auftrag, sich auf eine lange Reise durch die Wüste zu machen. Es ist eine innere Reise, eine Wallfahrt zum inneren Gottesberg in seiner Mitte. Sein Ausgebranntsein wird stufenweise geheilt und nicht spontan. Es ist ein langer und anstrengender Prozeß, beginnend mit der Speisung durch den Engel, fortgeführt durch den langen Pilgerweg, sich vollendend in der Begegnung mit Gott im sanften Wind. Elias überwindet sein Ausgebranntsein nicht durch ein Mehr an äußeren Aktivitäten, sondern durch Zugeben der Niederlage und dem "Sich-Überlassen" seiner inneren Mitte. Die Heilung kommt von innen. Allerdings geschieht diese Heilung nicht ohne sein Zutun. Er muß die beschwerliche Reise zum Gottesberg auf sich nehmen. Wäre er unter seinem Ginsterstrauch am Eingang der Wüste liegen geblieben, wäre keine Heilung geschehen.

Für die Mitglieder des Arbeitskreises erschien Elias als ein Modell für Ausbrennen und zugleich für Heilung auf dem Weg zur eigenen Mitte, zur Quelle des Lebens, zum inneren Gottesberg. Daraus erwachsen heilende Kräfte, die helfen, das Leben neu zu leben, nämlich aus der inneren Mitte. So gesehen wird die Krise des Ausbrennens, ähnlich der Krise der Lebensmitte, zu einer Herausforderung und Chance, die Art der Lebensgestaltung zu überprüfen und zu verändern. Wichtig erschien den Teilnehmern dabei die Tatsache, daß weder die Krise noch die Heilung manipulierbar sind, sondern daß es sich hierbei um ein Geschenk handelt, das allerdings unser Mitgehen und Mittun einschließt.

4. Handeln

Zuletzt wurden konkrete Handlungsschritte besprochen, die Burnout verhindern oder heilen können:

1. Entscheidungen fällen: "Ich bin, wie meine Entscheidungen sind".

2. Prioritäten setzen: "Was ist wirklich wichtig in meinem Leben".

3. Auf- und Ausbau von schöpferischen Beziehungen (Intimität).

4. Kreativer Umgang mit meinem Körper (Einheit von Leib und Seele).

5. Meditation und Gebet: Es wurden kurz "Centering-prayer" angesprochen.

6. Arbeit mit Träumen als "Zugang zu meiner Mitte".

7. Führen eines Tagebuches ("Journaling").

8. Fantasien und Imaginationen als Zugang zur Mitte.

Der Workshop wollte die Arbeit auf der horizontalen, personalen Ebene durch das Einbeziehen der vertikalen, transpersonalen Ebene ergänzen. Im Zusammenspiel beider Ebenen kann es zu einer Heilung und einem kreativen Neubeginn kommen.

5. Literatur

ARONSON, E., PINES, A. M. & KAFRY, B. (1983). *Ausgebrannt: Vom Überdruß zur Selbstentfaltung*. Stuttgart: Klett-Cotta.

LONSDALE, G. (1990). *Eyes to see an ears to hear*. London: Darton Longman and Todd.

SANFORD, J. A. (1984). *Ministery Burnout*. London: Arthur James Limited.

Autorenverzeichnis

Dipl.-Psych. RENATE BECKER
Kanner Schloß Suessen
Rue de Chateau, L-4992 Suessen

Dipl.-Psych. WALTER BRAUKMANN
Fachklinik am Rosenberg
Schulstr. 6, 54550 Daun/Eifel

Dr. phil. MATTHIAS BURISCH
Fachbereich Psychologie der Universität Hamburg
von-Melle-Park, 20146 Hamburg 13

Dipl.-Soz.-Päd. ROSE FÜNFROCKEN-SCHOLTZ-DUHNKE
Fachklinik Thommener Höhe
54552 Darscheid/Eifel

Dipl.-Psych. Dr. WILMA FUNKE
Fachklinik Bad Tönisstein
56626 Andernach

Dipl.-Psych. ULI GEHRING
Köhlerwaldweg 38, 69259 Wilhelmsfeld

Dipl.-Psych. ULRIKE GROßMANN-HENKELS
Lochnerstr. 7, 50674 Köln

Dipl.-Psych. GÜNTHER HENß
Im Simmerling 25, 55411 Bingen

Dipl.-Sportlehrer JÜRGEN KALMBACH
Fachklinik Thommener Höhe
54552 Darscheid/Eifel

HEINZ KAUFMANN, Arzt
Fachklinik am Rosenberg
Schulstr. 6, 54550 Daun/Eifel

Prof. Dr. DIETER KLEIBER
Institut für Prävention und
psychosoziale Gesundheitsforschung
Freie Universität Berlin
Habelschwerdter Allee 45
14195 Berlin

Prof. Dr. JOACHIM KÖRKEL
Ev. Stiftungsfachhochschule für Sozialwesen
Burgschmietstr. 10, 90419 Nürnberg

Dipl.-Psych. MONIKA MÄURER
Fachklinik Bad Tönisstein
56626 Andernach

Dipl.-Psych. PETER MISSEL
Fachklinik am Rosenberg
Schulstr. 6, 54550 Daun/Eifel

Dr. med. ALFRED MÜLLER
Fachklinik am Rosenberg
Schulstr. 6, 54550 Daun/Eifel

Dipl.-Psych. BERND SCHNEIDER
Fachklinik Bad Tönisstein
56626 Andernach

FRANZ STRIEDER
Fachklinik Bad Tönisstein
56626 Andernach

Klinische Psychologie

Franz Petermann (Hrsg.)
Asthma und Allergie
Verhaltensmedizinische Grundlagen und Anwendungen
1995, 376 Seiten, DM 68,–/sFr. 67,–/öS 531,–
ISBN 3-8017-0689-3

Zu den häufigsten chronischen Erkrankungen der Gegenwart gehören Erscheinungsformen aus dem Bereich „Asthma und Allergie". Im Mittelpunkt des Buches stehen allergische Hauterkrankungen (vorwiegend Neurodermitis) und Asthma bei Kindern und Erwachsenen. Das Buch stellt neue Ergebnisse zur Krankheitsbewältigung, der Patienten-Compliance und Verhaltensmedizin (Patientenschulung) vor.

Peter Becker
Seelische Gesundheit und Verhaltenskontrolle
Eine integrative Persönlichkeitstheorie und ihre klinische Anwendung
1995, XVI/532 Seiten, gebunden,
DM 88,–/sFr. 87,–/öS 687,– · ISBN 3-8017-0759-8

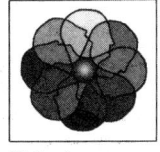

Das vorliegende Buch versucht, scheinbar ohne Bezug nebeneinander existierende Minitheorien zu integrieren. Aus der Verknüpfung der Systemtheorie mit der faktorenanalytischen Persönlichkeitsforschung resultiert ein Systemmodell der Persönlichkeit, in dessen Mittelpunkt die varianzstarken Konstrukte seelische Gesundheit und Verhaltenskontrolle stehen.

Das Modell liefert durch seine verständliche und anwendungsnahe Darstellung einen Rahmen für eine schulenübergreifende Psychotherapie sowie für die Klinische und Pädagogische Psychologie.

Rainer Lutz / Norbert Mark (Hrsg.)
Wie gesund sind Kranke?
Zur seelischen Gesundheit psychisch Kranker
1995, 308 Seiten, DM 49,80/sFr. 49,80/öS 389,–
ISBN 3-8017-0882-9

Gesundheit darf nicht schlicht nur mit „Abwesenheit von Krankheit" definiert werden, sie ist verbunden mit Wohlbefinden, Lebenszugewandtheit, Selbstverwirklichung, Spaß und Freude. Dieses Konzept und seine Bedeutung für Patienten, Mediziner, Therapeuten und Verantwortliche im Gesundheitssystem werden in diesem Herausgeberband vorgestellt und erläutert. Neben einer Begriffsklärung werden diagnostische und therapeutische Aspekte zum Thema Gesundheit und Krankheit vorgestellt. Abschließend wird auf die Bedeutung des Themas in Familie und Arbeitswelt eingegangen.

Franz Petermann (Hrsg.)
Diabetes mellitus
Sozial- und verhaltensmedizinische Ansätze
1995, 320 Seiten, DM 68,–/sFr. 67,–/öS 531,–
ISBN 3-8017-0768-7

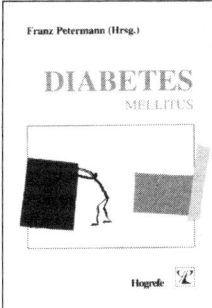

Die Behandlung des Diabetes mellitus ist schon viele Jahre eine interdisziplinäre Aufgabe, bei der Mediziner, Psychologen und Ernährungswissenschaftler eng kooperieren. Die medizinische Versorgung wird durch Schulungsprogramme, verhaltensmedizinische Interventionen und Diätmaßnahmen unterstützt. Nur durch die Integration dieser Elemente gelingt es nachhaltig, die Spätfolgen des Diabetes mellitus zu verhindern. Das vorliegende Buch stellt sowohl sozial- als auch verhaltensmedizinische Aspekte zusammen und bietet praxisnahe Ausführungen zur Patientenschulung.

 Hogrefe · Verlag für Psychologie
Rohnsweg 25 · 37085 Göttingen

Psychotherapie

Fred Christmann
Mentales Training
*Anwendungen in Psychotherapie,
Beratung, Supervision und Selbsthilfe*
1994, 128 Seiten, DM 32,–/sFr. 32,–/öS 250,–
ISBN 3-87844-114-2

Dieses Buch veranschaulicht anhand vieler Beispiele aus der Praxis, wie unterschiedlichste Probleme, z.B. Ängste, Depressionen und Süchte, mit Mentalem Training bearbeitet werden können. Das Buch bietet professionellen Helfern Anregungen zur besseren Vermittlung ihrer Hilfsangebote. Darüber hinaus vermittelt es Beratern, Therapeuten, Lehrern, Managern u.a. Strategien zur eigenen Konfliktbearbeitung und Psychohygiene (Burnout).

Günter Krampen
Einführungskurse
zum Autogenen Training
Ein Lehr- und Übungsbuch für die psychosoziale Praxis
1992, 277 Seiten, DM 48,–/sFr. 48,–/öS 375,–
ISBN 3-87844-019-7
Übungsheft zum Autogenen Training
1991, 32 Seiten, DM 12,80/sFr. 12,80/öS 100,–
ISBN 3-87844-031-6

Autogenes Training (AT) hat in den vergangenen Jahren als ein erfolgreiches Verfahren der psychologischen Intervention breite Anwendung gefunden. In Teil I des Buches werden wissenschaftliche Befunde zum AT (Methodische und theoretische Grundlagen, Effekte des AT, Lernprozesse und -schwierigkeiten) aufbereitet. In Teil II werden konkrete Vorgehensweisen, wie z.B. die Gestaltung und Durchführung von Einführungskursen, geschildert. Getrennt vom Lehrbuch gibt es für Teilnehmer an AT-Kursen ein knappes und allgemein verständliches „Übungsheft zum Autogenen Training".

Verlag für
Angewandte Psychologie

Sozialpsychologie

Ann E. Auhagen / Maria von Salisch (Hrsg.)
Zwischenmenschliche Beziehungen
1993, X/326 Seiten, DM 58,–/sFr. 57,–/öS 453,–
ISBN 3-8017-0419-X

Dieses Buch stellt in verständlicher Form empirische Befunde, aktuelle Theorien und weiterführende Überlegungen über die charakteristischen Merkmale der wichtigsten zwischenmenschlichen Beziehungen vor: Innerhalb der Familie, zwischen Liebespartnern, unter Freunden, in der Nachbarschaft und im Berufsleben. Der Band vermittelt einen Überblick über den Stand der Forschung – auch unter Berücksichtigung von Veränderungen der Beziehungen in der Lebensspanne.

Klaus Antons
Praxis der Gruppendynamik
Übungen und Techniken
*1992, 5., überarbeitete und ergänzte Auflage,
IV/332 Seiten, DM 49,80/sFr. 49,80/öS 389,–*
ISBN 3-8017-0497-1

Dieses, nun bereits in fünfter Auflage vorliegende, Übungshandbuch bietet Leiterinnen und Leitern von Selbsterfahrungs- und Therapiegruppen, die Probleme und Konflikte in strukturierter Weise bearbeiten möchten, ein breites Angebot an methodischen Anregungen. Etwa 50 Übungen und Techniken der gruppendynamischen Praxis werden ausführlich anhand der Ziele, des Indikationsbereiches, der Zeitdauer, der Auswertungs- und Modifikationsmöglichkeiten etc., beschrieben. Es stellt somit ein nützliches Hilfsmittel für Psychologen, Soziologen, Pädagogen, Ärzte und Sozialarbeiter dar.

Hogrefe-Verlag
Rohnsweg 25 • 37085 Göttingen